**新商科 · 商业科学与决策丛书**

丛书主编　高维和　孙　琦

中央高校建设世界一流大学（学科）和特色发展引导专项资金资助
中央高校基本科研业务费资助

## Developments in Marketing Strategy Research
### New Questions and Methods

# 企业营销策略的实证研究

## 新问题与新方法

孙　琦　龚姝颖　著

上海财经大学出版社

**图书在版编目(ＣＩＰ)数据**

企业营销策略的实证研究：新问题与新方法 / 孙琦,龚姝颖著.
—上海：上海财经大学出版社,2023.4
(新商科·商业科学与决策丛书)
ISBN 978-7-5642-4089-9/F.4089

Ⅰ.①企… Ⅱ.①孙… ②龚… Ⅲ.①企业管理-营销策略-研究
Ⅳ.①F274

中国版本图书馆 CIP 数据核字(2022)第 212913 号

□ 责任编辑　林佳依
□ 封面设计　张克瑶

**企业营销策略的实证研究**
新问题与新方法

孙　琦　龚姝颖　著

上海财经大学出版社出版发行
(上海市中山北一路 369 号　邮编 200083)
网　　址:http://www.sufep.com
电子邮箱:webmaster@sufep.com
全国新华书店经销
江苏苏中印刷有限公司印刷装订
2023 年 4 月第 1 版　2023 年 4 月第 1 次印刷

710mm×1000mm　1/16　11.75 印张(插页:2)　198 千字
定价:72.00 元

# 丛书编委会

晁钢令　高维和　龚　晗　江晓东
姜　敏　孔令丞　楼　尊　孙　琦
田　鼎　王文斌　王晓玉　王新新
吴　芳　徐　伟　叶巍岭　曾晓洋

# 丛 书 主 编

高维和　孙　琦

（以上按照姓名的汉语拼音先后顺序排列）

# 总 序 | Preface

近年来,国家大力发展新工科、新医科、新农科、新文科(简称"四新")建设,在这样的背景下,新商科乘势而为、应运而生。新商科处于新时代教育、经济与科技的交汇点,处于百年未有之大变局的历史新方位。

新商科的历史新方位主要表现为,世界经济中心在变,经济总量从北大西洋转到太平洋,中国特色社会主义进入新时代,经济由高速增长阶段转向高质量发展阶段;世界政治格局在变,非西方化与多极化并存,发达国家和发展中国家的力量,以及国际主要经济体之间的力量对比发生重大变化,由此引发国际格局大洗牌、国际秩序大调整、全球治理大变化,新兴国家正在成为重要角色;全球化进程在变,主要推动力量面临重组,全球化与逆全球化角力博弈;科技与产业在变,从数次工业革命历程看,每次技术变革都带来生产力革命,进而引发整个社会大变革;全球竞争方式在变,不仅仅是经济、军事、科技的竞争,而且是文化和制度的竞争,不同国家政治经济制度的时代适应性决定了历史选择和演进方向。

如今,以互联网、大数据、人工智能、云计算、5G、量子通信、区块链等为代表的新科技革命和产业革命加速了对经济社会各领域的深入渗透和融合。数联、物联、智联、大带宽、低时延、大链接、全栈全场景和虚拟世界,对生产方式、生活方式、思维方式和学习方式产生了深刻的影响,并重构人类的法律、文化、风尚、观念、伦理和秩序。新技术、新经济、新业态的日新月异使研究新商科的重要性和建设新商科的紧迫性日益凸显。

从概念上看,无论是内涵还是外延,新商科都从属于新文科。我在《光明日报》2021年3月20日整版刊发的《新文科建设,"新"从何来,通往何方?》一文中,从论域拓展、价值重塑、话语主导、交叉融合、研究范式这五个维度阐述了新文科之"新"。认知新商科无疑可从这"五维"加以把握。此外,作为新文科"真子集"的新商科,要透彻理解其"新",还需要高度关注深度科技化、高度智能化、交叉融合化、集群复合化这"四化"趋势。

其一,深度科技化,以金融最为典型。近年来"金融科技"(Fintech)很火,实际上,Fintech 即 Finance(金融)+Technology(科技),但又不是两者的简单组合,而是通过利用各类科技手段创新传统金融行业所提供的产品和服务,如大数据征信、智能投顾、供应链金融等。金融科技改变传统的金融信息采集来源、风险定价模型、投资决策过程、信用中介角色,从而能大幅提升传统金融的效率,降低传统金融服务的成本,解决传统金融的痛点。

金融科技以信息技术为基础,将诸多高科技用于银行、保险、证券、基金、租赁、信托、消费金融、金融监管等领域,重塑了传统金融业,形成了零售银行、网络借贷与融资、云计算平台、数字货币、资产管理、互联网保险、监管科技等多种新兴金融生态。这些高科技包括互联网技术(互联网、移动互联网、物联网)、大数据、人工智能、分布式技术(区块链、云计算)、安全技术(生物识别技术)等,不一而足。

其二,高度智能化,以商务分析(Business Analytics,BA)和商业智能(Business Intelligence,BI)最为典型。在当今竞争日益激烈的市场环境中,企业如何从浩如烟海的商务数据以及其他相关的数据和信息中发现商机,并将这些数据和信息合理有效地运用于商业管理和决策,提升企业的管理水平和效益,已经成为每一家企业不得不面对的现实。面对爆炸式增长的各类信息和数据,只有那些能够合理利用先进的信息技术成功地收集、分析、处理、理解信息,利用高深的技术、模型和算法进行数据挖掘和商业分析,并依据信息进行科学决策和预测的企业才能获得竞争优势,才会成为市场上的赢家。

商业世界拥有海量而丰富的数据,其数据不仅包括企业前端、后端和历史产生的数据,业务系统的订单、库存、交易账目、客户和供应商数据,而且包括企业所处行业和竞争对手的数据,以及其他外部环境中的各种数据,并与现在的互联网及大数据相连。BA 和 BI 能将所有这些多维数据进行高效挖掘和整合,能快速、准确、智能化地形成业务经营决策建议。业务经营决策既可以是操作层的,也可以是战术层和战略层的。随着数据日益成为企业的核心资产和深度学习模式的突破,BA 和 BI 已开始渗入企业管理的方方面面,并且发挥着越来越重要的作用。

其三,交叉融合化。学科交叉和学科之间的整合已经成为推动学科建设的重要手段。新商科呈现鲜明的交叉融合化特征,不仅商科内部经济学、管理学(法学)交叉,商科还与文科、理科、工科、农科、医科等其他学科无障碍交叉。商科研究越来越多地需要综合利用经济学、管理学、法学、哲学、伦理学,以及社会学、行为科学、脑科学、神经科学、认知科学、心理学、认知心理学等学科,更不用说数学、系统科学、运筹学、数理统计学、计算机科学和数据科学了。实际上,前面述及的 BA 和 BI 就是集商业管理、统计学、计算机科学为一体的商科与理工科紧密交叉与综合的产物。

美国国家科学基金会(NSF)社会行为与经济学(SBE)学部在发布的学科发展战略报告中指出,未来 10 年学术研究的特点是数据密集(Data-intensive)、跨学科(Transformative)、强合作(Collaborative)和问题驱动(Problem-driven)。这四大特点都指向新商科的交叉融合:数据密集(泛在)自不待言,跨学科和强合作几乎就是交叉融合的同义语,问题驱动则是倒逼交叉融合,因为没有哪一个问题是某个单一学科的问题,所以我们必须打破学科壁垒,综合考量、协同施策,方能解决问题。

其四,集群复合化。此处的"集群"是指学科,"复合"则指人才培养。"双一流"是以学科为基础的主要策略。现代学科呈现高分化、高整合的趋势,在高分化、高整合的辩证统一中,从单一学科、跨学科走向超学科。人类知识生产的组织已经从个体和独立转变为团体(集体、团队)和联合(联盟)。在当前的学科建设中,各校都非常明确各自学科建设的重点,都十分注重学科平台体系、学术组织体系和学术人才体系的全面建设,选择学科群建设方案来引领商科学科的发展已成为各高校的自觉行为,国内头部综合性大学/财经院校纷纷选择经由经济学学科群、经济商科学科群,或经济管理学科群、法律经济学学科群等建设而进入国家一流学科的建设行列就是明证。

之所以用学科群建设引领商科学科发展,是因为:第一,学科群内的各学科有内在深刻的学理逻辑和深度交融的学术联系,比如经济学本身就是管理学的三大基石之一。学科间的相近性、支撑性、互补性很强,你中有我,我中有你,水乳交融,学科融合发展和跨学科协同创新业已成为不可逆转的大势。第二,从需求端和就业市场来看,经济和管理的边界越来越模糊,甚至不再区分经济和管理而径称"经管"。第三,基于财经院校自身的历史渊源和发展路径,经管法特别是经管学科历史悠久,长期以来就是其主干学科、强势学科和特色学科。第四,学科捆绑式集群发展有利于学校集中资源,加快推进其迈入世界一流学科行列和前列的进程。第五,学科集群有助于国家"五位一体"的总体建设,并为中国经济建设和社会治理提供跨学科的综合解决方案。

历史与现实充分表明,高等商科教育发展始终与中国经济社会发展同频共振、同向同行。中国经济社会的迅速崛起为教育发展提供了坚实的实践基础;同时,高等商科教育以其鲜明的行业背景、独特的学科优势、出色的社会影响力,成为推动时代发展和社会进步的重要力量。

如何建设新商科? 概言之,需要从新的理论体系、学科体系、学术体系、评价体系以及教学体系、课程体系和教材体系各个方面统筹推进。当前,亟待推进的一项基础工作就是新商科的教材建设。新教材要求具有时代意义和中国特色,并凸显社会主义核心价值观和中华优秀传统文化,且与前沿科技和其他学科相融合。教材内容需要不断推陈出新,打破学科壁垒,构建跨学科体系和领域的开发模式,同时充分运用云计算、大数据、基因生物工程的高尖端、前沿性的学科知识。

上海财经大学商学院市场营销系高维和教授、孙琦教授主编的"新商科·商业科学与决策丛书"正当其时、正合其需。该丛书覆盖面广、阐述深刻,总体来说具有三大特征:一是适应新技术。根据新设立的新商科科目,需要一批适应人工智能等新兴技术发展的新商科教材,形成百家争鸣、百花齐放、和而不同的竞争性新商科教材体系,丛书中的《企业营销策略的实证研究:新问题与新方法》《电改下的可再生能源电力价格机制》体现了这一特征。二是强调新情景。《新零售:理论与实践》《数字传播媒体背景下的消费者行为》《营销生态与服务创新》运用新零售、新媒体、新生态等情景体现应用性营销创新,体现了新商科发展的实践趋势与发展前沿。三是融合新理论。《工匠精神与手工产品营销》《新经济中的消费品品牌管理》等在传统的研究问题及情境的基础上,从新视角提出新问题,并进一步进行新的理论性阐释,对过往理论进行更新和优化。当然,新商科教材未必"全新",选取经典商科教材,组合、整合、结合、统合成新商科教材当是可行之举,丛书中部分书目属于这一类型。

"新商科·商业科学与决策丛书"的编著是一项十分繁重的任务,编著者既要根据学习者/读者的要求和特点做到有的放矢,又要在多学科交叉的基础上真正实现学科融合,还要紧跟时代发展,与时俱进。感谢高维和、孙琦教授的团队,他们付出的辛勤劳动和做出的智慧贡献对新文科、新商科建设极具价值。当前,中国经济已经进入商业 3.0 时代。新兴技术的迅猛发展和商业理念的迭代更新,既是多学科交叉融合的成果,又对商业发展中的学科交叉、知识融合、技术集成,以及高校如何与经济、社会、科技和民生紧密结合,与国家、社会和市场充分互动,缩短商科教育、商科研究和商科实践之间的距离提出了更多更高的要求。由衷希望团队成员们能以此次丛书出版为契机,不断推出适应新时代新要求的更多佳作。

2022 年 7 月于上海·蘸适斋

# 前　言 | Foreword

2020 年,由国家多部委联合印发的《关于促进消费扩容提质加快形成强大国内市场的实施意见》特别强调了新型消费发展中的新技术、新模式、新业态、新产业。企业营销策略是问题导向的,由管理者提出并实施,体现了管理者的艺术。而量化实证分析方法是管理者优化决策的重要工具,体现了管理者的逻辑与科学性。高效且可实施的企业营销策略,不仅需要解决重要的研究问题,而且需要运用科学准确的定量分析方法提升营销策略的质量。

市场营销学是一门建立在经济学、心理学、社会学和现代管理理论基础上的应用学科。20 世纪 90 年代起,企业市场营销在理论和实践中不断发展推进,广泛应用于企业、公共政策与消费者决策以及日常生活中的各个方面。进入 21 世纪,随着数字经济的快速发展,大多数企业进入了一个全新的市场局面,人工智能的加速发展,元宇宙的强势来袭,ChatGPT 的火爆推出,企业面临着不断涌现出的新概念、新问题、新模式和新挑战。因此,数字化下的企业营销策略旨在通过借助量化营销工具,优化企业决策、量化公共政策、明晰消费者需求,以便更好地满足人民日益增长的美好生活需要。

具体而言,本书基于国内外企业营销管理理论,立足实践,发现营销学视角下企业面临着不断涌现出的新模式、新问题和新挑战,主要包含:

1. 交叉学科广泛融合

营销管理以经济学、心理学、社会学和行为科学等多个领域为基础,近来又融合了计算机科学、统计学、生物学等工科领域。例如,基于大数据学习的定价策略,利用基因特征探究不同的销售人员特质,利用心理学知识分析一系列的消费者行为。由此,本书亦围绕"文化差异、公共政策与企业营销策略和消费者需求"这一交叉方向,融合交叉多学科分析框架和方法,聚焦中国问题,使用中国数据,讲好中国故事,并推动中国市场更好地走向世界。

2. 数据获取更为多元

以往的数据获取方式绝大多数为问卷调查或实验室数据,一定程度上提供的信息较为单一。当今量化研究逐渐向二手数据和自然实验数据方向丰富。使用这些客观二手数据进行定量研究,能够更准确地了解市场和消费者需求,对于消费者、企业以及政府具有十分重要的现实指导意义。本书围绕汽车市场,探讨数字化时代下的产品线延伸策略、文化差异视角下的品牌名称策略,以及企业在监管国际差异背景下的产品保修条款策略。本书将文化差异、公共政策等宏观变量作为重要影响因素引入企业营销策略的研究中,丰富了企业营销策略研究的研究视角,对于消费者、企业以及政府均具有十分重要的指导意义。

3. 营销变量更易于量化

先前市场企业策略的定量化研究,主要聚焦于可以通过传统方法量化的企业策略变量(例如广告投入、上市时间、产品线宽度、在线评论等)。随着以人工智能、机器学习为代表的前沿数据分析方法不断发展,能够有效地处理、获取和分析非结构化数据,以此来刻画和衡量更多元化的变量。例如,本书中探究的"文化差异视角下企业营销策略的定量化研究",文化差异不仅体现在语言系统,而且包含了消费者的审美和视觉偏好等维度。此外,本书亦将心理因素和行为变量引入定量化研究中。

本书具有较强的理论性、现实性和指导性,通过运用量化模型,围绕文化差异、公共政策与企业营销策略和消费者需求展开,旨在为企业的实践提供一定的理论参照。在本书的撰写过程中,从选题到最后的调整与定稿已跨越 3 年,期间得到了高维和、吴芳等老师的宝贵意见。本书的出版得益于上海财经大学出版社的大力支持,在此表示由衷的感谢。此外,在编写过程中,作者阅读并参考了许多业内优秀的文献和资料,在此向相关学者表示诚挚的感谢! 本书的相关研究得到了国家自然科学基金面上项目(项目编号 72272091)、上海市曙光计划(项目编号 21SG32)、上海财经大学学术著作培育项目、上海市数据科技与决策前沿科学研究基地等科研项目和研究机构的资助。

作者

2023 年 3 月

# 目 录 | Contents

# 第一章
# 绪　论

作为市场营销的一个研究领域,营销战略研究在整个市场营销科学中具有十分重要的地位。随着企业营销实践的不断发展,企业经营数据和消费者行为数据的日益丰富,以及数据分析方法和模型的不断创新,现代市场营销战略研究不断向着研究尺度微观化、研究方法定量化、研究视角多样化的方向发展。具体来说,当前营销战略研究主要体现出以下几个方面的发展新趋势:

(1) 企业传统的营销战略如何在当前网络化环境中发挥作用,如何与新媒体、新技术相互影响;

(2) 如何基于消费者微观数据进行企业营销策略绩效的研究,从而将消费者行为、消费者需求与企业营销绩效统一起来;

(3) 如何利用现代统计学、计量经济学的最新进展,对传统手段无法进行定量研究的营销策略进行定量化研究。

基于上述视角,本书选取了三个主要研究课题进行了深入的定量化研究。

首先,本书研究了企业的产品线延伸策略这一传统营销战略如何与在线评论等现代营销传播手段相互影响,进而影响企业绩效和消费者需求。深入探讨产品线延伸对消费者在线评论(包括在线评论效价和在线评论差异)的影响及其机制,并验证了企业广告投入的调节作用,揭示企业不同营销决策工具的关系,从而丰富现有关于产品线策略的研究。

其次,本书研究了企业的产品品牌名称策略如何影响消费者需求。传统上,对于企业产品品牌名称策略的研究主要通过实验室研究进行,还没有基于客观销售数据的定量化研究。实验室研究虽然提供了有用的研究论述,但缺乏外部效度。传统的实验室研究仅仅探索了品牌名称的单个维度,且研究数据主要来自基于调查问卷的意向测量。然而,消费者的意向并不能完全等同于实际行为,因此,我们通过展示品牌名称与实际销售数据之间的关系来补充以往研究。此外,为进一步理解品牌名称效应背后的影响机制,本书还探讨了产品来源国与细分市场对品牌名称效应的调节作用。本书弥补了国际化市场中品牌名称应当标准化还是本土化这一研究空白,目前的相关文献主要强调其他营销元素而非品牌,而本书则根据标准化-本土化程度来定义与区分品牌名称类型。这在相关研究中尚属首次。

最后,数字化时代促进了传统商业模式的变革,商家与消费者的关系由产品主导逻辑向服务主导逻辑和顾客主导逻辑逐渐转变。企业间的竞争进入"产品＋服务"的时代。因此,本书进一步检视了企业服务中最重要的一个组成部分——产品售后服务——对于消费者需求的影响。本书利用我国产品售后"三包"服务相关规定修改这一自然实验事件,利用消费者需求数据,系统研究了产品售后服务对于消费的影响和相关的调节变量。

本书所有的实证研究都基于中国的汽车市场数据;同时,所有研究都基于消费者端的客观销售数据,使用基于离散选择模型转化而来的各种需求模型,使得所有研究具有内在框架的统一性。

本书的整体结构为:第一章为绪论,第二章对产品线延伸策略与营销绩效进行了系统研究,第三章研究了品牌名称策略对消费者需求的影响,第四章研究了产品售后服务策略对消费者需求的影响,第五章对相关研究结论和政策启示进行了总结。

# 第二章
# 产品线延伸策略与营销绩效

产品线延伸策略是企业的重要战略决策之一,合理的产品线设计可以满足消费者异质性需求,并提升企业的市场竞争优势。科特勒(Philip Kotler)在《营销管理》中对不同的产品线特征进行了相应的分类与定义:产品线(亦称为产品组合)包括产品线的宽度、长度与深度。产品线的宽度(广度)是指产品线的总量,产品线越多意味着企业产品线的宽度越大。因此,产品线的宽度反映了一家企业经营产品种类的多少及经营范围的大小。产品线的深度是指在某一产品线中产品项目的多少,其表示在某类产品中产品开发的深度,往往反映了一家企业产品开发能力的强弱。产品线的长度是指企业产品相关项目的总和。

现有的产品线相关文献为本书研究提供了丰富的理论基础,也指引了相应的研究思路和研究方法。因此,本章首先运用计量分析法和文献梳理法对国内外产品线相关的研究进展进行了综述以及简要的述评,旨在为后续研究提供扎实的理论基础。随后本章分别在第三节、第四节和第五节中探究了产品线延伸策略对消费者在线评论、不同营销组合工具有效性以及企业销量的影响。了解产品线延伸策略在不同层面的影响,对于企业合理设计产品线、维护高效和可持续发展具有重要的意义。

## 第一节 产品线延伸策略相关文献综述

为使产品线特征的相关研究和最新进展可视化,本节借助文献计量法进行文献计量分析。首先,在 Web of Science 数据库 WOS 核心文献中检索 1990—2020 年以"product line""product variety"和"product proliferation"为研究主题的搜索文献共 20 030 篇。为更准确地获取检索文献，以上述研究主题为篇名搜索，且限定在经济学、战略管理、市场营销和管理科学与工程等相关领域，旨在使筛选文献主题与本章研究主题更为契合，并进一步精炼以提高文献述评质量，最终获取相关文献 421 篇。

随后，应用文献分析法，为了呈现研究的发展趋势和热点，基于 CiteSpace 软件构建科学知识图谱，进行可视化分析。CiteSpace 是基于共引分析理论和关键路径算法对特定领域文献绘制科学知识图谱，可直观地显示某研究领域的信息全景，并识别一定时期内的发展趋势和动向（何佳讯和胡颖琳，2010）。其主要利用数理统计原理和计算机分析手段，研究文献中的作者、摘要、关键词、参考文献、作者所属机构和国别等信息，由此分析该领域的文献基础、研究热点和预测未来发展趋势。通过对关键词进行词频共线分析，引文和作者的共被引分析和多元统计分析形成了科学知识图谱。目前，使用知识图谱来揭示学科、领域以及研究主题的研究热点和发展趋势已经受到学者的普遍认可（谢光明，2019）。

具体而言，本节通过关键词分析呈现产品线研究的热点与发展趋势。这是因为关键词作为文献中最小的分析单位具有较好的代表性与可操作性；同时，在某一时间段内某一领域频繁出现的关键词便可以视为研究热点。

针对 421 篇检索结果，在 WOS 中导出并存储为纯文本格式，随后进行如下相应的设置："Timespan = 2003—2020; Slice Length = 1; Node Types = Keyword"等。最后经过调整得到产品线相关研究的关键词知识图谱（如图 2-1 所示）。

如图 2-1 所示，知识图谱由节点组成，越大的节点代表关键词出现的频次越高。因此，产品线竞争、产品模型、质量、绩效、影响，包括产品线设计与价格等相关研究是关注的核心。此外，现有关于产品线的相关研究大多从三个层面阐述：第一个层面是围绕企业内部如何实施合理的战略，从而促进企业实现高效发展，围绕这个层面出现了较多核心的研究方向，例如产品的质量（quality）、产品线的差异化设计（design）、企业绩效和影响（performance & impact）、模型的选择（model）等；第二个层面是企业之间的相互关系，较为典型的包含竞争（competition）、企业进入（industry entry）和差异化（differentiation）等；第三个层面是企业与消费者之间的联系，围绕这个层面出现了以消费者选择为代表的研究方向，包含消费者选择（choice）、算法系统（algorithm system）、启发式信息（heuristics）等。

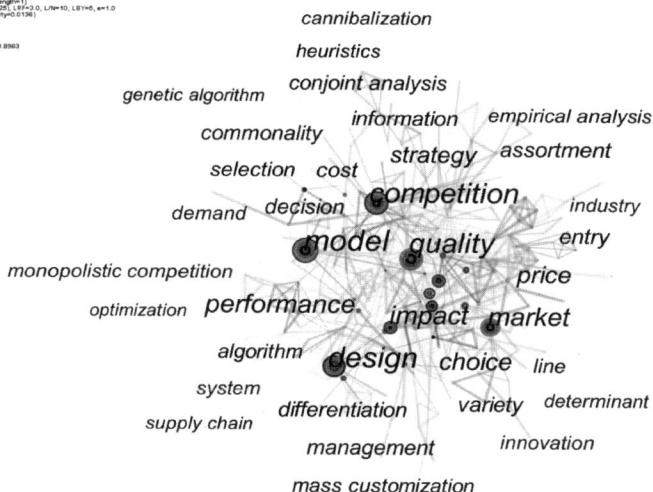

**图 2-1　1990—2020 年产品线关键词共线知识图谱**

随后,对 1990—2020 年产品线的关键词聚类进行可视化分析,关键词聚类旨在展现该领域文献的研究热点,研究热点是特定学术领域学者关注的焦点,也是指相关领域在某一时期主要探讨的问题。采用 CiteSpace 进行关键词共现的聚类分析,旨在直观反映产品线的研究热点,其呈现的关键词聚类视图如图 2-2 所示,色块代表聚类的区域。具体而言,图中展现出十大聚类,分别是 "consumer choice" "skilled-unskilled wage inequality" "deterrence" "product platform" "attitude" "contract" "co-panning" "sensitivity analysis" "evolutionary algorithms" "game theory"。同时,每个聚类对应不同的时区,由不同颜色代表,从左至右分别代表 2003—2020 年。前十大聚类的时间大约集中在 2011 年及以后,说明国外产品线相关研究仍在不断丰富并成熟。其中最大的聚类为 "consumer choice",年份为 2010 年,共包含 45 个关键词,主要的关键词有 "product policy" "coordination" "behavioral economics" "vertical integration" 等。如图 2-2 所示,前五位聚类主要关注:第一是消费者选择,例如相关的产品政策、内部协调机制、垂直整合等;第二是技术与工资不平等问题,相关的主要关键词关注企业进入策略以及产品本身的特征,例如产品种类、进入市场策略以及产品(或服务)质量;第三是产品线延伸或扩张的策略相应可能会面临的挑战,例如垂直延伸、营销中产品线定价问题,在该部分中较多文献使用实证产业组织理论和角色理论;第四是双边市场平台中的产品线策略,例如上下游市场可能面临的产品线组装问题(assembly lines)、平台中产品线策略、产品系列(母品牌与子品牌),以及可能面临的资源过载问题;第五是消费者态度,例如产品线的相应策略对消费者是否匹配、产生的影响,以及信息技术提升和感官属性层面带给消费者的相应影响等。总体而言,从图 2‐2 可以看出,产品线已发表文献关注的重点逐渐从传统企业战略拓宽至与消费者之间的互动。

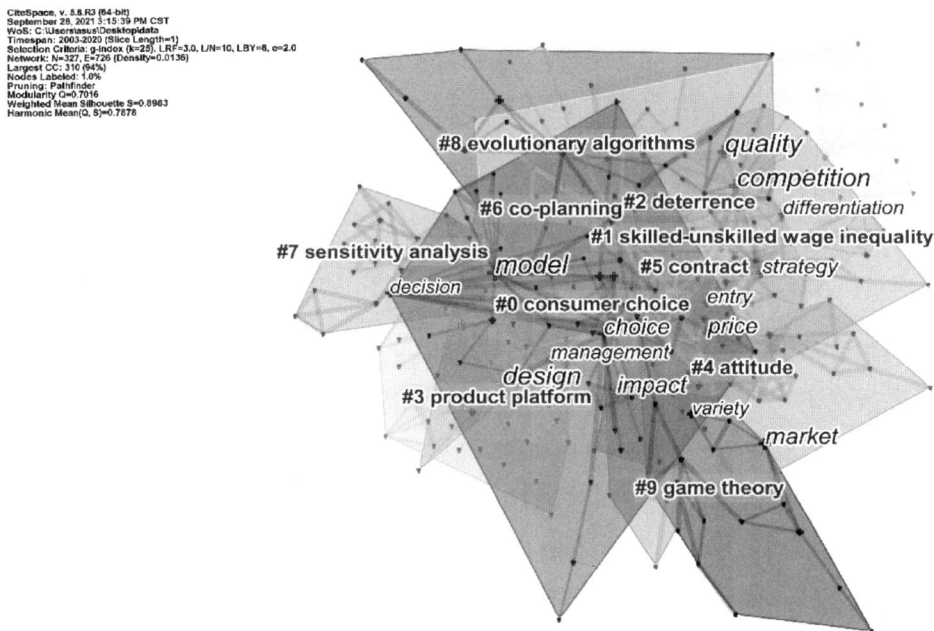

图 2‐2　1990—2020 年产品线关键词聚类知识图谱

进一步地,对 1990—2020 年产品线相关文献的关键词时间线进行可视化分析,关键词时间线聚类图可以从不同视角展示研究领域的分布情况,可视化经典文献的研究进展便于日后学者高效梳理重要信息,通过运行软件进行聚类得到如图 2‐3 所示的时间线图谱。

如图 2‐3 所示,可以发现,作为聚类分析第一类主题消费者选择(consumer choice),其发展过程:最初热点包含产品线分类、产品成本、企业多元化战略、消费者关系维护等(2003—2010 年),可以发现此时相关研究更多关注在传统企业绩效层面。2010 年后,消费者选择相关研究延伸至供应链、折扣计划、企业运营

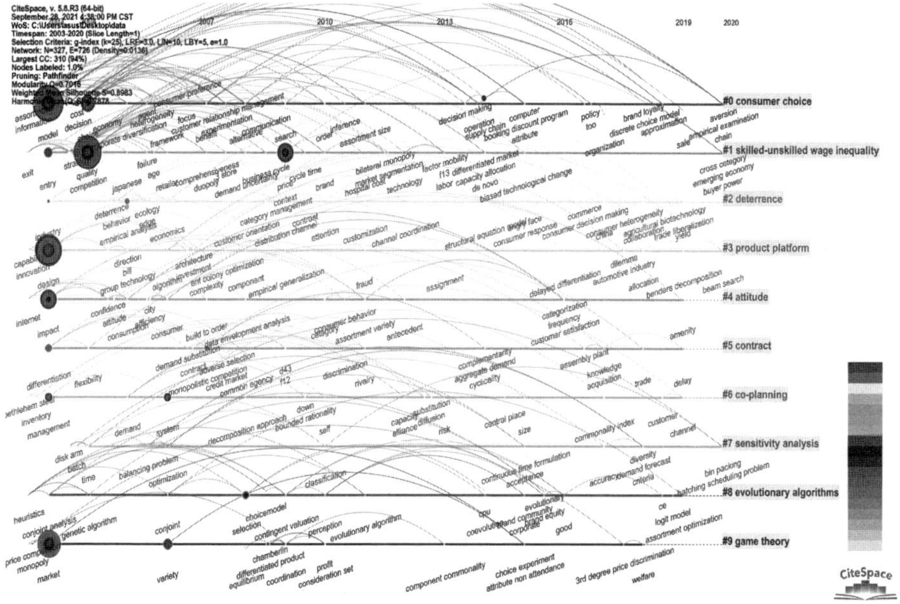

**图 2 - 3　1990—2020 年产品线关键词时间线知识图谱**

以及品牌忠诚度探讨等,相较之前的文献与社会背景情境结合得更加紧密。而近年来(2015 年至今),产品线相关文献中与消费者选择主题结合紧密的研究开始关注产品属性、计算机、相关政策探讨,以及为了更好地刻画消费者行为所用到的离散选择模型,同时研究方法也由之前的以理论模型为主导逐渐向实证研究进行转变和丰富。

　　第二类与本研究关系较紧密的是产品线相关研究中的发展挑战(deterrence),如图 2 - 3 所示,最初的相关研究热点为产品品类、产品线类别的管理、消费者来源以及分销渠道等。近年来,相关主题的热点研究更多地集中于消费者回复(评论)、消费者异质性、农业领域、共创和贸易自由化等。这首先可以表明,产品线相关研究在各行各业涉猎较为广泛,同时更多地结合当下社会重要的研究情境。此外,随着需求异质性特征的出现,产品线特征的研究问题仍是重要的议题,并涌现出较多新的研究问题。

　　第三类与本研究关系紧密的是平台产品(product platform),同样如图 2 - 3 所示,在早期该主题下的研究热点为投入、算法和复杂度等话题。近年来,相关关键词的热点更多地集中于汽车市场、延迟差异化、面临的困境和搜索等。通过对该主题的梳理可以发现汽车行业市场是产品线相关研究较为理想的研究背景。此外,随着数字化时代的发展和平台经济的兴起,平台在带给商家和消费者诸多便捷的同时,也存在一些机遇和挑战并存的研究问题等待解决。

除上述三类重点且与本研究关系最紧密的研究主题以外,如图 2-3 所示,受限于篇幅,剩下的七类研究主题也展示了其发展进程和趋势。综上分析我们可以发现,产品线的研究架构大致基于三个层面:企业内部战略和决策、企业与消费者互动及对消费者的重要影响,以及企业之间的互相竞争和差异化策略。通过聚类分析可以发现,产品线的设计与延伸对消费者决策的影响是最为重大的,该研究趋势仍在持续,并不断涌现出诸多新的研究情境。

随后,本研究分析了产品线相关研究发文期刊图谱,由图 2-4 可见该领域在国际顶级期刊出现的频率,可以证明其研究的重要性。具体而言,(1) *Marketing Science*、*Management Science*、*Journal of Marketing Research* 和 *American Economic Review* 等期刊"年轮"较大,说明产品线相关研究从 1990 年至今一直在这几本重要期刊中有大量文献发表;(2) 除上述期刊外,*European Journal of Operation Research*、*Production Operation Management* 和 *Harvard Business Review* 上发表的相关文献具有较高的被引用中心性,且逐年发表的趋势仍然保持较高数量。由此,印证了产品线相关研究的重要意义。

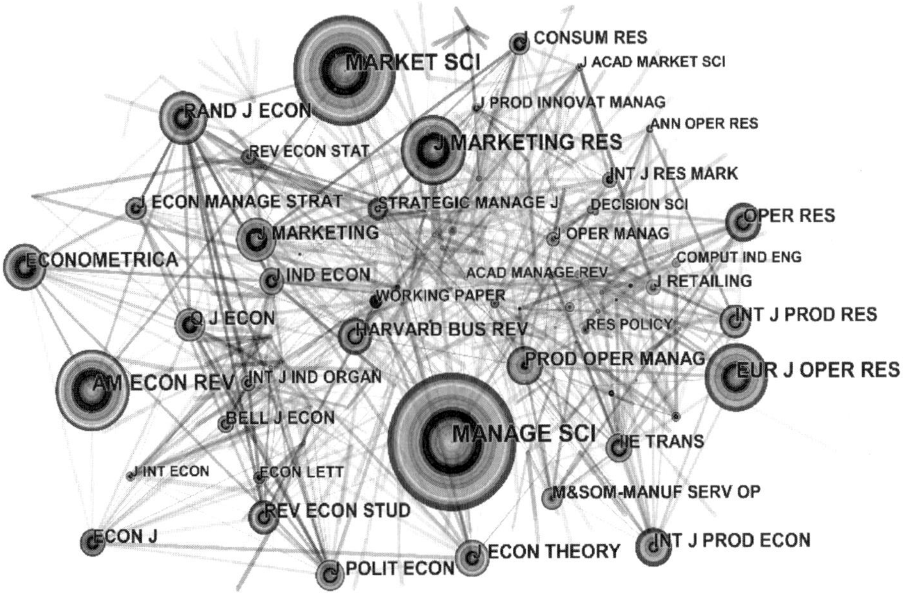

图 2-4　1990—2020 年产品线相关文献发文期刊共线图谱

随后,本书分析了国内产品线相关研究的现状,在 CNKI 数据库以"产品线""产品种类""产品多样性"为篇名或摘要或关键词检索,期刊来源选择 CSSCI,文献分类目录选择"社会科学Ⅱ辑"和"经济与管理科学",最终获取文献共 211 篇。其中最早一篇研究出现在 1998 年 2 月,最近相关研究出现在 2021 年 10 月。尽管总体文献样本相对篇幅较小,但本研究仍对其制作了产品线关键词时间线知识图谱,如图 2 - 5 所示。

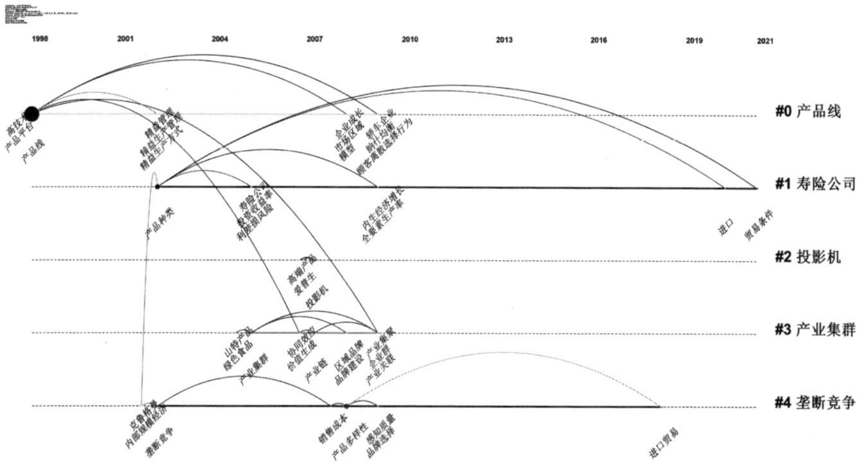

图 2 - 5  1998—2021 年国内产品线文献关键词时间线知识图谱

通过可视化国内产品线核心文献可以发现,目前,"产品线"及相关主题的核心文献系统性较差,文献较为分散,缺乏整体性的分析,存在一定的断层现象(2010—2016 年),且大多数以经济学和运营管理学为背景,实证研究相对较少,总体而言,仍具有很大的发展和完善空间。

综上所述,本节的意义旨在运用计量分析法使现有产品线相关问题在经济管理领域文献的研究现状和趋势可视化,分别通过产品线关键词共线知识图谱、关键词聚类知识图谱、关键词时间线知识图谱以及关键词突现知识图谱进行展示,为本书的后续研究提供了较为充分的理论基础和文献支撑。

随后,本节梳理了产品线的不同特征在现有文献中的具体研究内容。首先,对于产品线延伸策略而言,大量研究集中探讨了产品线延伸策略与企业传统绩效相关指标之间的关系,如 Lancaster(1990)、Kekre and Srinivasan(1990)、Draganska and Jain(2005)、白让让(2008)、Wan et al.(2012)研究了产品线延伸对企业销量、利润和市场占有率的影响;而 Quelch and Kenny(1994)、Johnson and Sohi(2014)以销售人员为例,研究了销售人员所持产品线个数与消费者互动程度、销售人员的绩效、角色压力和工作满意度的关系。产品线宽度的相关研究包含:Dowell(2006)将产品线宽度细化为产品线长度和产品线复杂度,探讨了不同情境下的产品线宽度与企业失败概率的关系;Zahavi and Lavie(2012)、Barroso and Giarratana(2013)分别探讨了产品线宽度与企业绩效的关系及边界条件;Moreno and Terwiesch(2017)则研究了产品线宽度对资源错配成本的影响;曾伏娥 等(2017)分析了产品多样化对企业服务质量的影响。而产品线深度的研究目前还处于发展阶段,例如 Barroso and Giarratana(2013)亦研究了产品线深度与绩效的关系及边界条件。此外,还有学者引入并探讨了产品线的复杂度,如前文所述,Dowell(2006)首先定义产品线复杂度,随后与产品线宽度和长度进行区分,探究了两者对企业失败概率影响的异同。Zhou and Wan(2017)研究了产品线复杂度对企业采购的调节效应。类似的,Piazzai and Wignberg(2019)关注了产品线复杂度对垄断企业策略的影响。具体产品线特征的相关实证研究如表 2-1 所示。

**表 2-1**　　　　　　　　　**产品线特征相关实证文献梳理**

| 文　献 | 研究背景 | 测量方式 | 因变量 | 研 究 发 现 |
|---|---|---|---|---|
| 产品线特征:产品线种类(长度) | | | | |
| Quelch and Kenny (1994) | 实地实验 | 销售人员所持产品线的长度 | 销售人员与顾客互动程度 | 当销售人员负责大量产品线时,其与顾客互动程度降低 |
| Bayus and Putsis (1999) | 计算机行业 | 行业提供的产品型号数量 | 公司净市场份额 | 产品扩散对计算机行业的净市场份额的影响是负向的 |
| Draganska and Jain (2005) | 酸奶市场 | 酸奶口味数量(SKUs) | 市场份额、消费者选择、定价 | 产品线种类增加会导致市场份额和消费者效用降低 |
| Dowell(2006) | 自行车行业 | 不同产品的个数 | 企业失败概率 | 产品线越丰富失败概率越低 |
| 白让让(2008) | 汽车市场 | 全部品牌个数 | 企业市场占有率、盈利能力 | 一个成长产业中,产品线延伸可以提高企业市场占有率和盈利能力 |

| 文　　献 | 研究背景 | 测量方式 | 因变量 | 研 究 发 现 |
|---|---|---|---|---|
| Boulding and Christen (2009) | 上市企业 | 企业的产品种类 | 开拓成本和企业利润 | 标准的产品扩展产品线,会产生利润优势;定制产品的产品线扩展,会适得其反 |
| Zahavi and Lavie(2012) | 软件市场 | 产品种类 | 企业绩效 | 产品种类增加,先负后正影响绩效;技术投资强度与行业多元化经验为调节作用 |
| Giachetti and Dagnino (2014) | 手机行业 | 品牌类别个数 | X:竞争力强度;Y:产品线种类 | 产品线种类与竞争力强度之间为倒U形关系 |
| Johnson and Sohi (2014) | 销售人员的问卷调查 | 销售人员负责的产品线个数 | 销售人员的绩效、角色压力和工作满意度 | 销售人员所持产品线与其绩效、角色压力和工作满意度为非线性关系;并受产品的复杂性和产品线互补性的调节 |
| 白让让和余璐玥(2015) | 中国汽车市场数据 | 企业在细分市场的品牌或型号个数 | 市场份额、价格水平、跟随效应 | 产品线种类增加,细分市场占有率提升;应对竞争者产品线延伸,企业会选择跟进策略 |
| 曾伏娥 等(2017) | 中国人寿保险市场 | 各项保险业务的保费收入的标准差 | 服务质量 | 服务质量与产品多样化之间为非线性关系,过度产品多样化会对服务质量造成损害 |
| Tom et al.(2017) | 电影租赁市场 | 消费者至少租过一次不同 DVD 数量 | 需求集中度 | 产品种类增加扩大了需求集中程度 |
| Zhao et al.(2020) | 杂货扫描仪数据 | 提供的产品品种数量(SKUs) | 消费者对品牌感知及销量 | 强调(BRiC)对产品线和因变量的调节作用 |

产品线特征:产品线宽度

| 文　　献 | 研究背景 | 测量方式 | 因变量 | 研 究 发 现 |
|---|---|---|---|---|
| Kekre and Srinivasan (1990) | 1 400 个业务部门 | 每个企业的产品线宽度 | 市场份额和企业盈利能力 | 产品线越宽(广),市场份额和企业盈利能力显著提升 |

| 文　　献 | 研究背景 | 测量方式 | 因变量 | 研 究 发 现 |
|---|---|---|---|---|
| Barroso and Giarratana (2013) | 汽车市场 | 多个子市场 | 企业绩效 | 产品线宽度与绩效呈U形 |
| Moreno and Terwiesch (2017) | 汽车行业数据 | 每个汽车品牌所持的车型数量 | 资源错配成本 | 产品线宽度的增加会导致资源错配成本上升 |
| 产品线特征：产品线深度 | | | | |
| Barroso and Giarratana (2013) | 汽车市场 | 子市场的种类 | 企业绩效 | 产品线深度与绩效呈倒U形 |
| 产品线特征：产品线复杂度 | | | | |
| Dowell(2006) | 自行车行业 | 不同产品的个数 | 企业失败概率 | 产品线复杂度越大,失败概率越高 |
| Barroso and Giarratana (2013) | 汽车市场 | 调节效应 | 企业绩效 | 产品复杂度对主效应有一定的调节作用 |

## 第二节　国内外产品线相关理论概述

### 一、可获得性-诊断性理论

可获得性-诊断性理论(Information Accessibility-Diagnosticity Theory)最初是由费尔德曼(Feldman)和林奇(Lynch)于 1988 年提出。该理论的核心思想:可获得性指针对现有信息,对记忆中已有知识信息迅速提取的容易程度,而信息本身的一些特征如生动性、动态性等会影响其可获得性(Lynch et al.,1988;Collins and Stevens,2002)。可诊断性为信息接收者能否清晰地对信息进行分类进而促进决策的进行(Feldman and Lynch,1988),即基于已有信息的推断足以做出决策的容易程度(Lynch et al.,1988)。在此基础上,该理论提出,信息接收者将参考信息的可获得性(Accessibility)与可诊断性(Diagnosticity)作为认知评价与决策判断的依据,信息的可获得性是可诊断性的前提(Park et al.,1994)。高可获得性能够帮助信息接收者迅速提取记忆中已有的知识信息。高诊断性能够帮助信息接收者清晰地将信息划归至相应的认知类别,同时进行排他性的解释,使得决策个体能够利用信息更清晰地进行决策(Herz and Diamantopoulos,2013);相反,低可获得性的信息接收者难以迅速提取记忆中已有的知识信息;低诊断性会使信息接收者对信息感到模棱两可且被划归至不同的分类(Herr et al.,1991),从而使得信息接收者做出决策的可能性降低。由上述分析可知,可获得性-诊断性理论展现了信息接收者接触和处理相关信息并进行决策的过程与容易程度。

鉴于可获得性-诊断性理论模型的适用范围,现有文献基于此框架大多从两方面进行探讨,一方面是企业决策的影响,例如品牌延伸(Ahluwalia and Gürhan-Canli,2000);另一方面是消费者对信息获取如在线评论的接收和处理过程(Chen et al.,2011;Filieri,2015;廖俊云和黄敏学,2016;谢光明 等,2018)。Ahluwalia and Gürhan-Canli(2000)以品牌延伸同母品牌的关系为例讨论,发现当品牌的延伸信息可诊断性较低时,积极的延伸信息更有可能使得远距离的扩展效果增强;消极的延伸信息更有可能使得近距离的扩展效果减弱。而在线评论方面,Chen et al.(2011)对比了在线评论和观察性学习两种更新学习方式对销量、生命周期及其相互作用的影响。Filieri(2015)在可获得性-诊断性框架下探究了在线评论获得消费者信任的原因。廖俊云和黄敏学(2016)在此框架下发现产品评分分布偏差负向影响销量,而品牌效应起到调节作用。谢光明 等(2018)发现了网络口碑离散程度动态影响产品销量,产品质量信号与口碑发送者特征会调节主效应。综上可发现,产品线延伸策略作为企业决策因素之一,其变动影响着信息接收方即消费者对信息的感知与处理模式,进而影响消费者在线评论。基于此,运用可获得性-诊断性理论框架能较好地解释产品线延伸策略与在线评论之间的关系。在本章研究中,对可获得性-诊断性理论的梳理是第四节有关汽车行业产品线的延伸方式对在线评论影响的探究的理论基础。

## 二、错配理论

错配理论的提出来源于经济学领域的资源错配理论,资源错配是相对于资源有效配置(让有限的资源通过合理配置实现最大产出)状态的偏离,该理论由Hsieh and Klenow(2007)提出,通过建立资源错配计算指数,验证了资源错配会使得企业生产总值受到较大影响,而有效避免资源错配则能使得企业生产总值实现显著的提升,该理论的提出为相关现象的解释、应用与延伸提供了新的理论视角。目前,相关研究主要针对产业资源错配的前因与影响两方面分别进行探索。具体而言,Banerjee and Duflo(2005)详细且较为全面地总结了导致错配的原因,包括企业内部低效、外部性、行为因素、政府和信贷约束失灵五大类。其中,企业内部低效是指企业的人力或资本投入不合理,影响着企业投资行为、要素分配进而影响企业绩效;外部性包含关联行业的生产成本、社会关系网络的信息获取、产业集聚程度等一系列影响资源匹配的决策;行为因素是指如企业决策者的投资习惯与心理活动等;而政府和信贷约束失灵则是指金融体系的相对不完善。这些因素在后续涌现的文献中逐一得以验证。另一类相关文献探索了资源错配的测算,以及在宏观层面对总产出、经济效率、经济转型的不利影响(姚战琪,2009;袁志刚和解栋栋,2011),诸如,导致实际产出与潜在产出形成较大缺口(王林辉和袁礼,2014),加深区域间发展的不平衡(潘越和杜小敏,2010),影响产业内部结构的可持续发展(曹玉书和楼东玮,2012)等。

类似的,错配效应亦是相对于企业供给与消费者需求有效匹配状态的偏离,即由于企业生产与市场需求的不匹配进而产生的错配成本(Fisher,1997),通常情况下,企业提供的选择越多,不确定性越大,产生错配成本的可能性便越高。在此框架下,学者们聚焦于产品线与产品策略,分别从数学、运营管理与战略管理等不同领域验证了产品线延伸的错配效应。具体而言,产品线或产品种类越丰富,越会增加消费者对产品需求的变动性及预测误差,进而增加错配成本。换言之,产品线分散化会加剧公司面临的不确定性并产生错配成本。在运营管理与市场营销领域的文献中,学者们将错配效应作为重要的理论框架,拓展且丰富了企业的战略决策。具体而言,Sun(2012)着眼于利基市场,发现产品属于利基市场时,其产生的错配成本相对非利基市场产品更高。Moreno and Terwiesch(2015)在此框架下探究产品线宽度扩张对该产品折扣和库存的影响。此外,Moreno and Terwiesch(2017)亦发现产品线宽度对错配成本有显著正向影响。综上,本书认为随着产品线种类的扩张,过度复杂的产品线延伸投资带来的不确定性一定程度上使企业供给与消费者需求之间产生错配效应,增大企业供给与消费者需求与选择间错配的可能性,进而降低消费者满意度。

在本书中,对错配理论的梳理是本章第四节有关汽车行业产品线的延伸方式对在线评论影响分析的理论基础。

## 三、信息效应-劝说效应理论

信息效应-劝说效应理论是数字化情境下相对较为新颖的研究理论,最初的提出旨在阐述产品信息的不同生成内容来源于不同类型的发布者这一现象。其中,主流的两类分为:市场生成内容(Marketer-generated Content),例如企业广告;用户生成内容(User-generated Content),例如在线评论。具体而言,这两类形式的发布内容旨在减少消费者与商家之间的信息不对称性,满足消费者购买前的信息需求,从而更高效便捷地促进消费者购买行为。如上所述,市场生成内容是指商家生产发布的内容,具体包括产品的介绍、产品的基本属性和售后服务等客观信息,即向消费者提供有关产品或服务的性质和功能的事实数据。而用户生成内容是指消费者发布的内容,旨在通过阐述产品的优势/劣势,将其与其他同质竞争者进行区分,具体包括消费者在线评论和在线社群等具有消费者互动的信息。两者的区别在于:第一,市场生成内容更多地包含客观的产品信息或信息发出方(商家)想让信息接收方(消费者)获取的信息,更多时候具有较强的信号效应与选择效应(Lee et al.,2018);而用户生成内容大多从消费者方产生,更多是他们购买和使用后的体验以及评价。第二,诸多研究发现用户生成内容会比市场生成内容的有效性更强(Goh et al.,2013;Trusov et al.,2009),这是因为用户生成内容有更强的用户涉入度、参与感和可信度,且信息发出者与信息接收者相似度更高,由此更容易令消费者信服。第三,Goh et al.(2013)认为对于市场生成内容,其提供的信息效应多于劝说效应;而对于用户生成的内容,其提供的劝说效应多于信息效应。信息效应是企业在产品推出时,让消费者或潜在消费者更好地知晓并了解该产品,旨在促进决策行为;而劝说效应(说服效应)是指面临说服信息时,个体态度转变并影响其行为决策的现象(马向阳 等,2012),在消费者行为情境中更多是指通过已有相关信息塑造和改变消费者的态度,从而影响消费者的购买决策。

总体而言,信息效应和劝说效应(Information Effect & Persuasive Effect)理论指出,信息效应旨在提供基础信息,例如产品与品牌的属性、使用情景与体验、产品后市场服务范围等(Goh et al.,2013),由此,广告具有更强的信息效应(Information Effect)。由于消费者在决策之前通常会面临不确定性和信息不对称(Kivetz and Simonson,2000),因此为了购买更符合自己需求的产品,他们会寻找大量与产品相关的信息进行验证,确保自己选择的正确性(Goh et al.,2013),营销工具旨在帮助消费者减少不确定性并做出选择(Chevalier and Mayzlin,2006),此时广告成为他们的主要参考之一。劝说效应旨在让消费者相信产品的优势,使其与市场上的竞争对手进行区分(Goh et al.,2013)。信息效应和劝说效应主要来自消费者的产品使用体验和使用情境,在线评论作为用户使用后生成内容,是用户生成的对产品的评价信息,具有较强的说服力。当消费者对产品或者服务感到满意时,他们更有可能发布积极的在线评论;反之,当消费者对产品或服务不满意时,他们更有可能发布消极的在线评论。因此,在线评论可以用来衡量消费者对产品或者服务的评价程度(Liu,2006),也具有更强的劝说效应。

在本书中,对信息效应-劝说效应理论的梳理是第五节有关产品线延伸如何影响不同的营销工具广告和在线评论有效性分析的理论基础。

### 四、解释水平理论

解释水平理论(Construal Level Theory)作为社会认知理论,Trope and Liberman(2003)提出其核心观点:心理距离远近通过影响不同水平的心理表征,进而影响人们对未来事件的反应,心理距离表现形式包括时间距离、空间距离、社会距离和概率距离等(Trope et al.,2007)。此后,通过不断完善、发展与归纳,解释水平理论认为,人们对于事件的表征有不同的抽象水平(黄俊 等,2015),分为高抽象程度(高解释水平)与低抽象程度(低解释水平)。高解释水平是首要及核心的、本质的、上位的、与目标相关的、抽象的、结构化及连贯的;而低解释水平是次要及表面的、非本质的、下位的、与目标无关的、具体的、无组织及不连贯的。一个较为经典的例子是,将钱表征为文字属于高解释水平,而将钱表征为图片则属于低解释水平(孙晓玲 等,2007;Trope and Liberman,2010;黄俊等,2015)。

近年来,解释水平理论在理论研究和实际探索中得以快速拓展和应用,并延伸到消费者行为学、管理学和社会学等诸多领域(李雁晨 等,2009)。参照现有文献的分类方式(黄俊 等,2015):首先,与本学科情境相同的消费者行为领域,解释水平理论可以用于解释消费者的认知、偏好态度、决策以及评价。例如,在低解释水平下,消费者更在意"损失"相关信息;而在高解释水平下,消费者更在意"得到"相关信息。Martin et al.(2009)基于该理论,将产品属性区分为首要属性与次要属性,并探索消费者对不同产品属性偏爱的差异。类似的,在不同解释水平下选择集的大小也会影响消费者偏好(Henderson,2013)。刘红艳 等(2012)发现赠品促销的方式在近期购物的场景下相比远期拥有更理想的效果;而价格促销的方式在远期购物的场景下相比近期拥有更好的效果。

此外,解释水平理论作为一个纯认知理论(黄俊 等,2015),亦有研究从客体解释水平、人际解释水平和行为解释水平进行讨论。例如对客体解释水平的分类有:依据解释水平的高低将注意力分为全局关注和局部关注(Huntsinger et al.,2010)、心理目标的远与近(Maglio and Trope,2011)、文字视觉和图片视觉(Yan et al.,2016)。而对于人际解释水平的应用,包含不同解释水平下个体是否更容易产生认知失调(Wakslak,2012),在人际交往中是否更多地将自我与他人整体相关(Hess et al.,2018);Orvell et al.(2019)则区分了不同类别词汇使用的影响,即具体词(如动词)和抽象词(如形容词)。综上所述,解释水平理论较为有效地根据社会情境、消费者行为对可能产生的不同影响进行了区分,从而厘清了理论界和实践界的诸多现象。

在本书中,对解释水平理论的应用是第六节有关汽车产品线复杂度的延伸方式对企业销量影响的探究的理论基础,也是该研究将产品线复杂度属性划分为内核属性与外延属性的重要依据。

## 五、前景理论

前景理论是 1979 年由卡内曼(Kahneman)和特沃斯基(Tversky)提出的行为经济学理论,是用来解释一个人在面临多种选择情况下进行决策分析的经典理论框架。最初,该理论阐述了个人评估损失与获得的方式是不对称的,例如一个人损失 1 000 美元的厌恶感只能通过获取 2 000 美元的乐趣来弥补。因此,与预期效用理论相反,前景理论旨在描述个体的实际行为。早期前景理论在博彩领域运用较为广泛,例如,在确定获得 250 美元与 25% 的概率获得 1 000 美元这两个选择中,人们通常倾向于选择确定获得 250 美元;相反,在确定失去 750 美元与有 75% 的概率失去 1 000 美元的选择中,大多数人宁愿选择有 75% 的概率失去 1 000 美元,而不愿选择确定失去 750 美元(Tversky and Kahneman,1985)。故该理论表明了人们在面对未来的正向收益(盈利)时,通常更愿意采取风险规避的行为(凹函数),但对于面对未来的负向收益(损失)时,通常更愿意采用冒险的决策活动(凸函数)。

随后通过不断发展与完善,前景理论具体延伸至以下三个核心观点:第一,决策者会展示出对收益的风险规避倾向和对损失的风险寻求倾向;第二,决策者通常会根据参考点来感知收益或损失;第三,决策者们对待损失比对待收益更敏感。目前,该理论已经大量运用在涉及风险决策的领域中,例如证券和资产投资

(Odean,1998；Massa and Simonov,2005)、房地产销售(Witte et al.,2008)、二手汽车市场购买(Betts,2006)、博彩行业(Clotfelter and Cook,1993),以及企业重要战略如CEO变更(刘鑫和薛有志,2014)。此外,亦有大量研究基于前景理论,以在方法上进行创新,例如,Scholz et al.(2017)基于前景理论提出了新的属性加权方式以优化平台推荐系统。Vipin and Amit(2017)基于前景理论考虑决策者的损失厌恶和随机参考点研究报童问题的决策偏差。Wang et al.(2017)考虑在突发情形下,将个体决策延伸至群体决策行为。

由上一节解释水平理论可以将产品属性划分为内核属性和外延属性,内核属性是指那些首要及核心的、本质的、上位的、结构化及连贯的属性;而外延属性则是指那些次要及表面的、具体的、无组织及不连贯的属性。现有研究发现,从内核属性进行产品线延伸会影响消费者进行产品决策的困难程度,增加其认知过程所需花费的精力,从而在一定程度上减少购买行为(周末 等,2021)。对企业而言,由于消费者决策行为,延伸内核属性的产品线策略也会面临销量增速降低,利润下降,供给与需求错配的风险。而相反,通过延伸外延属性的产品线策略能够为消费者提供更多的异质性选择,对于外延属性这样具有次要及表面的、具体的特征属性对于消费者选择与决策过程不会耗费过多的认知资源,广泛的外延属性更有可能契合消费者的喜好并增大其购买可能性。对于企业而言,延伸策略能够帮助划分细分市场,增大销量的同时实现规模化效应,降低生产成本,进而在一定程度上避免错配风险。通过上述梳理可以发现,企业进行内核属性延伸策略会承担更大的风险,更有可能面临"潜在损失",而企业进行外延属性扩张策略时,则相对风险较小,利远大于弊,更有可能面临"潜在收益"。

在前景理论框架下,决策者在面临不确定性时,通常会根据参考点来感知收益或损失,并对收益与损失进行分类。此外,通常情况下决策者们对待损失比对待收益更敏感(Tversky and Kahneman,1981)。因此,面对企业从内核属性扩张与从外延属性扩张的两种不同延伸方式,其潜在效用存在一定的差异,企业以及消费者对两种扩张方式的感知敏感程度亦不同,这意味着企业面临不同的特征属性应当实施不同的延伸策略。

在本章中,对前景理论的梳理是第六节有关汽车产品线的不同延伸方式对企业销量、生产成本与在线评论研究的重要理论基础与理论逻辑。

## 第三节 研究思路与研究方法

本书研究思路遵循文献梳理—理论推导—实证检验—政策建议的逻辑展开。文献梳理是前提,指明了已有研究的缺口和空白点;理论推导是前提,为后续实证检验提供了相应的理论支撑;实证检验是关键,也为量化三种重要的营销策略提供了事实依据;政策建议与分析则是本书归宿,旨在从理论和实践角度提供相应的策略指导和政策优化。因此,本书以汽车之家为主要研究对象,利用Python网络爬虫技术获取第二章至第四章所需汽车特征数据以及消费者针对各类属性(个体和整体)的在线评论数据、汽车销量数据等,丰富的经验数据旨在增强文章的指导意义。

本研究遵循定量研究和定性研究相结合的研究思路,其中定量研究以回归分析为主要方法,定性研究为文献计量法,旨在更全面地了解产品线特征相关文献。具体而言,使用以下四种研究方法。

1. 知识图谱法、文献梳理法

利用上海财经大学图书馆资源Web of Science,搜索了产品线、品牌命名策略以及产品售后相关文献并综述了研究成果。运用文献计量和知识图谱的方法,旨在借助产品线领域演进的可视化图谱,更为生动直观地使研究的发展历程和发展趋势形象化,从整体上更加深刻地反映营销策略领域文献的科学发展规律(陈悦 等,2015)。类似的,文献梳理法旨在对本书相关领域的已有文献进行系统而全面的梳理、细化并进行全方位总结,助力发现研究空白以及新的研究方向,为后续的理论研究奠定坚实的文献基础。在本书中,第二章至第四章均相应地采用此研究方法。

2. 问卷调查法

调查者运用统一设计的问卷向被选取的调查对象了解情况或征询意见的调查方法,是获取研究数据一种较为普遍的方式,本书在第二章使用此研究方法。

3. 实证研究法

本研究基于实证研究中的固定效应模型等,利用Stata首先整理和处理研究数据,从不同视角对解释变量以及被解释变量进行描述,初步获取变量间的相关性关系和因果关系。随后,通过处理内生性、控制额外的控制变量、更换解释变量的测量方式等进一步进行稳健性检验,确保模型结果的信度和效度。本书在第二章至第四章中运用此方法。

4. 网络爬虫法

在线评论的效价和差异来源于真实的汽车之家评分数据,因此使用 Python 获取相应的数据,本书同样在第二章中运用此方法。

## 第四节　产品线延伸策略与消费者在线评论

随着全球经济全面发展,中国经济进入新常态,居民消费行为呈现的异质性差异是中国经济的显著特征,突出表现为居民消费水平、消费行为和消费结构存在明显的差异(臧旭恒和张欣,2018;赵伟光和李凯,2019)。这一特征打破了企业传统的结构和已有的均衡状态(白让让,2010),企业逐渐开始识别满足消费者异质性的产品线策略。产品线设计是企业营销的重要决策因素和企业间竞争的重要手段,代表着企业对消费者需求的覆盖程度(白让让,2008)。合理的产品线延伸策略,会使企业产生规模效应,降低生产成本并提高生产效率,进而不断实现产业升级和完善产品服务质量(曾伏娥 等,2017)。对于一些多产品企业主导的市场,产品线的定位与设计已成为多品牌、多市场结构下企业的主要竞争策略(白让让,2010)。在现今的产品线设计实例中,既有多样化的产品线策略,例如可口可乐在中国市场提供了 16 个子品牌的 50 种不同口味饮料,汽车市场的福特企业生产 19 款汽车供消费者选择;也有企业主张单一化的产品线策略,例如,2018 年凯美瑞将产品线种类从 2012 年的 6 款车型(L、LE、SE、XLE、V6 SE、V6 XLE)缩减至 3 款车型(L、LE、V6 XSE);日本外卖企业玉子屋坚持每天只生产一种便当的专一化的产品线策略,使其仅在东京地区日销量就高达 13 万盒。

同样,产品线延伸的重要性在学界引起了广泛的重视,大量研究集中探讨了产品线与企业传统绩效相关指标之间的关系,如白让让（2008）、Lancaster（1990）、Wan et al.(2012)研究了产品线对企业销量、利润和市场占有率的影响;Kekre and Srinivasan(1990)、Moreno and Terwiesch(2017)探讨了产品线与资源匹配成本的关系;曾伏娥 等(2017)则探讨了产品多样化对企业服务质量的影响;而 Quelch and Kenny(1994)、Johnson and Sohi(2014)以销售人员为例,研究了销售人员所持产品线种类与消费者互动程度、销售人员的绩效、角色压力和工作满意度的关系。由上述梳理发现,现有产品线种类的实证研究大多集中探讨对企业传统绩效和战略层面的影响,鲜少有研究考虑产品线种类对消费者行为层面的影响。

事实上,随着数字化时代的到来和平台经济的兴起,影响企业高效并可持续发展的因素不再局限于这些传统的决策工具,企业和商家也开始逐渐重视与消费者之间的互动等一系列消费者的行为活动,并积极采取措施推进数字化营销变革,例如追踪、管理消费者在线评论和用户社群等(付东普和王刊良,2015;Liu et al.,2018)。在线评论是消费者对产品使用和服务体验后的评价,是数字化时代企业最常用的营销工具之一,也是消费者在进行购买决策时重要的参考依据(黄敏学 等,2019)。随着电商平台与社交媒体的爆炸式增长,在线评论也被称为现有消费者与潜在消费者之间以互联网为媒介的书面交流方式(Rosario et al.,2016)。正因如此,企业营销人员逐渐意识到在线评论的重要性,对评论的兴趣与日俱增(Liu et al.,2018),同时扩大了对生成和管理在线评论的各方面投入(Liu et al.,2018)。现有研究多从在线评论的数量、在线评论的效价和在线评论的差异三个维度对消费者评论进行衡量(Sun,2012),评论的数量衡量了评论信息传播的广度,评论的效价用来衡量消费者对产品反馈的平均水平,而评论的差异主要衡量消费者评论之间的异质性。结合本书研究情境,在参考现有文献的基础上(Sun,2012),本节选择在线评论的效价和在线评论的差异衡量在线评论。具体而言,在线评论的效价亦称为消费者口碑效价(Online Word-of-mouth Valence),代表着消费者对产品质量或服务体验的积极或消极态度。通常情况下,在线评论的效价利用该产品获得的所有评分的均值进行衡量,均值越高,则代表在线评论的效价越高,进而更容易说服消费者产生购买行为;反之,均值越低,则代表产品在线评论的效价越低,进而更有可能促使消费者避免产生购买行为(龚诗阳 等,2018)。类似的,在线评论的差异亦称为消费者口碑的方差(Online Word-of-mouth Variance),代表着消费者对产品质量或服务体验评价的异质性和褒贬不一的差异化态度。通常采用产品获得的所有评分的方差进行度量,方差越大,则代表在线评论的差异越大,在线评论的离散程度越高;反之,方差越小,则代表在线评论的差异越小,消费者在线评论越趋于一致。

本节将主要探讨产品线延伸对消费者在线评论(包括在线评论效价和在线评论差异)的影响及其机制,并验证了企业广告投入的调节作用,揭示企业不同营销决策工具的关系,以试图丰富现有研究。本节主要围绕以下两个问题展开讨论:第一,产品线延伸如何影响消费者在线评论?具体而言,产品线延伸如何影响在线评论效价和在线评论差异?第二,给定产品线延伸策略,企业的广告投入如何调节产品线延伸对于消费者在线评论的影响?基于"可获得性-诊断性理论"与"产品线错配效应"框架,利用2012—2021年间50款车型的汽车市场数据进行实证分析。研究结果表明,产品线延伸对于消费者评论效价具有显著的负向影响,而对于消费者评论差异有显著的正向影响。此外,企业广告投入强度对于产品线延伸的影响具有调节作用,具体而言,企业广告投入强度越大,产品线种类对于评论效价的负向影响(的绝对值)越小。而企业广告投入强度越大,对评论差异的正向影响也会越小。

本节基于"可获得性-诊断性理论"与"产品线错配效应"理论框架,对产品线延伸策略对消费者在线评论的影响进行实证分析。第一部分将根据对产品线以及在线评论相关文献的回顾,并结合对相关理论等的理解,建立理论框架并提出研究假设,为后文的实证检验奠定理论基础。第二部分设定回归模型,并对相关数据、变量的定义和模型设定进行说明。第三部分汇报模型的回归结果并进行相应的分析和探讨。在此基础上,考虑相关的稳健性检验,以验证基础模型的稳健性。第四部分则根据上述实证结果总结研究结论并提出相关的实践启示。

## 一、理论框架与研究假设

### (一)产品线延伸策略与在线评论

产品线延伸作为企业营销的重要决策因素和企业间竞争的重要手段,其代表着企业对消费者需求的覆盖程度。结合本书的研究情境,一方面,随着产品线的不断延伸,对于信息接收方的消费者而言,会由于接收现有信息过载导致信息变得复杂模糊,对记忆中已有知识信息迅速提取的容易程度降低,此时,消费者的信息可获得性降低,需要耗费更多的认知资源用于产品信息处理并做出决策,继而易使消费者陷入焦虑与迷茫的情绪,进而降低对购物过程的整体评价(Kahn and Lehmann,1991;Huffman and Kahn,1998;Tan et al.,2017);另一方面,当产品线种类增多时,消费者面临的选择范围扩大,较大的选择范围使其对信息感到模棱两可,信息易被划归至不同的分类(Herr et al.,1991),消费者不确定性提高,从而提升迅速做出决策的难度,由此可诊断性降低。同时,随着选择集的增大,各选择间的差异逐渐缩小,在此情境下消费者更易面临不确定性增大的困境。现有研究发现,在消费者面临多种可替代选项的选择时,他们通常会利用以情绪或直觉的启发式信息加工模式对信息进行判断和处理,换言之,消费者会偏好选择一部分子集(例如拥有先验经验或易于判断的选择)进行信息处理并做出决策(Hauser and Wernerfelt,1990;Payne,1993),这一定程度上增大了产生错配成本的可能性,导致消费者对产品或品牌的总体评价降低。

在线评论即网络口碑信息,体现了消费者或潜在消费者对产品服务和使用体验等一系列产品维度进行的正负面评价(Chen and Xie,2008)。此外,这也是消费者推测产品质量与降低决策风险的重要参考依据(谢光明 等,2018),能较好地反映消费者对产品质量信息或企业决策等的认知和评价态度。沿用相关研究的测量方式(Sun,2012),本书采用在线评论的效价与在线评论差异两个维度衡量。具体理论逻辑为,当产品线延伸时,消费者会面临由于信息过载导致信息可获得性变得复杂模糊,对已有信息提取的容易程度下降,消费者对产品或品牌信息的可获得性降低,因此需要耗费更多的认知资源用于产品信息处理并做出决策,继而易使消费者陷入焦虑与迷茫的情绪,降低对消费过程的整体评价;同时,产品线种类增加丰富了消费者选择,也增加了不确定性风险。消费者难以将接收的复杂信息划归至相应类别,并进行排他性解释,这使得消费者对产品信息的可诊断性降低,此时他们通常会利用以情绪或直觉的启发式信息加工模式对信息进行判断和处理,采取具有先验经验或易于判断的决策(Wernerfelt,1990;Payne,1993),从而使得企业供给与消费者需求之间出现错配的可能性与程度增加,负向影响着消费者对产品和品牌的总体在线评价。

上述理论逻辑推导在现实生活中亦得以验证。例如,通过浏览汽车之家官网发现,在消费者论坛有诸多消费者提道:选择太多了,一个机场路都让我挑花眼了,一个多月了,真心不知道该选哪款,比上班还累!而在在线评论"最不满意的原因[①]"中也有消费者提道:购车体验(购买前)比我买的任何车体验都差,希望广大网友以我为鉴吧,别看车便宜,但相比买东西的感受,我觉得是不存在性价比的。此外,在大众点评网站的评价中也经常看到消费者诸如此类的"控诉":对选择困难症人群非常不友好,纠结了好久才选出来;选了很久,终于选择了,但是有点失望。[②] 基于上述现象及理论推导,本研究提出假设1:

---

① 详见 https://www.autohome.com.cn/beijing/。

② 详见 http://www.dianping.com/。

假设 1：相较于产品线种类较少的产品而言，产品线延伸越丰富的产品，其获得的在线评论效价越低。

类似地，在线评论差异作为在线评论的一种衡量方式，旨在展现评论信息中的差异化程度(Sun,2012)。评论的差异越大，代表着评论信息展现的差异化程度越大，覆盖的消费者异质性范围越广，也进一步呈现消费者在决策时的不确定性上升。

根据"可获得性-诊断性理论"与"产品线错配效应"，由上述分析可知，随着产品线延伸，一方面消费者面临信息过载，对已有信息提取的速度和容易程度降低，且难以清晰地对这些信息进行分类以促进决策的进行，从而使得消费者对产品信息的可获得性和诊断性降低，降低消费者的总体评价。另一方面伴随着产品线种类的扩张，消费者覆盖范围增大的同时，消费者在决策和购买时也面临不确定性的提高，感知风险增大。此时消费者需要耗费更多的认知资源用于产品信息处理并做出决策，他们容易陷入焦虑与迷茫的情绪，启动并利用以情绪或直觉的启发式信息加工模式对信息进行判断和处理，采取具有先验经验或易于判断的决策(Wernerfelt,1990；Payne,1993)，使得企业供给与消费者需求之间出现产品线错配成本的可能性增加，降低对消费过程的整体评价。同时，由于消费者覆盖范围增大，评论分布的差异化将增大，消费者异质性范围也变广，进一步使得评论的差异增大。基于此，本研究提出假设 2：

假设 2：相较于产品线种类较小的产品而言，产品线延伸越丰富的产品，其获得的在线评论分布差异越大。

### (二) 广告投入的调节作用

广告作为企业内在的决策因素和企业最青睐的营销沟通方式之一，在消费者进行购买决策的行为中扮演着至关重要的作用。现有研究发现：在消费者面临购买前的不确定性时，他们会借助营销工具进行决策，而此时广告成为他们的主要依据之一(Chevalier and Dina,2006)。现有研究主要从以下两个不同的角度探究了广告投入的积极效应：首先，广告有利于引发消费者注意并提升产品知晓的程度(Aravindakshan and Naik,2011)，进而形成消费者对产品、企业积极的情感态度(Miniard et al.,1990)。随着产品线种类的扩张，一定程度的广告投入有利于提升消费者对新产品线的知晓程度，使信息接收方较为充分地了解新产品与现有产品间的共性与差异性，降低因产品线延伸导致的信息复杂化所产生的不确定性;其次,Goh et al.(2013)认为广告具有信息效应,能为消费者提供产品和品牌属性,使用情景与体验,以及产品后市场服务等。面对产品线种类的扩张,广告的信息效应能够帮助消费者更迅速地获取脑海中的信息,进行排他性解释并做出相应的决策,进而调节产品线种类扩张对在线评论带来的影响。因此,相对于广告投入较少或没有进行广告投入的企业,广告投入强度越大的企业会使消费者对产品和品牌信息接收更丰富更正面,从而正向调节产品线延伸与在线评论间的关系。

由上可知,在可获得性-诊断性和产品线错配效应框架下,随着产品线种类的扩大,信息接收方消费者会面临由于信息过载导致信息可获得性变得复杂模糊,增加不确定性风险,从而使得消费者难以迅速进行决策,对产品信息的感知可获得性和诊断性降低,使消费者陷入焦虑与迷茫的情绪,随后启动并利用以情绪或直觉的启发式信息加工模式对信息进行判断和处理,采取具有先验经验或易于判断的决策,并增大了企业供给与消费者需求间错配的成本与可能性,进而导致消费者对产品的总体评价(评论的效价)降低。而广告具有知晓效应(Aravindakshan and Naik,2011;Miniard et al.,1990)和信息效应(Goh et al.,2013;Anderson and Renault,2006),企业广告投入一定程度上可以降低消费者与产品的信息不对称性,减少消费者对产品和品牌信息的认知成本(谢光明 等,2018),较为充分地了解新延伸产品线与现有产品线间的共性,从而使消费者降低不确定性,对记忆中已有知识迅速提取的容易程度上升,同时获取的产品信息能被清晰地划归至确定的分类进而降低迅速做出决策的难度,提高信息的可获得性与可诊断性,减少错配的成本,进而提升消费者对产品的评价。因此,广告投入会改善消费者因产品线延伸而降低信息可获得性与可诊断性现象,正向调节(缓和)产品线延伸与在线评论效价的负向关系。换言之,对于广告投入强度越大的企业,尽管随着产品线种类的扩大会导致消费者对产品信息的可获得性与可诊断性降低,企业供给与消费者需求之间产生错配效应的可能性增大,但广告的投入会丰富特定产品的相关信息,减少信息不对称,改善产品信息的可获得性与可诊断性,进而调节错配的程度与概率,正向调节消费者对产品或品牌的评价。基于以上分析,本研究提出假设3:

假设3:企业广告投入强度越大,产品线延伸对于在线评论效价的负向影响(的绝对值)越小。

企业广告投入同样会影响产品线延伸与在线评论差异间主效应。具体而言,首先,产品线种类的增多覆盖了更大范围的消费者,并提供了更大的选择集,不同的消费群体间存在异质性,显著的差异化使得在线评论差异增大。其次,在可获得性-诊断性与资源错配理论框架下,当产品线种类扩大时,消费者对产品信息的不确定性增加,感知信息的可获得性与可诊断性降低,与企业产品信息不对称,从而导致消费者对产品的总体评价下降。而企业投放的广告的知晓效应(Aravindakshan and Naik,2011;Miniard et al.,1990)和信息效应(Goh et al.,2013;Anderson and Renault,2006)会减少消费者与产品和品牌之间的信息不对称,降低消费者对于企业产品线种类扩大决策的不确定性,进一步降低感知风险,并逐渐提升产品信息的可获得性与可诊断性,实现消费者需求与企业供给间的匹配。因此,对于广告投入强度大的企业,一方面更有机会弥补产品线种类扩张带来的信息可获得性与可诊断性降低,从而在提升并丰富消费者对产品信息可获得性与可诊断性时提升消费者的整体评价。另一方面降低消费者的不确定性与企业供给和消费者需求之间产生错配效应的可能性,以减小在线评论分布的异质性,进而负向调节(抑制)产品线延伸与在线评论差异的正向关系。基于以上分析,本研究提出假设4:

假设4:企业广告投入强度越大,产品线延伸对于在线评论差异的正向影响越小。

## 二、数据描述、变量定义、模型设定和相关性分析

### (一) 数据来源

针对本书的研究问题,即产品线延伸策略对在线评论的影响,选用汽车市场作为研究对象。汽车市场是较为经典的研究背景(Moreno and Terwiesch,2017),同时产品线竞争也是汽车企业之间主要的竞争手段(肖利平和董瀛飞,2016)。汽车市场除了技术层面竞争因素,类似于油耗、动力、容积等,更多倚重产品线竞争及其相应的竞争策略。而中国汽车市场更能够提供有说服力的依据,在短短20年间,它从起步阶段到逐渐成长为全世界最大的汽车市场(Wu et al.,2019),2014年中国汽车市场生产和销售了2 300万辆,而美国为1 650万辆(Li et al.,2015)。此外,相较于成熟的市场,就新兴市场而言,研究产品线种类等企业决策因素及其影响机制有更高的理论价值、可信度与实践意义。

本研究使用的数据由两部分构成:车型产品线数量及在线评论数据,以及车型的广告投入数据。其中,车型的产品线数量、在线评论及自身的特征变量数

据来自全国最大汽车平台——汽车之家。该平台成立于 2005 年,旨在为消费者提供选车、买车、用车、换车等所有环节的全面、准确、快捷的一站式服务。本书的主要数据包含从 2012 年 10 月到 2021 年 6 月在中国销售的 50 款汽车车型月度数据。具体而言,主要包含月度销售额、上市时间、此款车所属品牌的产品线种类,以及它们的特征变量,包括容积、动力、油耗等。而车型的广告投入数据来源于中国领先的市场研究公司——央视市场研究股份有限公司。该公司是中国国际电视总公司和 Kantar 集团合资的股份制企业。该公司的调研监测网络覆盖中国 700 个城市,拥有超过 400 万自有及云样本,超过 42 万可监测在线行为的 PC 和移动高黏性样本。本书从该公司获取了不同车型的月度广告投入数据。具体来说,这些数据是车型(如丰田凯美瑞)每月的电视广告支出。这 50 款车覆盖了高、中、低档车,以及进口、自主、合资三种类型,旨在增强研究结论的普适性。


(二) 变量定义

1. 因变量

本章的因变量为消费者在线评论。具体而言,在参照现有研究(Liu,2006;Sun,2012)的基础上,采用评论效价与评论差异两个维度刻画因变量:评论效价旨在展现评论信息的正(负)面程度及评价高低,运用 2012 年 10 月到 2021 年 6 月总体评论的均值衡量在线评论效价,总体在线评论包含消费者对空间、动力、操控、油耗、舒适性、外观、性价比等多因素的评价,消费者可以在 1~5 分范围内对不同的因素进行评价;在线评论差异旨在刻画评论评价信息的差异化和异质性特征,类似的,运用 2012 年 10 月到 2021 年 6 月消费者间在线评论的方差衡量评论差异。在样本中,评论效价的变动范围为 3.62~4.67 分,评论差异的变动范围为 0.3~1.32 分。

2. 自变量

本章的自变量为车型的产品线延伸策略。目前学术界对产品线种类较为统一且经典的界定方式参考 Draganska and Jain(2005),该文采用品牌里同一款酸奶的不同口味衡量该款酸奶的产品线种类,这种衡量方式有利于控制母品牌效应。结合研究情境,本章参照上述文献中的做法,以该车型的款式数量衡量:车型下的款式数量越多,代表产品线种类越丰富;车型下的款式数量越少,则代表产品线种类越少。值得强调的是,本书采用的是汽车公司其中一个车型(例如奥迪 A4)下面的款式数量(例如奥迪 A4 35 TFSI、40 TFSI、45 TFSI quattro 等)衡量产品线种类,而不是汽车公司(例如奥迪)的车型数量(例如奥迪 A4、A6、A8 等)。这是因为在产品层面进行产品线种类的测量,相较于在厂商层面进行产品线种类的测量能更好地控制厂商层面的不可观测因素。此外,车型产品线层面也有更多的差异性。在样本中,车型产品线种类的变动范围为 1~32。

3. 调节变量

本章的调节变量为广告投入金额。具体而言,运用当月该车型在电视广告投入金额衡量调节变量广告投入。电视作为大众获取新闻信息及娱乐传媒的主要来源,其展示的广告投放具有较好的代表性,同时进行了加 1 后取自然对数的线性变换,一方面可以缓解异方差性,另一方面也控制了异常值的影响(Greene,2008)。

4. 控制变量

为更好地验证研究假设,在参照以往研究的基础上(Wu et al.,2019),本章主要设置如下控制变量:(1)汽车的容积(即长、宽、高);(2)汽车的综合油耗年均值;(3)汽车的最大功率年均值;(4)汽车的年均价;(5)汽车的销量,对此本章用当月该车型上牌照数量进行衡量。类似的,对价格与销量进行了取自然对数的线性变换。此外,由于不同的品牌,车型的质量差异和季节性特征等对汽车在线评论同样会产生影响,因此本章还控制了车型的固定效应和时间效应。变量的描述性统计结果,请参见表 2-2。

表 2-2                                    描 述 性 统 计

| 变　　量 | 变 量 定 义 | 均值 | 标准差 | 最小值 | 最大值 |
|---|---|---|---|---|---|
| **因变量** | | | | | |
| 在线评论效价 | 总体评价的均值 | 4.20 | 0.19 | 3.62 | 4.67 |
| 在线评论差异 | 总体评价的方差 | 0.66 | 0.12 | 0.20 | 1.32 |
| **自变量** | | | | | |
| 产品线延伸 | 每款车型下所有不同款式的数量 | 6.62 | 4.78 | 1 | 32 |
| **调节变量** | | | | | |
| 广告投入 | 当月该车型电视广告投入金额(百万元) | 5.80 | 15.10 | 0 | 189 |

| 变 量 | 变 量 定 义 | 均值 | 标准差 | 最小值 | 最大值 |
|---|---|---|---|---|---|
| **控制变量** | | | | | |
| 功率 | 车型发动机功率(kW) | 106.45 | 30.57 | 40 | 190.63 |
| 油耗 | 车型的油耗(L/100 km) | 7.07 | 1.06 | 4.80 | 10.13 |
| 容积 | 车型的容积(m³) | 12.31 | 1.42 | 8.68 | 15.71 |
| 价格 | 车型年均价(万元) | 16.12 | 11.03 | 4.66 | 61.96 |
| 销量 | 当月该车型上牌照数量(辆) | 6 691 | 6 905.31 | 0 | 72 942 |

(三) 模型设定

为验证假设 1 产品线种类与在线评论效价间的关系,构建主效应模型(1):

$$WOM\_valence_{it} = \beta_0 + \beta_1 PLL_{it} + \beta_2 X_{it} + \varepsilon_{it} \tag{1}$$

其中:因变量 $WOM\_valence_{it}$ 代表车型 $i$ 在 $t$ 时获得的在线评论效价,具体包含消费者对车型的容积、动力、操控、油耗、舒适性、外观、性价比等不同类别的评价;自变量 $PLL_{it}$ 为汽车 $i$ 所属车型在 $t$ 时的产品线种类;$X_{it}$ 为控制变量,包含汽车的功率、油耗、容积等特征变量;$\varepsilon_{it}$ 为残差项。

类似的,为验证假设 2 产品线种类与在线评论差异的关系,构建主效应模型(2):

$$WOM\_variance_{it} = \gamma_0 + \gamma_1 PLL_{it} + \gamma_2 X_{it} + \varepsilon_{it} \tag{2}$$

其中:$WOM\_variance_{it}$ 代表车型 $i$ 在 $t$ 时获得的评论差异,其余变量含义与具体包含的类别与上述一致。

为了检验假设 3 企业广告投入强度在产品线种类与评论效价之间的调节效应,本研究引入广告投入与包含产品线种类与广告投入强度的交互项,构建检验模型如下:

$$\begin{aligned} WOM\_valence_{it} = {} & \alpha_0 + \alpha_1 PLL_{it} + \alpha_2 \ln(AD_{it}) \\ & + \alpha_3 PLL_{it} \times \ln(AD_{it}) + \alpha_4 X_{it} + \varepsilon_{it} \end{aligned} \tag{3}$$

其中:$AD_{it}$ 是车型 $i$ 在 $t$ 时的广告投入金额,为缓解异方差并控制异常值的影响,进行加 1 后取对数的线性变换;此外在控制汽车特征变量的基础上,该模型还控制了车型所属的品牌效应与时间效应。

类似地,为了检验假设4广告投入强度在产品线种类与在线评论差异之间的调节效应,本研究在引入交互项的同时,构建调节效应模型如下:

$$WOM\_variance_{it} = \delta_0 + \delta_1 PLL_{it} + \delta_2 \ln(AD_{it}) + \delta_3 PLL_{it} \times \ln(AD_{it}) + \delta_4 X_{it} + \varepsilon_{it}$$

（4）

### (四) 相关性分析

表2-3是主要变量间的相关性分析结果,具体而言,在线评论差异与产品线种类、广告投入及功率、油耗、容积特征变量显著负相关,同时与价格和销量也显著负相关;而在线评论效价与产品线种类,广告投入,汽车的功率、油耗、容积、价格和销量均显著正相关;此外,产品线种类与广告投入、价格、销量显著正相关;广告投入与价格和销量也显著正相关。值得注意的是,产品线种类与其他解释变量如广告投入和控制变量如功率、油耗、容积等的相关性都较低,这样更有利于模型参数的识别和估计。

## 三、回归结果与分析

### (一) 基本结果

结果如表2-4中的模型(1)所示,首先汇报了主效应产品线延伸与在线评论效价相关关系的结果。其中,在未控制品牌和时间的固定效应时,产品线延伸与在线评论效价显著负相关($\beta_1 = -0.0021$, $p < 0.05$)。而对于假设2产品线延伸与在线评论差异相关关系的结果具体如表2-5模型(1)所示,在未控制品牌和时间的固定效应时,产品线延伸与在线评论差异正向显著($\gamma_1 = 0.002$, $p < 0.01$)。进一步的,在加入调节变量广告投入强度时,结果依然保持一致:产品线延伸与在线评论效价负向显著($\beta_1 = -0.0023$, $p < 0.01$),与在线评论差异正向显著($\gamma_1 = 0.0017$, $p < 0.05$)。以上结果说明,产品线延伸与在线评论效价有显著的负向影响,与在线评论差异有显著的正向影响。假设1与假设2得到支持。因此在实践中,就汽车市场而言,在进行产品线延伸决策的过程中,并非产品线种类越多越有利;相反,随着产品线种类的不断增加,会使得消费者面临选择不确定性升高,信息可获得性与可诊断性变低,风险感知增强,企业供给与消费者需求之间错配程度增大,从而产生在线评论效价降低、差异增大这样的负向评价。这也要求企业避免"泛滥化",有针对性和策略性地进行决策活动。

表 2 - 3

**主要变量相关性分析**

| 变 量 | 评论差异 | 评论效价 | 产品线延伸 | 广告投入 | 功率 | 油耗 | 容积 | 价格 | 销量 |
|---|---|---|---|---|---|---|---|---|---|
| 评论差异 | 1.000 0 | | | | | | | | |
| 评论效价 | −0.829 7*** | 1.000 0 | | | | | | | |
| 产品线延伸 | −0.084 4*** | 0.124 3*** | 1.000 0 | | | | | | |
| 广告投入 | −0.201 2*** | 0.256 0*** | 0.169 5*** | 1.000 0 | | | | | |
| 功率 | −0.473 0*** | 0.686 8*** | 0.106 9*** | 0.233 7*** | 1.000 0 | | | | |
| 油耗 | −0.404 3*** | 0.541 4*** | 0.081 3*** | 0.081 1** | 0.542 7*** | 1.000 0 | | | |
| 容积 | −0.499 3*** | 0.654 7*** | 0.176 1*** | 0.190 9*** | 0.687 4*** | 0.633 2*** | 1.000 0 | | |
| 价格 | −0.414 8*** | 0.557 2*** | 0.082 6*** | 0.261 7*** | 0.833 5*** | 0.351 4*** | 0.501 0*** | 1.000 0 | |
| 销量 | −0.308 9*** | 0.387 7*** | 0.317 8*** | 0.250 6*** | 0.280 7*** | 0.024 0 | 0.300 8*** | 0.324 6*** | 1.000 0 |

注：* 代表 $p < 0.1$；** 代表 $p < 0.05$；*** 代表 $p < 0.01$。下同。

表 2 - 4                             产品线延伸对在线评论效价的影响

| 变量＼模型 | (1) | (2) | (3) | (4) |
|---|---|---|---|---|
| 产品线延伸 | −0.002 1** (0.000 9) | −0.002 3*** (0.000 9) | −0.013 2*** (0.002 4) | −0.013 3*** (0.002 4) |
| 广告投入 | | 0.001 2* (0.000 7) | −0.004 3*** (0.001 4) | −0.004 4*** (0.001 4) |
| 产品线延伸×广告投入 | | | 0.000 9*** (0.000 2) | 0.000 9*** (0.000 2) |
| 油耗 | 0.047 3*** (0.004 6) | 0.047 2*** (0.004 6) | 0.052 3*** (0.004 7) | 0.053 2*** (0.004 7) |
| 功率 | 0.001 2*** (0.000 2) | 0.001 1*** (0.000 2) | 0.001 2*** (0.000 2) | 0.001 2*** (0.000 2) |
| 容积 | 0.019 8*** (0.003 7) | 0.019 7*** (0.003 7) | 0.018 9*** (0.003 7) | 0.018 0*** (0.003 7) |
| 价格 | 0.062 8*** (0.010 3) | 0.061 9*** (0.010 3) | 0.055 8*** (0.010 3) | 0.055 9*** (0.010 3) |
| 销量 | 0.029 0*** (0.002 2) | 0.027 3*** (0.002 5) | 0.030 1*** (0.002 5) | 0.030 9*** (0.002 6) |
| 品牌固定效应 | 否 | 否 | 否 | 是 |
| 时间固定效应 | 否 | 否 | 否 | 是 |
| $R^2$ | 0.603 3 | 0.604 1 | 0.610 9 | 0.613 2 |
| 观测值 | 1 350 | 1 350 | 1 350 | 1 350 |

表 2 - 5                             产品线延伸对在线评论差异的影响

| 变量＼模型 | (1) | (2) | (3) | (4) |
|---|---|---|---|---|
| 产品线延伸 | 0.002 0*** (0.000 8) | 0.001 7** (0.000 8) | 0.015 7*** (0.002 1) | 0.015 3*** (0.002 1) |
| 广告投入 | | 0.002 1*** (0.000 7) | 0.009 2*** (0.001 2) | 0.009 2*** (0.001 2) |

| 模型<br>变量 | (1) | (2) | (3) | (4) |
|---|---|---|---|---|
| 产品线延伸×<br>广告投入 | | | −0.001 1***<br>(0.000 2) | −0.001 1***<br>(0.000 2) |
| 油耗 | −0.029 1***<br>(0.004 1) | −0.029 1***<br>(0.004 1) | −0.035 6***<br>(0.004 1) | −0.036 8***<br>(0.004 1) |
| 功率 | 0.000 6***<br>(0.000 2) | 0.000 5**<br>(0.000 2) | 0.000 4*<br>(0.000 2) | 0.000 4*<br>(0.000 2) |
| 容积 | −0.013 8***<br>(0.003 3) | −0.014 1***<br>(0.003 3) | −0.013 0***<br>(0.003 3) | −0.010 4***<br>(0.003 3) |
| 价格 | −0.075 1***<br>(0.009 2) | −0.076 6***<br>(0.009 2) | −0.068 7***<br>(0.009 1) | −0.069 7***<br>(0.009 1) |
| 销量 | −0.020 3***<br>(0.002 0) | −0.023 2***<br>(0.002 2) | −0.026 7***<br>(0.002 2) | −0.028 3***<br>(0.002 2) |
| 品牌固定效应 | 否 | 否 | 否 | 是 |
| 时间固定效应 | 否 | 否 | 否 | 是 |
| $R^2$ | 0.364 0 | 0.368 8 | 0.391 0 | 0.398 9 |
| 观测值 | 1 350 | 1 350 | 1 350 | 1 350 |

### (二) 调节效应的检验

表 2-4 和表 2-5 中的模型(3)和(4)分别汇报了广告投入强度的调节作用。如表 2-4 中的模型(3)与(4),未控制品牌固定效应和时间固定效应时,产品线延伸与广告投入的交互项系数为正向显著($\alpha_3 = 0.000 9$, $p < 0.001$),验证了企业广告投入强度越大,产品线延伸对于在线评论效价的负向影响(的绝对值)越小。同样,在控制品牌固定效应与时间固定效应后,产品线延伸与广告投入的交互项系数同样为正向显著($\alpha_3 = 0.000 9$, $p < 0.001$),意味着广告投入强度对产品线延伸与在线评论效价关系具有显著正向调节效应的结论具有稳健性。因此,假设 3 得以支持。类似地,模型(4)的回归结果汇报如表 2-5 第 3 列和第 4 列(分别包含该模型控制固定效应和未控制固定效应两种情况)所示,在未控制品牌固定效应和时间固定效应时,产品线延伸与广告投入的交互项系数

为负向显著（$\delta_3 = -0.0011$，$p < 0.001$），这表明企业广告投入强度越高，产品线延伸对于在线评论差异的正向影响越小。而在控制品牌固定效应与时间固定效应后，交互项系数依旧保持负向显著（$\delta_3 = -0.0011$，$p < 0.001$），再次验证了广告投入强度显著地抑制了产品线延伸策略对于在线评论差异的正向影响，假设 4 得以支持。结果表明，广告投入强度能够帮助企业分担产品线种类扩张给企业在线评论带来的风险。

（三）稳健性检验

1. 考虑产品线延伸的内生性

产品线设计不是完全随机的，一定程度上代表着企业的"决策能力"等不可观测因素，从而可能间接地影响在线评论的效价与在线评论差异。此外，对于产品线种类越精炼、合理的车型，其本身获得的在线评价也会相对更好（效价更高，差异更小）。由此可见，产品线延伸与评论效价和评论差异之间可能存在内生性影响。本研究进一步利用工具变量法处理内生性问题并对结果的稳健性进行检验。对于工具变量的选择，具体而言，首先依据车所属类型进行分类，具体类别包含：微型车、小型车、紧凑型车、中型车、中大型车、小型 SUV、紧凑型 SUV、中型 SUV、MPV 共九类。将同一类型车下，除自身外所有车型的特征变量（包括汽车容量、最大功率和综合油耗）的均值作为产品线种类的工具变量（Fisher，1997）。本研究选取这三个变量作为工具变量的理由如下：首先，在同一类型车中，除自身外所有车型的容量、最大功率和综合油耗均值代表整体行业的均值，应与企业设计的产品线种类高度相关；其次，除自身外所有车型的特征变量均值也属于外生变量，不会通过与误差项中难以观测的相关因素影响该车型的评论效价与评论差异，可进一步保证外生性的成立。

引入工具变量后的回归结果可见表 2-6 和表 2-7 的第（1）列。可以发现，在引入广告投入强度与产品线种类交互项后，广告投入对产品线种类与评论效价主效应起显著的正向调节作用（$\alpha_3 = 0.0016$，$p < 0.001$）；对产品线种类与评论差异关系起显著的负向调节作用（$\delta_3 = -0.0017$，$p < 0.001$）。这也验证了研究结论的稳健性。

2. 更换产品线种类的测量方式

为避免对自变量产品线种类衡量方式的差异影响实证结果，本研究使用"同一车型（例如奥迪 A4）产品线内，最高价与最低价子车型的价格之差"衡量产品

**表 2-6**　　　　　　稳健性检验(产品线延伸对在线评论效价的影响)

| 模型<br>变量 | (1)<br>考虑产品线<br>延伸的内生性 | (2)<br>更换产品线<br>长度的测量方法 | (3)<br>考虑广告的<br>滞后效应 | (4)<br>扩大车型样本及<br>广告多样性 |
|---|---|---|---|---|
| 产品线延伸 | −0.003 7<br>(0.006 9) | | −0.012 8***<br>(0.002 6) | 0.000 6<br>(0.001 4) |
| 最高价与<br>最低价价差 | | −0.013 9***<br>(0.002 4) | | |
| 广告投入 | −0.010 7***<br>(0.003 6) | −0.002 3**<br>(0.000 9) | −0.003 8***<br>(0.001 4) | 0.004 3***<br>(0.001 2) |
| 产品线延伸×<br>广告投入 | 0.001 6***<br>(0.000 5) | 0.000 7***<br>(0.000 1) | 0.000 9***<br>(0.000 2) | 0.000 5**<br>(0.000 2) |
| 油耗 | 0.048 2***<br>(0.006 0) | 0.049 8***<br>(0.004 6) | 0.055 4***<br>(0.004 8) | −0.004 1**<br>(0.001 9) |
| 最大功率 | 0.000 3<br>(0.000 3) | 0.001 4***<br>(0.000 3) | 0.001 3***<br>(0.000 2) | 0.222 3***<br>(0.010 7) |
| 容积 | 0.007 3<br>(0.004 4) | 0.016 3***<br>(0.003 8) | 0.016 6***<br>(0.003 8) | 0.495 0***<br>(0.022 3) |
| 价格 | 0.128 7***<br>(0.015 5) | 0.092 5***<br>(0.012 5) | 0.053 4***<br>(0.010 4) | 0.036 9***<br>(0.004 0) |
| 销量 | 0.013 9***<br>(0.003 4) | 0.029 6***<br>(0.002 5) | 0.030 1***<br>(0.002 6) | 0.006 0***<br>(0.000 6) |
| 品牌固定效应 | 是 | 是 | 是 | 是 |
| 时间固定效应 | 是 | 是 | 是 | 是 |
| $R^2$ | 0.420 8 | 0.614 2 | 0.627 0 | 0.685 1 |
| 观测值 | 1 323 | 1 350 | 1 250 | 5 250 |

**表 2-7**　　　　　　稳健性检验(产品线延伸对在线评论差异的影响)

| 模型<br>变量 | (1)<br>考虑产品线<br>延伸的内生性 | (2)<br>更换产品线<br>延伸的测量方法 | (3)<br>考虑广告的<br>滞后效应 | (4)<br>扩大车型样本及<br>广告多样性 |
|---|---|---|---|---|
| 产品线延伸 | 0.010 7*<br>(0.005 8) | | 0.017 0***<br>(0.002 3) | 0.007 4***<br>(0.001 2) |

| 模型<br>变量 | (1)<br>考虑产品线<br>延伸的内生性 | (2)<br>更换产品线<br>延伸的测量方法 | (3)<br>考虑广告的<br>滞后效应 | (4)<br>扩大车型样本及<br>广告多样性 |
|---|---|---|---|---|
| 最高价与<br>最低价价差 | | 0.015 2***<br>(0.002 1) | | |
| 广告投入 | 0.014 1***<br>(0.003 0) | 0.006 3***<br>(0.000 8) | 0.009 6***<br>(0.001 2) | 0.003 9***<br>(0.001 0) |
| 产品线延伸×<br>广告投入 | −0.001 7***<br>(0.000 5) | −0.001 0***<br>(0.000 1) | −0.001 2***<br>(0.000 2) | −0.001 2***<br>(0.000 2) |
| 油耗 | −0.034 7***<br>(0.005 0) | −0.034 4***<br>(0.004 1) | −0.039 5***<br>(0.004 2) | 0.007 0***<br>(0.001 7) |
| 最大功率 | 0.000 9***<br>(0.000 3) | 0.000 5**<br>(0.000 2) | 0.000 4*<br>(0.000 2) | −0.001 9<br>(0.009 4) |
| 容积 | −0.004 0<br>(0.003 7) | −0.010 8***<br>(0.003 3) | −0.009 6***<br>(0.003 3) | −0.407 7***<br>(0.019 7) |
| 价格 | −0.111 7***<br>(0.013 0) | −0.090 2***<br>(0.010 9) | −0.068 0***<br>(0.009 1) | −0.055 4***<br>(0.003 5) |
| 销量 | −0.018 5***<br>(0.002 8) | −0.025 1***<br>(0.002 2) | −0.028 5***<br>(0.002 3) | −0.003 8***<br>(0.000 5) |
| 品牌固定效应 | 是 | 是 | 是 | 是 |
| 时间固定效应 | 是 | 是 | 是 | 是 |
| $R^2$ | 0.257 2 | 0.404 3 | 0.420 7 | 0.429 2 |
| 观测值 | 1 323 | 1 350 | 1 250 | 5 250 |

线种类。车型内最高价与最低价款式之差越大,产品线种类越多;车型内最高价与最低价款式之差越小,产品线种类越少。这种衡量方式的可行性在于:中国汽车市场竞争是以产品线种类扩张与收缩为主要形式。因此,产品线种类也是决定市场竞争程度和价格变化的基础性因素,并与之紧密相连(白让让,2010)。使用更换自变量衡量方法后的回归结果可见表 2-6 和表 2-7 第(2)列。可以发现产品线种类与评论效价间为负向显著($\alpha_1 = -0.013\ 9$,$p < 0.01$),与评论差异之间为正向显著($\delta_1 = 0.015\ 2$,$p < 0.01$),再次验证了假设 1 与假设 2。同时,广告投入强度显著地正向调节了产品线种类与评论效价间的主效应($\alpha_3 = $

0.000 7，$p < 0.001$），显著的负向调节抑制了产品线种类与评论差异间主效应（$\delta_3 = -0.001\,0$，$p < 0.001$），从而验证了假设3与假设4，再次证明了研究结论的稳健性。

3. 考虑广告的滞后效应

由于企业的广告投入是相对长期的过程，其可能存在滞后作用，汽车市场的评论效价与评论差异不仅受当期广告投入的影响，而且有可能受多期广告投入的影响。进而对主效应产生调节作用，从而影响消费者的在线评论，因此为反映这一过程，本研究考虑广告投入的滞后效应检验。具体而言，在参考现有研究的基础上(Chen et al.，2019)，通过获取在第 $t$ 期、第 $t-1$ 期和第 $t-2$ 期的广告金额投入来刻画广告的累计效应。同时，为了刻画随着时间推移，潜在的广告收益递减的现象，本章使用指数衰减模型在时间上折现广告投入，在时间 $t-k(k = 0，1，2)$ 的折现数为 $e^{-k}$。因此，现在 $t$ 时的广告金额投入通过累积方式衡量为 $\sum_{k=0}^{2} e^{-k} AD_{j,t-k}$。表 2-6 和表 2-7 第(3)列结果显示，通过考虑广告的滞后效应，结果与现有结果一致：产品线延伸显著地负向影响评论效价($\alpha_1 = -0.012\,8$，$p < 0.001$)，显著地正向影响评论的差异($\delta_1 = 0.017\,0$，$p < 0.001$)，且随着广告投入的增加，会使得产品线延伸对于在线评论效价的负向影响（的绝对值）减小($\alpha_3 = 0.000\,9$，$p < 0.001$)，而会使得产品线种类对在线评论差异的正向影响减小($\delta_3 = -0.001\,2$，$p < 0.001$)，从而进一步证明了结论的稳健性。

4. 考虑扩大车型样本及多样化的广告类型

随着数字化时代的发展和新媒体的应运而生，为避免因样本数据选取导致结果偏误，本研究在汽车之家等平台搜集了 2015—2021 年相应车型的数据进行稳健性检验。同时，考虑到数字化时代的发展导致新的研究情境不断涌现，本研究在该部分选取百度指数作为广告投入的代理变量，验证主效应和调节效应。百度指数是用于揭示某个关键词在百度的搜索及资讯规模，一段时间内的涨跌态势以及相关的新闻舆论变化。旨在反映用户与媒体关注度，跟踪新闻事件，预知媒体广告热点，并掌握商机。使用百度指数代替传统电视广告作为衡量广告投入的优势为：(1) 随着数字经济的发展，传统电视广告已经不再作为大众获取新闻信息及娱乐传媒的最主要来源，数字化媒介展现出较大的优势与吸引力，因此运用百度指数作为代理变量对未来广告的投放途径有较好的现实指导意义；(2) Kim and Hanssens(2017)研究发现对于新产品而言，其上市前网页的信息发布(如博客)能够比传统广告对消费者产生更长久的影响。综上所述,本研究认为运用百度指数同样具有较好的代表性。类似的,本研究对百度指数进行了加 1 后取自然对数的线性变换,一方面可以缓解异方差性,另一方面也控制了异常值的影响。通过搜集并分析 2012 年 10 月至 2021 年 6 月的 50 款汽车数据可以发现,稳健的检验结果如表 2 - 6 和表 2 - 7 第(4)列所示,随着广告投入的增加,会对产品线长度与在线评论效价的主效应产生正向的调节效应($\alpha_3 = 0.000\,5$, $p < 0.05$),而会使得产品线长度对在线评论差异的正向影响减小($\delta_3 = -0.001\,2$, $p < 0.01$),本研究在实证部分的结论得以验证。

## 四、研究结论与实践启示

### (一) 研究结论

本研究基于可获得性-诊断性理论与产品线错配成本效应理论视角,运用汽车市场的真实数据,提出并验证了产品线长度会对产品的在线评论产生显著的影响:产品线长度的增加会显著地负向影响在线评论的效价,显著地正向影响在线评论的差异。而企业的广告投入强度对上述主效应均有一定的调节作用,具体而言,企业广告投入强度越大,产品线长度对于评论效价的负向影响(的绝对值)越小;同时,对评论差异的正向影响也会减小。进一步研究发现,错配成本在主效应中存在显著的中介作用,即厂商可以通过避免过度延伸产品线长度来减少错配成本,以此提升在线评论的效价并缩减在线评论的差异。此外,研究结果表明,企业产品线长度设计与广告投入强度之间也存在一定的权衡作用。

### (二) 理论贡献与实践启示

与以往研究相比,本研究主要有以下贡献:

首先,本研究拓展了对汽车市场产品线长度的认知,即产品线长度会影响消费者对车型款式的在线评价。产品线长度是企业生存发展的重要决策因素,也是企业间竞争的主要手段,关乎企业乃至整个行业在新常态下的经济转型与可持续发展,然而现有关于产品线长度的研究大多着眼于产品线长度与企业相关传统绩效指标之间的关系。例如,企业销量与绩效、企业服务质量、销售人员工作满意度以及资源匹配成本等(曾伏娥 等,2017;白让让,2010;Lancaster,1990;Wan et al.,2012;Kekre and Srinivasan,1990;Moreno and Terwiesch,2017;Quelch and Kenny,1994;Johnson and Sohi,2014),而对数字化情境下,消费者行为层面的影响关注较少。因此,本研究由以往的企业传统绩效向消费者行为层面进行了拓展,以汽车市场为例,实证检验发现了专一化的产品线战略,例如相对简洁的车型款式设计更有利于企业形成并维系积极的在线评论生态系统,从而丰富了相关理论研究。

其次,本研究更全面地探讨了产品线长度的影响,使得产品线相关的研究框架更加完善。以往的产品线长度实证研究是以其正向影响或先增后减的倒 U 形非线性影响为主,本研究探讨并验证了产品线长度的一种负向影响,这有助于学术界和汽车市场企业管理者在设计产品线时更全面地考虑产品线长度的作用。而究其背后逻辑与内在解释机制,这与汽车市场的相关特征密不可分:一方面,汽车消费在一定程度上具有享乐和炫耀特征,消费者在选择过程中较为看重购车体验过程,高效与专业化的购车过程会提高消费者的满意度,而相反则会降低消费者的满意度。另一方面,不同的品牌与车型款式之间价格、成本与功能存在一定的异质性,这需要消费者更新相应的专业知识进行决策,但过载的专业知识学习和时间成本势必会损耗消费者的满意度。因此,汽车厂商在进行产品线长度决策时,并非产品线长度越长越有利;相反,应当将其延伸过长导致的负面影响纳入考虑,以此进行合理的决策。此外,本研究得出的研究结论,对于电子产业,例如手机市场和计算机市场,也具有一定的理论价值和战略意义。

再次,丰富了对在线评论影响因素的认识,产品线长度会影响其相应产品的在线评分。相对于较长的产品线,专一化的产品线策略更有利于企业形成并维护积极的口碑形象。一方面,对于企业和产品如何形成并维系良好的口碑,以往的研究主要关注评分产品、评分者特征、评分者社会关系以及评分者所处场景等(黄敏学 等,2021),本研究从企业决策层面出发考虑产品线长度的作用。相较于评分者特征、评分者社会关系以及评分者所处场景等因素,产品线设计是企业更可控的因素,尤其是将产品线竞争作为企业之间主要的竞争手段的汽车市场(肖利平和董瀛飞,2016)。另一方面,众所周知,随着移动互联网与平台经济的深度发展,传统广告的比重与有效性逐渐降低(Sethuraman et al.,2011),而在线评论的重要性是不言而喻的。在实践中,企业决策者也逐渐认同并开始重视在线评论的重要作用,采取相关措施努力促进和维护在线评论(Liu et al.,2018)。而随着平台经济与网络技术的发展,一些企业甚至开展了在线评论的营销活动,即依靠消费者之间互动产生更有利和更具有影响力的口碑(Liu et al.,2018)。研究结果表明,除了上述营销策略之外,企业也应该关注例如产品线长度这样的传统决策因素。因为这些也是影响产品在线评论的重要因素,同时相较于企业研发核心技术以提升产品质量或实施"好评返现"等策略优化在线评论,合理地设计产品线长度也可以为企业节约开支提高效率,从而为企业高效可持续发展和发挥竞争优势提供更有力的支持。

最后,本研究发现了企业广告投入强度的调节作用。具体来说,广告投入强度会正向调节产品线长度与在线评论效价负相关的主效应,负向调节产品线长度与在线评论差异之间显著的正向关系。相比之下,以往关于产品线长度与营销策略间的研究,更多地集中在产品线长度如何影响企业的定价决策,而与广告投入交互关系的研究较为鲜见。本节结论也表明,尽管产品线长度对在线评论有负向影响,但不代表产品线长度永不扩张才能实现良好的口碑;相反,伴随着产品线长度的增大辅之以相匹配和精准的广告投入,便能减少信息的不对称与消费者的感知不确定性,进而收获较积极的在线评论。本研究基于产品线长度与在线评论的主效应,以广告投入强度为调节效应进行研究,丰富了产品线长度和在线评论的影响因素的相关研究,以及可获得性-诊断性和产品线错配成本效应的相关理论框架。

## 第五节 产品线延伸策略与营销组合工具

产品线延伸策略在各行各业中随处可见(Moreno and Terwiesch,2017)。例如,可口可乐公司在品牌、口味和包装层面都长期遵循这一策略,2018 年仅在中国市场便推出 16 种子品牌,包含五十多种不同的口味。就汽车市场而言,仅福特一家企业就有 19 款车型供消费者选择。早在 2013 年消费者购车时即会面临 274 款车型的选择,每款车型还包含不同的选项配置(Moreno and Terwiesch,2017)。此外,产品线的扩张策略也在差异化的零售店商品中得以实现。例如,百思买延伸了高档 Magnolia 家庭影院产品线(Magnolia Audio Video),以争取到较高层次的消费群体,并突破了其主流的较低价格的电子产品。类似的,JC Penny 也引入了 Sephora 高端产品线策略。然而,相比产品线的扩张,有的企业却更偏好更专一化的产品线策略。例如,2018 年凯美瑞将产品线种类从 2012 年的 6 款车型(L、LE、SE、XLE、V6 SE、V6 XLE)缩减至 3 款车型(L、LE、V6 XSE)。这是因为,当企业过度扩张产品线种类时,可能会失去专业化,降低效率,产生错配成本,增加不确定性风险,最终降低利润。关于合理设计产品线的探讨,在组织行为背景下也得以体现。对企业内部而言,销售人员是否应当从事更多的跨产品线工作以此来满足消费者需求(Johnson and Sohi,2014)也被广泛探讨,有的管理者认为,销售人员应当扩大产品线经营范围,分散风险,并给消费者更广泛的选择,此外可以为企业降低成本、提升利润;也有管理者认为,当销售人员管理过度广泛的产品线后,就会失去专业化,减少与顾客间的互动时间,从而可能降低消费者的整体满意度并影响绩效。

类似地,消费者需求异质性特征的相关研究在学术研究中也引起了广泛的重视,对于企业是否应当尽可能满足消费者异质性需求以扩大产品线种类,产品线越丰富能否带来越高的销量或绩效尚未达成共识。现有关于产品线的影响研究主要从三个方面展开:一些学者认为,产品或产品线种类越丰富,越能更大可能地满足消费者异质性(Lancster,1990),从而更高效、更大限度地提高产品的市场份额与企业利润;此外,实证数据验证发现,扩大产品线宽度并不会增大企业生产的成本(Kekre and Srinivasan,1990)。相反,另一些学者则认为,产品线延伸策略并不一定会产生积极的影响,Quelch and Kenny(1994)探讨了销售人员所持产品线宽度与消费者互动程度的关系,发现当销售人员负责大范围产品线时,他们与每个消费者互动的效率就会降低。Bayus and Putsis(1999)运用计算机销量数据研究发现,产品线扩散对公司层面的市场份额产生了负面影响。此外,Moreno and Terwiesch(2017)发现,由于需求的不确定性,扩大产品线宽度会显著地增加错配成本。此外,还有的学者在两类研究的基础上进行了延伸,Wan et al.(2012)探讨了产品种类的扩张对销量的影响,发现随着产品线种类的增加,尽管销量会上升,但上升的速度会逐渐趋缓。Johnson and Sohi(2014)同样以销售人员所持产品线宽度为例发现,产品线宽度与销售人员的绩效、角色压力和工作满意度呈非线性的倒 U 形关系。通过梳理可以发现,尽管产品线合理设计是一个熟知且重要的问题,但现有基于产品线设计的有效性尚无定论。已有研究大多是以产品线延伸为主效应切入研究其与企业相关传统指标之间的关系,如销量、销售人员绩效、工作满意度,或资源匹配成本等,通常来说较为直观(Lancster,1990;Kekre and Srinivasan,1990;Johnson and Sohi,2014;Moreno and Terwiesch,2017),但针对产品线延伸与其他营销工具的关系研究与拓展则较为空白,具体如表 2-8 所示。

| 文　献 | 研究背景 | 销量和绩效 | 营销组合 | 在线评论 | 对不同营销组合有效性 | 产品线的调节作用 |
|---|---|---|---|---|---|---|
| Lancster(1990) | 理论模型 | √ | × | × | × | × |
| Kekre and Srinivasan (1990) | 问卷调查 | √ | × | × | × | × |
| Quelch and Kenny (1994) | 田野实验 | √ | × | × | × | × |
| Bayus and Putsis (1999) | 计算机市场 | √ | × | × | × | × |
| Draganska and Jain (2005) | 酸奶市场 | √ | × | × | × | × |
| William and Markus (2009) | 营销战略数据库 | √ | × | × | × | × |
| Jeff and Ravipreet (2014) | 1 650 名销售人员问卷调查 | √ | × | × | × | × |
| Moreno and Terwiesch(2017) | 美国汽车市场 | √ | √ | × | × | × |
| Tom et al.(2017) | 电影租赁市场 | √ | × | × | × | × |
| 本研究 | 中国汽车市场 | √ | √ | √ | √ | √ |

表 2－8　　　　　　　　　　　　产品线种类有效性的相关研究

针对本章的研究问题,在实践中,产品线设计与企业中其他营销工具的有效性也同样紧密相关。例如,奥迪 A7 在广告投放中强调:搭载 3.0T FSI V6 发动机,配合 48V 轻混系统,智能 quattro 四驱技术,主动式空气悬架和动态全轮转向系统组合,强劲灵动的德系驾乘感受澎湃而至。[①] 然而,对于奥迪 A7 的潜在消费者,上述功能和体验更有可能仅代表奥迪 A7 中部分车型的属性特征。由此可以发现,产品线设计策略与广告投放策略并非完全独立,两者之间存在一定的相关性。2020 年,李克强在政府工作报告中指出:要发展平台经济,继续出台

---

① 　资料来源: https://weibo.com/svwrelease?refer_flag＝1001030103_&·is_all＝1。

支持政策,全面推进"互联网+",打造数字经济新优势。从市场反应和政府工作报告中可以发现,新时代对于数字经济在线评论的重视与肯定。因此很大程度上,在线评论等数字化绩效和企业传统绩效相关指标同等重要。由此,数字化时代下,产品线特征设计与应用对社会、企业与消费者无疑具有巨大的意义。

故与本节研究相关的另一类文献是营销组合工具,包含广告和消费者在线评论。广告与在线评论是数字化时代企业最常用的两种营销工具,也是消费者在进行购买决策时消除不确定性的重要参考依据。具体而言,在线评论包含在线评论的数量、在线评论效价(均值)和在线评论差异(方差)三个维度(Sun,2012)。在线评论数量用来衡量产品获得的总体评价数量。在线评论效价用来衡量消费者对产品反馈的平均水平,而在线评论差异主要衡量消费者对该产品评价的异质性和差异化程度。在进行购买决策时,消费者依赖广告和在线评论判断产品的质量,同时广告的目的也在于增加消费者的需求和支付意愿(Lei,2017)。现有关于广告投入与在线评论的相关研究主要从以下方向探讨:(1) 广告投入对企业销量或绩效的影响(Evans,2008);(2) 在线评论对企业销量或绩效的影响(Godes et al.,2004;Liu,2006;Zhu and Zhang,2010;Sun,2012;Baker et al.,2016);(3) 广告投入与在线评论有效性大小的比较及相互作用(Trusov et al.,2009;Goh et al.,2013);(4) 广告投入与在线评论的替代效应与需求效应(Feng and Papatla,2011;Lei and Sridhar,2017;Hollenbeck et al.,2019)。

通过梳理上述文献可以发现,尽管营销工具如广告投放、在线评论和产品线设计相关的研究较为丰富,但鲜少有研究关注产品线延伸对广告与在线评论有效性交互效应的差异以及差异的内在机制。本节研究基于 2012—2014 年中国汽车市场的数据,研究了产品线种类如何影响广告投入与在线评论的有效性,以及差异化效应和内在机制。第一部分基于信息效应——劝说效应模型和错配效应理论,提出了相应的理论框架与研究假设。第二部分数据描述、变量定义和对模型设定,旨在探究以下两个问题:第一,产品线延伸是如何影响广告与在线评论对销量的有效性的,其差异化是什么? 第二,这种差异产生的内在机制是什么? 同时本研究考虑管理广告投入与在线评论之间的权衡。第三部分分析了模型的基本结果,并使用工具变量来解决内生性、增加控制变量、改变产品线种类的测量,以及使用更细化样本来验证结果的稳健性。第四部分根据上述实证结果总结研究结论并提出相关的实践启示。

## 一、理论框架与研究假设

### (一) 产品广告投入、在线评论与销量

广告是企业为了特定的需要,通过一定形式的媒介,公开而广泛地向公众传递信息的宣传手段。广告作为企业最青睐的营销沟通方式,在产品、企业与消费者之间起着积极的桥梁作用。而消费者通常会面临购买前的不确定性,因此他们会借助营销工具进行选择(Chevalier and Mayzlin,2006),此时广告成为他们参考的主要依据之一。现有研究主要从三方面探讨了广告的有效性:第一,广告可以通过吸引消费者的注意力以增强他们对产品的认知效应(Aravindakshan and Naik,2011),从而形成消费者对产品、企业积极的情感态度(Miniard et al.,1990)。第二,信息效应和劝说效应(Information Effect & Persuasive Effect)理论指出,信息效应旨在提供基础信息,例如产品与品牌的属性、使用情景与体验、产品后市场服务范围等(Goh et al.,2013),由此,广告具有信息效应(Information effect)。由于消费者在做出决定之前通常会面临不确定性和信息不对称(Kivetz and Simonson,2000),为了购买更符合自己需求的产品,他们会寻找大量与产品相关的验证信息,确保自己选择的正确性(Goh et al.,2013),营销工具旨在帮助消费者减少不确定性并做出选择(Chevalier and Mayzlin,2006),此时广告成为他们的主要参考之一。第三,广告还有一个特征是选择效应,这是因为大多数情况下,在多产品线的情况下,企业会选择在所有产品线中的高端产品上投放广告,或是选择产品众多属性中的一部分具有差异化的属性投放广告,以最大化广告投放的信号效用(Anderson and Renault,2006)。

综合以上分析,当广告投入金额增大时,消费者有更大概率知晓并注意到产品,进而通过寻找信息,消除不对称性与不确定性,形成对产品积极的情感态度,从而验证并确保自己选择的正确性,增大产品购买的可能性。基于此,本研究提出假设5:

假设5:广告投入程度的增加将显著地提高产品销量。

随着社交媒体的普及,在线参与和数字化口碑传播的急剧增长(Dellarocas,2003),在线评论作为新型的营销工具,展现出其因传播超越了时空限制而带来良好的效果和较大范围的影响及相对成本较低的两个优势(Chen and Xie,2008)。首先,目前研究已经证明消费者发布口碑信息的动因,包括产品的可获得性和易见性(Berger and Schwartz,2011)、消费者对产品的涉入度(Dichter,

1966)、社会网络的关系强度等(Brown and Reingen,1987)。其次,信息效应和劝说效应理论指出,劝说效应旨在让消费者相信产品的可取性或优势,使其与市场上的竞争对手进行区分(Goh et al.,2013),信息效应和劝说效应主要来自消费者的产品使用体验和使用情景,在线评论作为用户使用后生成内容,是用户生成的对产品评价信息,具有较强的说服力。当消费者对产品或者服务感到满意时,他们更有可能发布积极的在线评论;反之,当消费者对产品或服务不满时,他们更有可能发布消极的在线评论。因此在线评论可以用来衡量消费者对产品或者服务的评价程度(Liu,2006)。

通过上述分析,基于信息效应和劝说效应理论,当在线评论的效价较高时,表明已购买的消费者对产品或服务感到满意,也是针对潜在消费者降低不确定性的积极信号,从而产生产品销量增大的可能性;反之,当在线评论效价较低时,代表消费者对产品或者服务满意度较低,从而一定程度上降低了产品的销量。基于以上分析,本研究提出假设6:

假设6:在线评论效价上升将显著提高产品销量。

### (二) 产品线延伸对两种营销工具的调节作用

已有营销组合工具相关文献表明,与广告相比,在线评论的劝说效应和消费者卷入度会通过吸引更多的消费者更好地提高销量。本研究认为可能的潜在机制之一是产品线延伸导致错配效应进而产生的影响。

错配理论认为,错配是对供需有效匹配状态的偏离,即企业供给与消费者需求不匹配所产生的错配成本。那么,产品线延伸是如何产生错配成本的呢? 已有文献证实,企业提供的产品线越丰富,一方面消费者需求的多样性和异质性就越能得到满足,另一方面也意味着面临不确定性的可能性越大。由于消费者在选择中进行评估所需的认知资源越多,越有可能导致混乱和焦虑(Huffman and Kahn,1998;Tan et al.,2017),这使他们的决策变得更加困难。决策双系统理论认为,此时,消费者可能会更偏好使用简单的启发式加工模式处理信息(Hauser and Wernerfelt,1990;Payne et al.,1993),并根据他们的先验经验做出决定,这对于供给方来说可能会导致预测偏误,进而增加错配成本(Fisher,1997)。现实中,当消费者在进行决策时,大多数消费者可能根据先验经验和简单的启发式加工方式将注意力集中在经典和知名的选择上,因为这些根据先验经验做出的选择更确定、风险更低,并且与其他选择相比,不需要耗费大量的认知资源。因此，随着产品线延伸，大部分需求反而可能更集中（Tan et al.，2017），进而产生供需双方的不匹配成本。换言之，产品线的多样化会加剧企业和消费者面临的不确定性，进而产生错配成本。

基于此理论框架，已有的运营管理和营销领域相关文献进行了相应的延伸。Sun（2012）关注利基市场，发现当产品处于利基市场时，其错配成本高于非利基市场产品。Moreno and Terwiesch（2015）探讨了该框架下产品线扩张对产品折扣和库存的影响。此外，Moreno and Terwiesch（2017）亦发现了产品线延伸对错配成本有显著的正向影响。综上所述，基于现有文献，随着产品线延伸，企业（供给方）和消费者（需求方）双方的不确定性会造成错配效应，进而增加错配成本。

对比本节关注的两类不同的营销工具——广告和在线评论，主要存在以下三点区别：首先，信息效应和劝说效应理论认为，广告作为市场（商家）生成的内容，更强调产品属性、功能、服务等基本特征，而劝说效应相对较少。此外，广告更加偏好强调和放大优势，避免劣势。然而，对于作为用户生成内容之一的在线评论，更多地涉及消费者的购物体验、使用体验、感知质量评价和满意度等，而不仅包含产品属性信息。同时，用户生成的内容（在线评论）会更加接近现实，因为在评价系统中展示信息不仅包含好评，而且包含中评和差评。所以，用户生成的内容，如在线评论相比广告与消费者关系更紧密，也更利于消费者找到符合其喜好和需求的产品（Goh et al.，2013）。其次，企业对广告投放表现出较强的选择性，他们更愿意传达有限的（高质量产品和有吸引力的属性）产品信息（Anderson and Renault，2006）。通常情况下，企业会更愿意选择在垂直品牌中高端产品（属性）或区别于其他产品的特色化属性投放广告作为积极信号，可见广告的展示大多具有片面性。现有文献认为，企业通过投放广告，在逆向选择环境中向消费者发出高质量产品信号，以此间接地吸引消费者（Nelson，1974；Kihlstrom and Riordan，1984；Fluet and Garella，2002；Horstmann and MacDonald，2003）。然而与广告相比，大部分消费者或潜在消费者更有可能选择大众化产品，而并非只是产品线高端产品，他们的评价更广泛且贴近现实，由此消费者在线评论会更全面和准确。再次，Feng and Papatla（2011）提出消费者对广告的涉入只包含产品涉入与信息涉入，但不会包含自我涉入与他人涉入，因此相对其他营销工具，广告带给消费者的涉入度较低。

从上述推导中可以发现，广告作为一种营销工具，其向消费者传递信息具有选择性和片面性，更多的时候会通过宣传高质量产品、服务或独特性的属性向消费者传递信号(Nelson,1974；Kihlstrom and Riordan,1984；Fluet and Garella,2002；Horstmann and MacDonald,2003)。同时,从消费者感知而言,企业生成的内容(例如广告)更多地传递了产品属性、功能和服务等特征,而使用效果、体验等信息(Persuasion Effect)能传递的较少。这是因为消费者会认为广告会放大优势、避免劣势(Goh,2011),且广告带给消费者的涉入度较低。综上所述,对于企业而言,产品线延伸越广,其资源的相对分散程度和消费需求的异质性也越高。广告效果具有选择性和局部性,其只能为少数消费者提供信息,而绝大多数消费者信息需求则难以满足,消费者获得的产品信息与广告信息不匹配(或匹配度低),产生错配效应的可能性就大。故导致随着产品线延伸越广,广告的有效性反而越低。

根据现有文献可以发现,尽管很多学者研究广告与销量间关系会有正向影响,但鲜有学者关注广告有效性发挥作用实现效益的制约因素。在实践中,产品线延伸是企业营销中的重要举措,是每家企业都不可忽视的,是企业、品牌实现经济效益的重要突破口。只有设定合理的产品线延伸策略,才能更大限度地确保企业的广告投入发挥积极作用。基于此,本研究提出假设7：

假设7：随着产品线种类延伸,广告的有效性会降低。

类似地,产品线延伸对在线评论与销量的关系同样具有一定程度上的调节作用。具体而言,信息效应和劝说效应理论提出,用户生成内容类似于在线评论,在提供信息效应的同时,相较于企业生成内容更多的是传递劝说效应,在线评论会传递出对产品积极和消极的情绪、态度和评价(Goh et al.,2011),而不只是积极的评价。因此,消费者认为在线评论会与自身更相关,并会对自身产生更大的影响(Chen and Xie,2008)。同时,相较于广告提供信息呈现的选择性,在线评论更具有普适性与广泛性。具体来说,首先,在线评论的发送者与广告的信息发送者不同,在线评论的发送者为产品用户,Dichter(1966)提到消费者在面对营销工具时,通常有不同程度的涉入,具体来说有产品、自身、他人和信息四种。在发布或学习(Learning)在线评论的过程中,四种程度的涉入均会提升,从而正向地提升信息发送者的参与度、自我认同感与信任感。其次,对于信息接收方而言,Stiff and Mongeau(2003)发现,当信息来源方与信息接收方具有感知相似性时,信息更有可能被接收方相信并进一步实现劝说的效果。Wathen and Burkell(2002)也提到了相似性对于信息接收者对信息信任程度的重要性。而在线评论的发布者即消费者群体本身与信息接收者有着极高的相似性和普遍性,因此在线评论具有更全面且高效的劝说效果;此外,在线评论信息的呈现具有复杂性及生动性(Herr et al.,1991),因此相较于广告信息的选择性而言,在线评论提供的信息效应和劝说效应更广泛,能更好地服务于高、中、低端各类不同的受众,从而满足更多消费者的需求,进而提升购买行为的可能性。

综上所述,我们可以发现在线评论作为数字化情境下的营销工具,相对于广告更具有广泛意义上的劝说效果,其向消费者传递信息相对具有全面性,传递出对产品积极和消极的情绪、态度和使用评价,而不只是积极的评价(Goh et al.,2011)。同时,从消费者感知而言,由于用户使用的普遍性,用户生成内容(如在线评论)在传递产品属性、功能、服务特征等信息外,也会传递垂直品牌中高、中、低端不同层次产品的使用效果与体验,后市场服务效果等。因此对于企业而言,产品种类越丰富,其资源等相对分散度越高,消费者的异质性需求也越高。消费者所获取的产品信息与在线评论信息匹配度较高,从而有效地促进销量上升。

因此,相对于产品线扩张对广告与销量主效应的抑制作用,在线评论比起广告的选择性而言更具有广泛性。随着产品线的延伸,对在线评论与销量的主效应会有正向的调节作用,即当产品线延伸时,在线评论的有效性更强。基于此,本研究提出假设 8a:

假设 8a:随着产品线种类延伸,在线评论的有效性会增强。

本研究认为基于在线评论文献中经典理论可获得性和诊断性理论,可能存在与假设 8a 相反的结论。虽然在线评论可以作为与产品质量一致的信号进行判断,但大多数在线评论提供的信息在不同维度上可能并不准确(Hollenbeck et al.,2019)。根据可获得性-诊断性理论模型(Feldman and Lynch,1988),信息的可获得性在判断中受信息生动呈现程度的影响。可获得性是指信息或线索出现在脑海中的容易程度和速度,高可获得性的信息会迅速出现在消费者的脑海中,因此作为线索更有用(Park et al.,1994)。而对于可诊断性,Hoch and Deighton(1989)指出,如果一条产品信息具有可诊断性,它就可以帮助消费者将产品分配到一个独特的类别中,而当产品信息有多种可能存在的情况时,其可诊断性较低。基于此,消费者在寻找信息时,可能会优先选择广告而不是在线评论,旨在消除不确定性。

由此,对于企业而言,产品线种类丰富,尽管可以满足更多消费者的偏好,但由于在线评论的复杂性与多样性,使其可获得性与可诊断性较低,产品线延伸过宽会抵消在线评论的正向效应,从而导致负向的调节。因此,我们认为,随着产

品线的延伸,对在线评论与销量的主效应亦会存在负向的调节作用。基于此,本研究提出与假设 8a 相反的假设 8b:

假设 8b:随着产品线种类延伸,在线评论的有效性会减弱。

## 二、数据描述、变量定义和模型设定

### (一) 实证背景:中国汽车市场

针对本章的研究背景而言,中国汽车市场提供了一个有说服力的依据,主要基于以下三点原因:首先,在短短 20 年间,它从几乎不存在,成长为全世界最大的汽车市场(Wu et al.,2019),2014 年中国生产和销售了 2 300 万辆,而美国为 1 650 万辆(Li et al.,2015)。其次,中国汽车市场广阔且竞争激烈,现有超过 50 家制造商,并且几乎所有主要汽车制造商都在中国设有生产设施(Sun et al., 2020)。再次,产品线的设计和扩散策略在汽车行业中具有普适性和重要意义,这为本研究提供了较好的研究情境。此外本研究使用 2012—2014 年的数据,相较于成熟的市场,就新兴市场而言,研究产品线宽度对销量的影响机制有更高的理论价值、可信度与实践意义。

除了上述汽车产业的基本优势外,随着数字化时代发展、平台经济的高速发展和广泛应用,汽车平台亦是本研究的重要情境和关注点(Moreno and Terwiesch,2017)。汽车平台提供给消费者在线发布车辆的不同属性(如马力、油耗、颜色等)和对其体验的整体评价,因此常用的营销工具——广告和在线评论数据具有较好的可获得性。此外,汽车行业的产品线延伸策略相较于其他行业更容易衡量。参考现有文献的衡量方式,采用一款汽车在给定时间提供的不同种车型款式的数量来衡量产品线延伸策略(Bayus and Putsis,1999;Moreno and Terwiesch,2017)。

### (二) 数据来源

本研究使用的主体部分数据来自全国最大汽车平台网站之一——汽车之家平台,该平台成立于 2005 年,旨在为消费者提供选车、买车、用车、换车等所有环节的全面、准确、快捷的一站式服务。针对本研究,我们从该平台获取的数据包含从 2012 年 10 月到 2014 年 12 月在中国销售的 50 款汽车共 1 350 条数据,具体主要包含某车型的月度销量、上市时间、此款车所属品牌的产品线种类,以及它们的基本属性特征,包括容积、动力、操控、油耗、价格等。这 50 款车型覆盖了高、中、低档车,以及进口、自主、合资三种类型,以增强研究结论的普适性。

车型的月度广告投入数据来源于中国领先的市场研究公司——央视市场研究股份有限公司,该公司是中国国际电视总公司和Kantar集团合资的股份制企业。该公司调研监测网络覆盖中国700个城市,拥有超过400万自有及云样本,超过42万可监测在线行为的PC和移动高黏性样本。本研究从该公司获取了不同车型的月度广告投入数据。具体来说,这些数据是车型(如丰田凯美瑞)每月在央视电视频道的广告总支出。

类似地,本研究从汽车之家平台获取车型的月度在线评论数据,该平台包含消费者对车型的空间、动力、油耗、舒适性、外观、性价比等多属性的评价(包含整体评价和单一评价)。此外,每条在线评论均包含发布人信息、发布人类型(是否经过平台认证)、购买详情、发布日期、在线评分(范围为1~5分),以及具体的评价内容。具体描述性统计如表2-9所示。

表 2-9 描 述 性 统 计

| 变 量 | 均 值 | 标准差 | 最小值 | 最大值 |
|---|---|---|---|---|
| **因变量** | | | | |
| 销量 | 5 532.27 | 5 576.35 | 1 | 31 597 |
| **自变量** | | | | |
| 广告投入(百万元) | 5.80 | 15.1 | 0 | 189 |
| 在线评论效价 | 4.22 | 0.19 | 3.62 | 4.67 |
| 产品线延伸 | 6.89 | 3.92 | 1 | 18 |
| **控制变量** | | | | |
| 功率(kW) | 104.57 | 28.66 | 40 | 190 |
| 油耗(L/100 km) | 7.52 | 0.98 | 5.73 | 10.13 |
| 容积(m³) | 12.28 | 1.44 | 8.68 | 15.71 |
| 价格(千元) | 167.07 | 116.75 | 46.6 | 619.6 |
| 在线评论差异 | 0.63 | 0.13 | 0.3 | 1.32 |

(三) 变量定义

1. 因变量

本研究的因变量是车型在月度层面的销量,即用第 $i$ 种车型在第 $t$ 月的上牌照数量来度量该车型的月销量 $[\ln(sale)_{it}]$,我们对其进行了取自然对数变换。

2. 自变量

在参考现有文献的基础上(Liu,2006;Sun,2012),本研究选取的核心解释变量包括广告投入和在线评论效价。具体来说,运用 $t$ 月车型 $i$ 在央视电视广告投入金额衡量该车型的广告投入,并进行自然对数变换;运用 2012 年 10 月到 2014 年 12 月车型 $i$ 在第 $t$ 月得到的总体在线评论的累计均值衡量在线评论的效价 $WOM\_valence_{it}$,总体评论包含消费者对空间、动力、操控、油耗、舒适性、外观、性价比等多个因素。在本研究样本中,在线评论效价的变化范围是 3.62~4.67。

3. 调节变量

本研究选取的调节变量是车型的产品线种类延伸,参考目前学术界对产品种类较为统一且经典的界定方法(Draganska and Jain,2005),该文采用品牌里同一款酸奶的不同口味衡量该款酸奶的产品种类及多样性,这种衡量方式有利于控制母品牌效应。结合研究情境,本研究以该车型的款式数量衡量:车型款式数量越多,代表产品线种类越丰富;车型数量越少,则代表产品线种类越少。值得强调的是,本书采用的是汽车公司其中一个车型(例如奥迪 A4)下面的款式数量(例如奥迪 A4 35 TFSI、40 TFSI、45 TFSI quattro 等)衡量产品种类,而不是汽车公司(例如奥迪)的车型数量(例如奥迪 A4、A6、A8 等)。这样做的原因是车型款式属性(如奥迪 A4 35 TFSI)比车型(奥迪 A4)更精准和丰富(Moreno and Terwiesch,2017),进而更有利于控制品牌效应和制造商层面的不可观察因素。

4. 控制变量

在参照以往研究的基础上(Wu et al.,2019),本研究主要设置如下控制变量:(1) 车型的空间大小即长、宽、高;(2) 车型的综合油耗年均值;(3) 车型的最大功率年均值;(4) 车型的零售价格(MSPR),并进行取自然对数的线性变换;(5) 2012 年 10 月至 2014 年 12 月消费者的在线评论方差,用于衡量并控制消费者异质性。此外,由于不同的品牌、车型的质量差异和季节性特征等对汽车在线评论同样会产生影响,因此本章还控制了车型所属的品牌效应和时间效应。变量的描述性统计结果及相关性分析如表 2-9 和表 2-10 所示。

表 2 - 10

## 主要变量相关性分析

| 变 量 | 销 量 | 广告投入 | 在线评论效价 | 产品线延伸 | 油耗 | 容积 | 价格 | 功率 | 在线评论差异 |
|---|---|---|---|---|---|---|---|---|---|
| 销量 | 1.000 | | | | | | | | |
| 广告投入 | 0.251*** | 1.000 | | | | | | | |
| 在线评论效价 | 0.388*** | 0.256*** | 1.000 | | | | | | |
| 产品线延伸 | 0.318*** | 0.170*** | 0.124*** | 1.000 | | | | | |
| 油耗 | 0.024 | 0.081*** | 0.541*** | 0.081*** | 1.000 | | | | |
| 容积 | 0.301*** | 0.191*** | 0.655*** | 0.176*** | 0.633*** | 1.000 | | | |
| 价格 | 0.325*** | 0.262*** | 0.557*** | 0.083*** | 0.351*** | 0.501*** | 1.000 | | |
| 功率 | 0.281*** | 0.234*** | 0.687*** | 0.107*** | 0.543*** | 0.687*** | 0.834*** | 1.000 | |
| 在线评论差异 | -0.182*** | -0.156*** | -0.822*** | -0.080*** | -0.467*** | -0.579*** | -0.500*** | -0.673 1* | 1.000 |

表 2-9 和表 2-10 是主要变量间的描述性统计和相关性结果分析。结果显示，车型平均每月的广告投入金额约为 580 万元，在线评论效价均值为 4.22 分(1~5 分)，在线评论方差的均值为 0.20，样本车型中的产品种类均值为 7。从表 2-10 相关性分析结果可知，广告投入、在线评论效价与销量均为显著正相关；在线评论差异与销量显著负相关。产品线延伸、油耗、车型容积、功率与销量显著正相关。此外我们还可以发现，产品线延伸与车型基本特征如功率、油耗、容积等其他变量的相关性系数较小，这更有利于模型无偏的识别和估算。为了进一步分析上述变量之间的关系，下文将做进一步检验。

(四) 模型设定

1. 主效应模型

从企业层面出发，为研究广告投入、在线评论的效价与销量之间的关系(假设 5 和假设 6)，本研究在控制车型固定效应和时间固定效应的基础上，构建模型如下：

$$\ln(Sale_{it}) = \beta_0 + \beta_1 \ln(AD_{it}) + \beta_2 WOM\_valence_{it} + \beta_3 PLB_{it} + \beta_4 X_{it} + \xi_j + \varepsilon_{it} \quad (5)$$

其中：$i$ 代表不同的车型型号；$t$ 代表给定相应的时间；被解释变量 $Sale_{it}$ 代表车型 $i$ 在第 $t$ 月的销量，用当月上牌照的车型数量进行衡量，并对其进行了取对数变换；$AD_{it}$ 代表广告投入金额，运用当月该车系在央视电视广告投入的总金额衡量，同样进行加 1 后取对数变换；$WOM\_valence_{it}$ 代表车型 $i$ 在第 $t$ 月的在线评论的效价；$PLB_{it}$ 代表每一个车型的产品线款式数量；$X_{it}$ 包含车型-时间的固定效应和与汽车自身特征相关的可观测控制变量，包括车型最大功率年均值、车型综合油耗年均值、车型的容积，以及价格和在线评论差异等特征；$\xi_j$ 代表一些不可观察因素，例如车型质量、所属品牌形象等。如前所述，通过控制车型和时间固定效应以处理由于不可观察因素存在可能导致的内生性问题；$\varepsilon_{it}$ 代表随机误差项。

2. 调节效应模型

为检验产品线延伸策略对两种不同营销工具有效性的影响，即其对广告投入、在线评论的效价与销量之间的调节作用，本研究在模型(5)的基础上引入产品线延伸与核心自变量的交互效应，同时在模型中控制车型与时间的固定效应，构建的调节效应模型如下：

$$\ln(Sale_{it}) = \gamma_0 + \gamma_1 \ln(AD_{it}) + \gamma_2 WOM\_valence_{it} + \gamma_3 PLB_{it} + \gamma_4 \ln(AD_{it})$$

$$\times PLB_{it} + \gamma_5 WOM\_valence_{it} \times PLB_{it} + \gamma_6 X_{it} + \xi_j + \varepsilon_{it} \quad (6)$$

与前文假设一致,我们估计模型(5)中 $\beta_1$ 和 $\beta_2$ 符号为正,代表广告投入与在线评论效价对销量的正向影响;预估模型(6)中交互项 $\gamma_4$ 符号为负,意味着由于信息效应和错配效应以及广告的选择性特征,随着产品线延伸,广告的有效性会降低;预估交互项 $\gamma_5$ 符号为正,代表由于劝说效应和错配效应以及在线评论全面性和易得性的特征,随着产品线延伸,在线评论的有效性会增加。

## 三、实证分析与结果

### (一) 内生性问题处理

针对本研究,尽管在模型中已控制了重要的相关变量,但模型(5)和(6)中的误差项可能包含未观察到的因素,与广告投入和车型价格相关并影响销量,从而可能导致估计的偏差。此外,广告投入金额和车型的价格不是完全随机的,品牌知名度越大、市场份额越大、销量越高的汽车企业,其投资用于广告的金额也会相对越高;同理,由于较高的边际成本和消费者更高的支付意愿,车型的年均价(MSRP)也会相对更高(Wu et al.,2019)。由此可见,车型的广告投入、年均价与车型的销量之间可能存在反向因果导致的内生性问题。

为缓解此问题,本节首先依据车型所属类型进行分类,具体类别包含:微型车、小型车、紧凑型车、中型车、中大型车、小型 SUV、紧凑型 SUV、中型 SUV、MPV 共九类。参考 Berry(1994)将同一类型车下所有车型的特征变量(包括汽车容量、最大功率和综合油耗)的均值作为广告投入金额和车型价格的工具变量。本研究选取这三个变量作为工具变量的理由如下:首先,在同一类型车中,所有车型的容量、最大功率和综合油耗均值代表整体行业的均值,应与自身车型的广告投资决策和年均价高度相关;其次,所有车型的特征变量均值属于外生变量,不会通过与误差项存在相关性而影响自身车型的销量,可进一步保证外生性的成立。

### (二) 基本结果

本研究应用上述工具变量,通过两阶段最小二乘法估计模型(5)(Chintagunta et al.,2010)。结果首先汇报了广告投入、在线评论效价对销量的影响的估计结果,如表 2-11 第(1)列所示,广告投入金额回归系数正向且显著($\beta_1 = 0.152$,$p < 0.05$),说明车型广告投入越大,该车型的销量也越大,假设 5 得以验证;同时,在线评论效价的系数亦为正向显著($\beta_2 = 4.735$,$p < 0.01$),说明在线评论效价越高,该车型的销量越高,这是因为评论效价越高说明已使用消费者对该产品的使用体验和评价越积极,越能更好地消除潜在消费者的不确定性进而对销量有积极的推动作用,由此假设 6 得以验证。上述结论也与现有研究结论以及实践中的经验证据保持一致(Godes et al.,2006;Liu,2006;Zhu and Zhang,2010;Sun,2012;Baker et al.,2016)。

表 2-11　　　　　　　　　　　主效应和调节效应的回归结果

| 假　　　设 | (1) | (2) |
| --- | --- | --- |
| 假设 5:广告对销量影响的有效性 | 0.152**<br>(0.068) | 0.431***<br>(0.100) |
| 假设 6:在线评论效价对销量影响的有效性 | 4.735***<br>(1.262) | 1.339<br>(1.982) |
| 产品线种类 | 0.040*<br>(0.024) | −2.056*<br>(1.215) |
| 假设 7:产品线种类对广告有效性的影响 | | −0.051***<br>(0.018) |
| 假设 8:产品线种类对在线评论有效性的影响 | | 0.592*<br>(0.320) |
| 油耗 | −0.797***<br>(0.060) | −0.978***<br>(0.098) |
| 最大功率 | 0.053***<br>(0.007) | 0.040***<br>(0.005) |
| 容积 | 0.421***<br>(0.045) | 0.425***<br>(0.052) |
| 价格 | −2.525***<br>(0.415) | −1.688***<br>(0.300) |
| 在线评论差异 | 16.673***<br>(1.515) | 14.197***<br>(1.844) |

| 假　　设 | （1） | （2） |
|---|---|---|
| 车型固定效应 | 是 | 是 |
| 时间固定效应 | 是 | 是 |
| $R^2$ | 0.332 6 | 0.137 3 |
| 观测值 | 1 350 | 1 350 |

### （三）产品种类调节效应结果及检验

表 2-11 第（2）列汇报了模型（6）的回归结果,即产品线延伸的调节效应。结果显示:产品线延伸对广告投入与销量间主效应有显著的负向调节作用（$\gamma_4 = -0.051$, $p < 0.01$）,表明当产品线延伸时,广告的有效性会相应降低。因此,与产品线延伸宽度较宽的企业相比,产品线较窄的企业更有助于发挥广告投入对销量的积极影响,由此假设 7 得以验证。相反,产品线延伸对在线评论效价与销量间主效应有显著的正向调节作用（$\gamma_5 = 0.592$, $p < 0.1$）,表明当产品线宽度延伸时,在线评论的有效性增加。这表明,较宽的产品线设计更有助于促进在线评论对销量的积极影响。产生上述结论的原因如本章理论推导中所提广告与在线评论的不同作用特征,由此假设 7 和假设 8a 得以验证。上述结论一致地验证了广告、在线评论等不同营销工具的差异化作用,以及产品线延伸对其有效性影响的内在机制,这在一定程度上也解释了为什么在实践中大多数企业的产品线设计不会过宽。

为图示化产品线延伸的调节效应,在图 2-6 和图 2-7 中,我们分别呈现了产品线延伸与广告投入、在线评论的效价之间总效应的关系图。当其他变量在均值处,总效应由主效应（自变量自身的系数）与调节效应两部分组成。图 2-6 展示了广告投入的总效应与产品线延伸的关系,广告投入的总效应随着产品线种类的增加而降低（抑制了主效应）;图 2-7 展示了在线评论效价的总效应与产品线延伸的关系,在线评论效价的总效应随着产品线延伸的增加而增加（增大了主效应）。这与本章前述的结论一致,再一次验证了假设 7 与假设 8a。

**图2‑6 广告投入与产品线延伸**

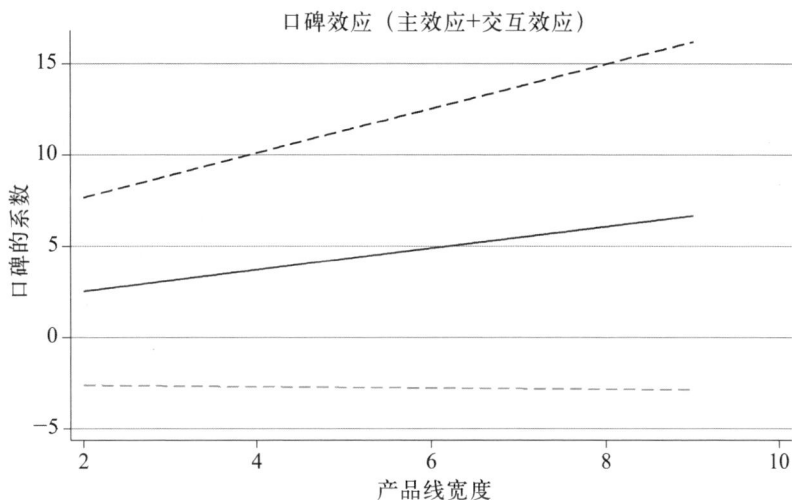

**图2‑7 在线评论的效价与产品线延伸**

（四）稳健性检验

1. 更换产品线延伸的衡量方式

为避免对本研究核心变量产品线延伸衡量方式的差异影响实证结果,本研究在稳健性检验中,使用"同一车型(例如奥迪 A4)产品线内,最高价与最低价子车型的价格之差"衡量产品线延伸程度,即车型内最高价与最低价的款式之差越大,代表产品线延伸越丰富;车型内最高价与最低价款式之差越小,则代表产品种类越少。这种衡量方式的可行性在于:中国汽车市场竞争以车型的竞争为主导,主要体现在产品线的扩张与收缩。同样,产品线延伸程度也是决定市场竞争程度和价格变化的基础性因素,并与之紧密相连(白让让,2010)。

与前述基础模型一致,结果如表 2-12 第(2)列所示,广告投入系数为正且统计意义显著($\gamma_1 = 0.209$, $p < 0.01$),在线评论效价的系数亦与基础模型保持一致($\gamma_2 = 4.534$, $p < 0.01$);类似的,产品线延伸负向调节广告投入与销量的主效应($\gamma_4 = -0.093$, $p < 0.01$),验证了当产品线变宽时,广告的有效性会降低,与基础模型结果一致,假设 7 得以验证;同时,稳健性的研究结果显示产品线种类多样性会强化在线评论效价对销量的主效应($\gamma_5 = 0.883$, $p < 0.01$),这表明当产品线变宽时,在线评论的有效性会进一步提升,与基础模型结果一致,假设 8a 得以验证。综上所述,通过更换产品线延伸的衡量方式,实证结论与基础模型保持一致。

2. 额外的控制变量

本研究依据现有研究情境,在模型中控制了若干相关个体、品牌等控制变量。但为避免因控制变量选取问题致使研究结果出现偏误,本研究在原先的模型设定中加入额外的控制变量以进行稳健性检验。参考 Chen et al.(2019),在模型中加入"季节性特征"因素,即是否把车的高销量季节(1、9、10、11、12 月)作为新的控制变量,因为汽车销售往往呈现季节性变化特征。回归结果验证了主效应、产品线延伸对广告有效性的负向调节作用,以及对在线评论有效性的正向调节作用,具体如表 2-12 第(3)列所示。

表 2-12 稳健性检验结果

| 变量＼模型 | (1) | (2) | (3) | (4) |
|---|---|---|---|---|
| | 基础结果 | 更换产品线延伸的衡量方式 | 额外的控制变量 | 部分样本数据回归 |
| 广告投入 | 0.431*** (0.100) | 0.209*** (0.050) | 0.430*** (0.100) | 0.427*** (0.102) |
| 在线评论效价 | 1.339 (1.982) | 4.534*** (0.631) | 1.343 (1.982) | 1.588 (2.025) |

| 模型＼变量 | （1） | （2） | （3） | （4） |
|---|---|---|---|---|
| | 基础结果 | 更换产品线延伸的衡量方式 | 额外的控制变量 | 部分样本数据回归 |
| 产品线延伸 | −2.056*<br>(1.215) | | −2.051***<br>(1.217) | −2.125*<br>(1.224) |
| 最高价−最低价 | | −0.039**<br>(0.018) | | |
| 广告投入×产品线延伸 | −0.051***<br>(0.018) | −0.093***<br>(0.019) | −0.050***<br>(0.018) | −0.051***<br>(0.018) |
| 在线评论效价×产品线延伸 | 0.592*<br>(0.320) | 0.883***<br>(0.080) | 0.591*<br>(0.321) | 0.610*<br>(0.322) |
| 油耗 | −0.978***<br>(0.098) | −0.922***<br>(0.052) | −0.978***<br>(0.098) | −1.017***<br>(0.102) |
| 最大功率 | 0.040***<br>(0.005) | 0.032***<br>(0.004) | 0.039***<br>(0.005) | 0.041***<br>(0.006) |
| 容积 | 0.425***<br>(0.052) | 0.417***<br>(0.040) | 0.425***<br>(0.052) | 0.403***<br>(0.053) |
| 价格 | −1.688***<br>(0.300) | −4.336***<br>(0.465) | −1.687***<br>(0.300) | −1.712***<br>(0.304) |
| 在线评论差异 | 14.197***<br>(1.844) | 12.862***<br>(1.337) | 14.171***<br>(1.833) | 14.285***<br>(1.885) |
| 季节性 | | | 0.027<br>(0.108) | |
| 车型固定效应 | 是 | 是 | 是 | 是 |
| 时间固定效应 | 是 | 是 | 是 | 是 |
| $R^2$ | 0.137 3 | 0.504 9 | 0.138 3 | 0.133 4 |
| 观测值 | 1 350 | 1 350 | 1 350 | 1 323 |

3. 部分样本数据回归

本研究的基础模型使用的完整的样本数据,涵盖了自主企业、合资企业和进口企业等不同类型的所有制造商。在样本中,由于不同消费者偏好异质性,以及进口汽车较高的税收政策,进口企业车型呈现出针对部分消费者的"利基市场"特征,因此在该部分使用剔除进口车型的样本进行模型的估计,检查产品线延伸策略对不同营销工具的影响是否仍然保持一致性。如表2-12第(4)列所示,结果与基础模型一致,证明了稳健性。

### 四、研究结论与实践启示

以往研究大多关注广告、在线评论和产品线延伸策略,原因在于这些不仅是企业的营销决策工具,而且与企业的经济利益息息相关,更关系着企业的长久可持续发展。但是鲜有学者研究影响广告、在线评论与销量关系的机制因素,即产品线延伸视角对两种营销工具的不同影响及其差异化。本研究基于信息效应和劝说效应理论(Information Effect & Persuasive Effect),利用汽车之家平台上2012年10月到2014年12月在中国销售的50款汽车数据分析发现,在控制其他变量不变的情况下,广告投入、在线评论效价对销量有正向的影响,这也与前人的研究结论保持一致。此外本章发现,产品线延伸对广告投入、在线评论效价有调节效应。具体来说,产品线延伸负向地调节(抑制)了广告的投入与销量间的主效应,即产品线种类越丰富,广告的有效性越低;产品线延伸正向地调节(加强)了广告的投入与销量间的主效应,即产品线种类越丰富,在线评论的有效性越强。产生此结果的内在机制:广告与在线评论带给消费者不同特征的满足,广告满足了消费者的信息需求,呈现选择性的特征,大多数情况只会针对垂直品牌的某一类产品进行广告,具有片面性。而在线评论满足了对消费者的劝说需求,可以满足消费者对不同产品评价的需要,此外在线评论的信息更丰富,既包含积极的评价、态度,也包含消极的评价。同时,在线评论的发送者与接收者来源具有相似性,一定程度增加了消费者的信任程度与参与意愿。进一步而言,通过对广告投入与产品价格的内生性进行处理,并基于不同的变量界定方法、不同的模型设定与不同的检验方法,本研究得出的估计结果保持一致验证了4个假设。

本研究为汽车市场以及相关更广阔行业的产品线设计提供了一定的理论和现实意义。

首先,探究了产品线延伸对不同营销组合工具(广告与在线评论)对销量有效性的影响及差异,这在现有的文献中存在一定的空白。通过控制相关变量以及车型和时间固定效应后,我们发现,广告的投入、在线评论的效价会对销量有正向的影响,这也验证了前人的研究。此外,产品线扩张也对广告的投入、在线评论效价与销量之间的关系有调节作用,这在一定程度上丰富了现有研究的理论基础。

其次,本研究基于汽车市场,为产品线延伸对广告和在线评论的不同影响开发新的理论框架,丰富了营销组合工具和产品线设计相关文献。主要关注产品线延伸的调节作用,与不同营销工具之间的差异效应。具体而言,我们发现产品线延伸显著地负向影响广告投入和销量之间的主效应;而显著地正向影响在线评论与销量之间的关系。换言之,若产品线种类越丰富(产品线越宽),在线评论的有效性就越强;而当产品线种类越丰富(产品线越宽),广告投入的有效性则越低。内在的解释机制是广告和在线评论在市场中的作用不同,即广告的更多角色为信息效应,而在线评论则为说服效应,以及产品线种类较丰富时导致的错配效应。该结论与信息效应和劝说效应理论模型相符,同时,这也在营销工具框架下解释了现有研究存在与产品线相关研究结论不一致的原因(正向、负向与倒 U 形)。

再次,本研究不仅丰富了现有的理论研究,而且为现实中汽车产业提供了相应的指导。如前所述,尽管现有大量的研究关注产品线设计,但较少有研究注重其与相关营销组合工具的结合,通过平衡企业策略决策与各营销组合之间的关系能够更有效地实现企业可持续发展。此外,本研究结论具有普遍的现实意义,除了汽车市场以外,对比如餐饮市场、电影市场、住宿平台市场等同样具有指导意义。

## 第六节 产品线复杂度延伸策略与企业绩效

除上述某一类具体的产品线延伸策略外,事实上,在现实中企业更多地考虑多元化的营销组合策略。不同的企业对产品线设计方向亦有不同的侧重和延伸方式,例如在 2021 年奥迪生产的新车型中,2021 奥迪 Q5L 从车型 2021 Q5L 40 TSFI 延伸至 2021 Q5L 40 TSFI 以及 2021 Q5L 45TFSI。与车型 2021 Q5L 40 TSFI 相比,具体而言,2021 Q5L 45 TSFI 具有更先进的发动机、更优质的功率,以及更快的运行车速,而其他属性保持不变。同样是属于汽车市场,2021 年丰田凯美瑞的产品线则从座椅配置、多媒体等属性进行更新延伸和扩张。类似的实例如表 2-16 所示,通过上述经验证据可以发现,在实际制定延伸策略时,有的企业更倾向于产品线的长度或宽度层面的延伸,而有的则更强调产品线深度或复杂度的扩张。因此,根据相应的产品属性特征,关注企业的产品线组合策略并试图找到最优化的产品线延伸方式是更加贴近现实的议题。

这样的情境在现有研究中亦得以体现,通过梳理文献发现,对于产品线延伸与企业绩效的关系,现有研究尚未得出统一的结论:一些研究发现,通过延伸产品线、丰富产品种类,能更大可能地满足消费者异质性(Lancaster,1990),降低生产的规模成本(Kekre and Srinivasan,1990),从而更高效、更大限度地提高产品的市场份额与企业利润;另一些研究认为,产品线延伸会失去专业化,增大不确定性风险(Quelch and Kenny,1994),延长购买的决策时间(Iyengar and Lepper,2000),增大选择的难度和供需双方错配的可能性(Tan et al.,2017),进而阻碍消费者的购买行为。此后,相关研究发现,由于企业在同一时间可能会实施多种策略决策,倘若只考虑一种策略对绩效的影响,就可能导致结果与实际情况的偏差,由此,解决上述困境(如何设计产品线延伸策略才能实现效用最大化)的核心在于合理地设计企业的产品营销组合(Barroso and Giarratana,2013;陈收 等,2015)。因此,现有研究已经从单一的产品线策略对企业绩效的影响扩展到产品线组合策略对企业绩效的影响。例如,Dowell(2006)和 Eggers(2012)提出的多级市场产品扩散策略(宽度、多样性)和同一细分市场产品扩散策略(深度)。Barroso and Giarratana(2013)以及 Zhou and Wan(2017)在此基础上提出了产品空间复杂性的扩散方式。Kirca et al.(2020)与 Zhao et al.(2020)则将产品组合策略与品牌组合策略联系,分析其交互效应对企业绩效及消费者忠诚度和重复购买行为的影响。

具体而言,产品线复杂度是用以衡量产业中产品属性的异质性程度(Lenk et al.,1996),其延伸方式会影响消费者购买行为决策及企业绩效,在异质性特征较为明显的汽车市场,这样的影响作用更是得以凸显(陈收 等,2015)。现有的产品线复杂度研究中,Dowell(2006)首先定义了产品线复杂度,并与单一的产品线延伸策略(如宽度或长度)进行区分。Barroso and Giarratana(2013)研究了产品线复杂度策略对跨多级市场和同一市场内部两种不同的扩散策略与企业绩效关系的调节作用。Zhou and Wan(2017)则以来源复杂性为切入点,发现产品来源复杂性会降低企业绩效并使得企业组织结构设计产生困境。Piazzai and Wijnberg(2019)研究发现复杂度扩散的缺点在于,会增大扩散产品线所产生的退出成本。

本节通过梳理已有的实证文献发现,以往涉及产品线复杂度扩散而产生影响不一致性的研究主要是从总体层面产品线复杂度展开的,忽略了产品复杂度也可能基于不同的维度和不同的属性进行延伸。事实上,产品是由一系列属性组成的(Kim and Chhajed,2002),不同属性层面的延伸或缩减构成了不同的产品复杂度策略。而消费者对产品属性的偏好是不一致的(黄敏学 等,2017)。对于生产厂商而言,不同的产品属性延伸亦会产生不同的生产成本。这就会出现企业在设计产品组合策略时,不同的复杂度延伸方式会对企业绩效等产生较大差异的现象,也是现有研究结论出现矛盾的潜在原因。为此,本节研究试图区分不同产品属性的延伸方式对生产厂商及消费者购买行为的差异化影响,力图解决现有研究中存在的研究困境。第一节基于解释水平理论和前景理论提出了相应的理论框架与研究假设;第二节是数据描述、变量定义和对模型设定,旨在探究产品线复杂度延伸的不同属性的不同营销组合策略对企业绩效、生产成本与在线评论所造成的双面影响。在第三节中,分析了模型的基本结果,并使用不同的稳健性检验方法来验证结果的稳健性。进一步,在第四节中则根据上述实证结果总结研究结论并提出相关的实践启示。

## 一、理论框架与研究假设

### (一)产品线扩散策略与企业绩效

产品线扩散策略是企业较为常见的营销策略,这是因为对于企业而言,面对不同偏好与需求的消费者,产品种类的延伸及产品多样性的增加,一方面,能够有更大的概率满足消费者异质性,吸引更多的消费者,最终实现良好的市场细分,进而增大市场份额;另一方面,对厂商而言,范围经济理论表明多样化的产品线策略可能会使其生产活动产生集聚效应与规模效应,降低单位生产成本,而成本的优势也直接推动了企业在市场竞争中的优势地位(曾伏娥 等,2017)。由此,本研究提出假设9:

假设9:企业产品线扩散策略能够对消费者购买行为产生积极影响,从而增加市场份额。

假设9作为本研究的基础假设,在现有研究中得以验证(Kekre and Srinivasan,1990;Bayus and Putsis,1999;Moreno and Terwiesch,2017)。与现有文献的差异在于,Moreno and Terwiesch(2017)运用厂商层面数据,是为避免车型层面数据的蚕食效应。在本研究中,由于数据的可获得性,使用汽车车型层面数据,在一定层面上可以证明产品线延伸策略对销量具有较强的正向效应。

随后,关于产品线延伸策略对生产成本的影响,现有研究亦进行了广泛的讨论。Lancaster(1990)认为,产品线延伸越丰富,规模经济越小,同时每个型号(特征)产品需求越低,越容易使得厂商与消费者之间产生错配。从而难以实现规模经济,并增大生产成本。该结论在 Bayus and Putsis(1999)中也得以验证,认为产品线延伸会促使成本增加并阻碍潜在的需求增长。但另一方面,有研究指出,更广泛的产品线会产生更低的生产成本与库存成本(Kekre and Srinivasan,1990)。本书推测,导致上述结论差异的原因在于对成本的刻画角度不同,换言之,有的研究以厂商生产车型时总体生产成本来衡量生产成本,而有的文献则以车型平均生产成本进行衡量。在本研究中,运用估计的总体生产成本衡量,本研究提出假设10:

假设10:相较于产品线延伸较少的品牌而言,产品线延伸越丰富,其产生的生产成本越高。

上述假设9与假设10主要从厂商层面进行分析,而在5G技术、社会化新媒体加速发展,消费者异质性和个性化凸显的环境下,消费者层面的重要性不可忽视。消费者生成内容成为激活并引爆数字化经济的重要因素。消费者生成内容是指消费者在平台上发布并分享的文字、图片、声音和视频等,其最典型的代表就是消费者在线评论。在线评论具有信息集中、传播速度快、影响力大等特点,也是平台经济高效运转的关键因素之一。随着数字化时代的到来和平台经济的兴起,影响企业高效并可持续发展的因素不再完全局限于传统的决策工具,企业和商家也开始逐渐重视与消费者之间的互动等一系列消费者的行为活动,并积极采取措施推进数字化营销变革,例如追踪、管理并促进积极的消费者在线评论和用户社群与后市场等(付东普和王刊良,2015;Liu et al.,2018)。在线评论是消费者对产品使用和服务体验后的评价,是数字化时代企业最常用的营销工具之一,也是消费者在进行购买决策时重要的参考依据(黄敏学 等,2019)。因此,在线评论也是数字化情境下企业的重要绩效之一,本节研究试图分析产品线延伸对企业在线评论的影响。在已有的研究中,衡量在线评论的典型指标包含在线评论的数量、在线评论的效价以及在线评论的差异。本研究以在线评论的效价作为代表进行衡量。具体如假设9的推理,运用可获得性-诊断性理论和错配效应理论,本研究提出假设11:

假设11:相较于产品线延伸较少的品牌而言,产品线延伸越丰富,其获得的在线评论效价越低。

（二）产品线复杂度对销量的调节作用

Lenk et al.(1996)最早提出了产品线复杂度的概念,它是指在具体行业内销售产品各类属性的异质性。此后,相关研究大多将产品线复杂度与产品线其他策略联合研究(Dowell,2006),相较于之前单一的产品线扩散策略,其普适性与创新之处在于,企业决策大多是多元化而非单一的(例如产品线宽度与产品线复杂度共同作用)。由此,现有大量研究证明,产品线复杂度延伸方式会直接影响消费者购买决策行为,进而影响企业的市场销量、进入或退出市场决策,以及竞争策略等(Dowell,2006;Barroso and Giarratana,2013;Giachettl and Dagnino,2014)。然而,在现有实证研究中,产品复杂度的延伸策略对企业绩效、生产成本等的优劣影响仍尚无准确定论,同时缺乏对最优组合延伸策略的探讨。通过梳理发现,以往的研究大多从产品线复杂度的整体影响展开探讨,而忽略了不同的属性类型延伸亦可能产生不同影响。

事实上,不同产品的复杂度延伸都是通过产品不同的属性组合延伸实现的,实证产业组织理论框架将产品复杂度这一类不同属性区分为垂直属性与水平属性(Berry,1994;Berry,1995;Zhou,2017;黄敏学 等,2017;周末 等,2021)。他们将垂直属性界定为对产品属性存在明确统一偏好标准的属性,而将水平属性定义为那些没有明确偏好标准的属性。受此启发,结合研究情境,并基于解释水平理论,本研究试图从厂商与消费者层面出发将不同的产品属性区分为内核属性(核心属性)以及外延属性。内核属性是指消费者在决策时首要考虑并重点关心的因素,又称为首要属性(Primary Attribute);外延属性是指消费者在决策时次要考虑的因素,又称为第二属性或边缘属性(Secondary Attribute)。与垂直属性与水平属性的差异在于,内核属性大多从供需双方即厂商生产成本以及消费者决策时的层面出发,例如在汽车产业中,座椅配置和多媒体配置属于垂直属性(因为存在明确统一的偏好标准以及质量优劣),但其在厂商生产过程中,相较于发动机等核心属性,成本较低,且对于大部分消费者而言,其并非首要考虑的因素,故在本研究情境中认为其更多为外延属性。因此,相较于垂直与水平属性,在本研究情境中将其划分为内核属性与外延属性能够更好地贴近消费者和厂商决策的实际情况。

产品线在不同属性层面的延伸会呈现相应的特征,参考周末 等(2021)整体层面上产品线复杂度的延伸,即不论内核属性或外延属性均会实现以下三种效应:第一,满足消费者异质性,一定程度上吸引更多消费者,进而为企业实现更准确的市场细分;第二,增加消费者对产品以及品牌信息的可获得性,增加消费者对品牌认知的概率(Berger et al.,2007),产品多样化的策略亦能向消费者传递"品牌专业性高"的信号,塑造企业专业化形象,最终提高消费者对产品和品牌的整体评价,进而提升购买的可能性;第三,相比于单一的选择,消费者在提供多种选择比较后,更容易产生具体的偏好以及继续购买的行为(Bown et al.,2003)。因此,整体层面上复杂度的延伸会为消费者提供更广泛的选择范围效应。

然而,除上述相似性特征,基于内核属性与外延属性延伸方式的定义,产品线在不同属性层面的延伸亦会呈现相应的差异化特征。对于内核属性,即那些首要及核心的、本质的、上位的、结构化及连贯的属性,例如汽车发动机、手机芯片等。从厂商角度而言,生产或更新核心技术会付出较高的研发成本,例如现实证据显示苹果公司 2018 年单季度研发费用投入高达 34 亿美元,高额的投入必然伴随高风险;相应的,随着生产成本的上升,公司也偏好将上升的成本转移给消费者[①]。因此,对厂商而言,是否通过更新和延伸内核属性而实现产品线的延伸,以及对于消费者而言,是否选择支付较高的价格甚至面临"过度消费"来获取这些产品线复杂度水平较高的产品,都需要承担更大的风险,甚至有可能面临"潜在损失"。相反,外延属性则是指那些次要的及表面的、具体的、无组织及不连贯的属性,例如汽车或手机提供的多种颜色的选择。从厂商角度而言,通过外延属性延伸产品线复杂度,旨在为消费者多提供一种平行化的选择,其所需的生产与研发成本相对较低,相应的,生产和销售的风险较低;经验证据表明,通过外延属性的复杂度延伸最终在价格层面与现有产品线属性间并不会有明显的差异。对于消费者而言,整体上对于外延属性的偏好相对较为主观,且并不需要太多专业知识,仅根据自身需求和偏好进行购买决策;此外,消费者对于这些属性间偏好相对模糊,每个选项间差异较小,也并非首要考虑的核心因素(Zhou,2017),随机化的选择也不会带来太大的风险。因此,基于外延属性进行产品线复杂度的扩张无论是从厂商层面还是消费者决策层面,相对风险均较小,购买后更有可能利大于弊,更类似于一种双赢的"潜在收益"。

前景理论提出,决策者在面临不确定性未来时,通常会根据参考点来感知收益或损失,并对收益与损失进行分类。在本节的研究情境下,以产品线复杂度扩

---

① 详见 https://www.macrumors.com/guide/nikkci-com/。

散为基准点,如上述推导,从内核属性进行产品线复杂度延伸对生产厂商及消费者双方而言都更有可能面临"潜在损失";而相较之,从外延属性进行产品线复杂度延伸对生产厂商以及消费者双方则更有可能是一种"潜在收益"。而通常情况下决策者们对待损失比对待收益更敏感(Tversky and Kahneman,1981)。因此,面对企业从内核属性扩张与外延属性扩张的两种不同延伸方式,其潜在效用存在一定的差异,企业以及消费者对两种扩张方式的感知敏感程度亦不同。具体而言,企业和消费者对待内核属性的延伸方式带来的影响会更加敏感;而对待外延属性延伸方式影响的敏感度则相对较为平缓。换言之,从产品线复杂度内核属性进行延伸,当内核属性延伸到达一定程度后,消费者对其的需求会迅速趋于饱和,此时消费者对"潜在损失"的敏感性更高,进而减弱产品线延伸对销量的正向影响;相反,从产品线复杂度外延属性进行延伸,当外延属性扩张到达一定程度后,此时继续延伸外延属性,厂商和消费者亦感知为"潜在收益",相应的敏感性变动较为平缓,消费者对其的需求趋于饱和的速度会较慢,此时在一定程度上继续延伸外延属性,仍会强化产品线延伸对销量的正向影响。这一结论亦被"有限需求理论"验证,该理论认为在现实经济中既有纵向的技术进步,也有横向的创新发展。纵向的技术进步不太能促进需求增长,反而会扩大不同消费者之间的收入差距,导致财富逐步聚集;相反,横向的技术进步可以促进社会总需求的增加,从而推动经济增长(陈昆亭和周炎,2020)。

此外,现有研究发现,内核属性的延伸具有"合理选择效应"。具体而言,是指消费者在做出首要或核心选择时,丰富的产品选择集通常需要耗费大量的决策认知资源,这促使消费者更容易做出那些更为合理化、更为正确的决策(Sela et al.,2008)。在本研究情境中,消费者会权衡质量与价格,更注重选择的合理性,选择更符合主流观点的产品,例如物美价廉的产品(周末 等,2021)。而对于产品线复杂度外延属性延伸,作为一种次要的和边缘的属性,丰富的产品选择集,通常会推动消费者选择各类具有异质性、个性化特征等不那么符合主流的产品(Sela et al.,2008),选择范围相对扩大。通过上述推导可以发现,从内核属性进行产品线复杂度的延伸,会使得消费者在做出购买决策时更加趋于集中;而从外延属性进行产品线复杂度的延伸时,会使得消费者在决策时需求更加分散。

正如前文所述,内核属性是首要的、核心的属性,例如购买汽车时选择合适的发动机以及购买电脑时选择处理器。消费者在购买决策时,需要耗费一定的时间和认知成本,学习与这些产品属性相关的专业知识,以避免陷入纠结迷茫的情绪(Tan et al.,2017)或者过度选择(Reutskaja and Hogarth,2009)。研究发现,当消费者更新了内核属性所需的相应的专业知识,并了解到自己的偏好,即消费者对内核属性有一定的专业化程度后,他们更不倾向于改变现有策略(Maureen et al.,2008)或被新的选项干扰(Mogilner et al.,2008)。因此,对于企业而言,延伸产品线复杂度的内核属性更有可能是边际效用递减的。而对于外延属性,消费者更多是依据个体偏好直接进行决策,对专业化知识水平要求不高,由于成本低偏好明确,在决策过程中亦不易耗费较多的时间和认知成本。而从企业角度而言,延伸产品线复杂度的外延属性,总是易于吸引更多的消费者,满足更广泛消费者的偏好,故延伸产品线复杂度的外延属性相较于内核属性,对消费者而言边际效用递减更为平缓。基于上述分析,本研究提出假设 12a 和假设 12b:

假设 12a:给定产品种类,从产品线复杂度内核属性进行延伸,会减弱产品种类扩张对销量的正向影响;

假设 12b:给定产品种类,从产品线复杂度外延属性进行延伸,会加强产品种类扩张对销量的正向影响。

### (三) 产品线复杂度对生产成本的调节作用

经验证据表明,从产品线复杂度内核属性延伸与外延属性延伸两种不同方式会对生产成本产生不同的影响,该观点在理论层面也得以验证。具体而言,从范围经济理论出发,当产品从单一化生产转向两种及以上的生产时,其平均生产成本会下降(曾伏娥 等,2017),这一方面是由于有形资源的高效利用,如原材料和生产设备等的高效利用,从而实现了规模效应;另一方面也是无形资源的共享,如品牌形象、品牌资产等的共享。Grant et al.(1988)认为,考虑产品种类多元化延伸的范围,当多元化产品属性之间相关度高时,相较于多元化产品属性之间低相关度,会产生更大的范围经济效应。在本研究的情境中,从产品线复杂度内核属性更新产品种类,更多地属于技术层面的创新与延伸,企业偏好投资丰厚以实现较大限度的突破,旨在在市场拥有竞争实力并迅速占领市场份额,此时,产品多元化延伸之间相关度较低,范围经济的程度较低,由此可能会产生较高的成本。相反,从产品线复杂度外延属性延伸产品种类,更多情况下旨在多提供一种选择的可能性以试图吸引更多的消费者,以占领差异化市场,此时,产品多元化延伸之间相关度较高,更易形成规模效应,范围经济的程度较高,进而降低生

产成本。基于以上分析,本研究提出假设 13a 和假设 13b:

假设 13a:给定产品种类,从产品线复杂度内核属性进行延伸,会增大产品种类扩张对生产成本的正向影响;

假设 13b:给定产品种类,从产品线复杂度外延属性进行延伸,会减缓产品种类扩张对生产成本的正向影响。

### (四)产品线复杂度对在线评论的调节作用

与基础模型一致,本部分进一步探讨产品线复杂度对在线评论的调节作用。如上文所述,内核属性具有首要及核心的、本质的、上位的、与目标相关的特征,对消费者而言,进行购买决策需要较高的产品专业化程度;对厂商而言,需要付出较高的生产成本并最终体现在价格上。因此,从内核属性延伸产品线复杂度,首先,可能会导致消费者由于接收现有信息过载导致信息变得复杂模糊,对记忆中已有知识信息迅速提取的容易程度降低,进而对信息的可获得性降低,需要耗费更多的认知资源用于产品信息处理并做出决策,继而易使消费者陷入焦虑与迷茫的情绪,甚至更容易因为自己选择而感到后悔,最终降低购物过程的整体评价,进而负向调节由于产品种类扩张对在线评论的负向影响(Lehmann,1991;Huffman and Kahn,1998;Tan et al.,2017)。其次,由于消费者需要付出较高的成本来获取内核属性延伸带来的效用,并承担可能"过度消费"而带来的高风险,因此消费者对内核属性的延伸敏感性更高,对价格变动、承担风险与容忍偏误的范围则较小;再次,随着选择集的增大,内核属性的延伸需要消费者更新自己的专业知识,在此情境下消费者更易面临不确定性增大的困境。现有研究发现,在消费者面临多种选项的选择时,他们通常会利用以情绪或直觉的启发式信息加工模式对信息进行判断和处理,换言之,消费者会偏好选择集中的一部分子集(例如拥有先验经验或易于判断的选择)进行信息处理并做出决策(Wernerfelt,1990;Payne,1993),这一定程度上增大了产生资源和成本错配的可能性,导致消费者对产品或品牌的总体评价降低。进而强化了产品种类扩张对在线评论的负向影响。基于上述分析,本研究提出假设 14a:

假设 14a:给定产品种类,从产品线复杂度内核属性进行延伸,会强化产品种类扩张对在线评论的负向影响。

对于产品线复杂度外延属性的作用,如上文所述,外延属性具有次要及边缘的、非本质的、下位的、与目标关系不大的、具体的、无组织及不连贯的特征,对消费者而言,决策以及购买这一类属性,不需要拥有过高的专业化程度,更多则是依据自身偏好做出决策。因此,从外延属性延伸产品线复杂度,一方面,可能会满足更多消费者异质性,吸引更多消费者进入市场,从而增加在线评论的数量。由于消费者在外延属性的偏好上相对主观且分散,对产品的评价更多受自身选择的影响(周末 等,2021),因此在评价时会更多归因于自身的选择与偏好而非产品本身,这在一定程度上可以降低供需双方产生错配的可能性以及错配产生的成本。另一方面,相较于内核属性,消费者自身对外延属性的偏好相对较为了解,最为典型的是颜色属性,消费者往往会根据自身的偏好迅速做出决策,而类似于喇叭个数和座椅配置这样的非核心属性,由于选项间差异化相对较小,在权衡价格与效用后,消费者亦可以根据自身的偏好较快做出决策。流畅的购物体验更有可能提升消费者对购物过程的整体评价(朱华伟 等,2021),进而正向缓和由于产品种类扩张对在线评论的负向影响。

总体而言,产品线复杂度从外延属性进行扩张,能够覆盖更多的消费者,消费者异质性得以更大范围地满足,从而供需双方偏好能够更好地实现匹配,延迟决策概率降低,从而实现更为流畅的购物体验;此外,外延属性延伸成本相对较低,厂商与消费者双方不需要付出高额的金钱与时间成本,进而可以有效地实现高效用,从而提升消费者对购物过程的整体评价,正向缓和由于产品种类扩张对在线评论的负向影响。基于上述分析,本研究提出假设14b:

假设14b:给定产品种类,从产品线复杂度外延属性进行延伸,会缓和产品种类扩张对在线评论的负向影响。

## 二、数据描述、变量定义和模型设定

### (一) 研究情境

针对研究问题,即产品线延伸方式对企业绩效的影响,本研究选用中国汽车市场作为研究对象。首先,汽车市场作为较为经典的研究情境(Moreno and Terwiesch,2017),其产品线竞争也是汽车企业之间主要的竞争手段(肖利平和董瀛飞,2016)。汽车市场除了技术层面竞争因素,类似于油耗、动力、容积等,更多倚重于产品线竞争及其相应的竞争策略。因此,本研究选择汽车市场作为研究情境具有较好的代表性。其次,中国汽车市场亦更能够提供有说服力的依据,在短短20年间,它从起步阶段到逐渐成长为全世界最大的汽车市场(Wu et al.,2019)。此外,相较于成熟的市场,就新兴市场而言,研究产品线种类等企业决策因素及其影响机制有更高的理论价值、可信度与实践意义。

除了汽车市场的优势外,随着数字化时代发展和平台经济的高速发展及广泛应用,汽车市场平台亦是本研究的重要背景(Moreno and Terwiesch,2017)。相较于传统汽车市场,汽车平台双边市场具有网络效应,同时能够为消费者提供更加真实准确的了解产品的途径,即消费者在线评论。现有研究证实:社会化媒体的广泛发展,促进了在线评论的爆发式增长。由此,产品的在线评论成为企业和消费者关注的指标,而在线评论评分一度成为消费者产品选择的唯一衡量指标(黄敏学 等,2021)。汽车平台包含消费者在线发布车辆不同属性(如车型的发动机、油耗和颜色等)的具体评价以及对他们购车与使用体验的整体评价。因此,我们可以观察产品复杂度延伸中,消费者对不同属性的在线评论效价和在线评论方差,以更好地了解消费者在延伸产品线种类和产品线复杂度的不同背景下的偏好,从而更全面地分析本研究的理论框架和实践意义。

### (二) 数据来源

本研究使用的数据由五部分构成:车型月度销量数据、车型产品线种类数据、不同属性(如发动机、油耗、颜色等)的月度车型产品线延伸数据、车型的在线评论数据,以及车型的广告投入数据。本研究的样本包含从 2012 年 10 月到 2014 年 12 月在中国销售的 50 款汽车车型共 1 350 条数据,覆盖了高、中、低档车,以及进口、自主、合资三种类型,旨在增强研究结论的普适性。

1. 车型月度销量数据

车型的月度销量数据是以 R. L. Polk & Company 提供的当月该车型上牌照数量进行衡量,这是一家以汽车市场为主要导向的营销调研公司(Sun et al.,2021)。数据包含 2012 年 10 月至 2014 年 12 月在中国销售的 50 款车型的 1 350 条数据,主要包含车型-年份层面(如 2011 丰田凯美瑞)的月度销量和车型的特征数据,例如车型的制造商建议零售价(MSRP)、车型体积、车型重量、发动机、进入市场的时间和油耗等。此外,在实证模型中,我们进一步控制了品牌固定效应和时间固定效应,旨在控制车型特征中不随时间变化但会对汽车销量产生影响的因素。

2. 车型产品线种类数据

车型的产品线种类数据来自全国最大汽车平台——汽车之家,该平台成立于 2005 年,是中国领先的汽车在线平台,旨在为消费者提供选车、买车、用车、换车等所有环节的全面、准确、快捷的一站式服务。目前学术界对产品种类较为统一且经典的界定方式为 Draganska and Jain(2005),采用品牌里同一款酸奶的不同口味衡量该款酸奶的产品种类及多样性,这种衡量方式有利于控制母品牌层面效应。结合研究情境,本研究参照上述文献做法,以该车型的款式数量衡量,值得强调的是,本节采用的是汽车公司其中一个车型(例如奥迪 A4)下面的款式数量(例如奥迪 A4 35 TFSI、40 TFSI、45 TFSI quattro 等)衡量产品线种类,而不是汽车公司(例如奥迪)的车型数量(例如奥迪 A4、A6、A8 等)。这样做的原因是车型款式属性(如奥迪 A4 35 TFSI)比车型(奥迪 A4)更精准(Moreno and Terwiesch,2017),进而有利于控制母品牌效应和制造商层面的不可观察因素。

3. 车型产品复杂度数据

参考 Dowell(2006)和 Barroso and Giarratana(2013),本研究通过计算车型属性特征的离散程度来衡量产品复杂度延伸方式,以此展示不同车型不同属性延伸的异质性。因此,本研究以汽车之家平台每款车型提供给消费者的特征数据为基础数据,例如车型大小、动力、最高车速、油耗、车型的内部配置以及车型颜色等。现有战略管理与运营管理文献指出,相较于产品线种类(例如产品线宽度),产品复杂度的延伸更多关注给定产品线宽度、进行延伸的产品异质性和差异化,即不同属性层面的延伸(Dowell,2006;Barroso and Giarratana,2013)。而这样的延伸方式在现实中的汽车市场也得以体现:例如 2021 年,2021 奥迪 Q5L 从原有的车型 2021 Q5L 40 TSFI 延伸更新至 2021 Q5L 40 TSFI 以及 2021 Audi Q5L 45TFSI 两款车型。具体而言,与车型 2021 Q5L 40 TSFI 相比,2021 Q5L 45 TSFI 具有更先进的发动机、更优质的功率,以及更快的最高车速,而其他属性保持不变。故这三类属性的延伸便是产品复杂度扩张的其中一类情形。

4. 车型广告投入数据

与先前研究一致,车型的广告投入数据来源于中国领先的市场研究公司——央视市场研究股份有限公司,该公司是中国国际电视总公司和 Kantar 集团合资的股份制企业。该公司调研监测网络覆盖中国 700 个城市,拥有超过 400 万自有及云样本,超过 42 万可监测在线行为的 PC 和移动高黏性样本。本节从该公司获取了不同车型的月度广告投入数据。具体来说,这些数据是车型(如丰田凯美瑞)每月的电视广告支出。运用当月该车型在电视广告投入金额衡量调节变量广告投入,电视作为大众获取新闻信息及娱乐传媒的主要来源,其展示的广告投放具有较好的代表性,同时进行了加1后取自然对数的线性变换,一方面可以缓解异方差性,另一方面也控制了异常值的影响。

5. 车型在线评论数据

类似的,本节研究从汽车之家平台获取车型的在线评论数据,该平台既包含消费者对车型的空间、动力、油耗、舒适性、外观、性价比等多属性的单一评价,亦包含对车型的整体评价。此外,每条在线评论均包含发布人信息、发布人类型(是否经过平台认证)、购买详情、发布日期、在线评分(范围为 1~5 分),以及具体的评价内容。本研究分别获取了 2012 年 10 月到 2014 年 12 月 50 款汽车的在线评论效价与在线评论差异两个维度进行刻画。

(三) 变量定义

1. 被解释变量

本研究共包含三个被解释变量。

从传统绩效角度出发,本研究的第一个被解释变量为车型的月销量 $[\ln(sale)_{it}]$,具体运用第 $t$ 月车型 $i$ 上牌照的数量衡量,同时进行取对数变换,以缓解异方差并控制异常值的影响(Greene,2008)。

本研究的第二个被解释变量为车型的生产成本,该模型旨在为基础模型提供一定的内在解释机制。由于数据的可获得性,无法直接获取每款车型的生产成本,因此本研究以间接方式对车型生产成本进行估算。参考 Bayus and Putsis (1999),以零售价(MSRP)作为生产成本代理变量。在此基础上,首先将车型价格作为被解释变量,在模型中控制所有可能影响车型价格的因素,例如品牌效应、广告投入(可以在一定程度上代表难以直接观测到的企业决策)、消费者的在线评分(可以在一定程度上代表不能直接观测到的消费者层面因素)。随后,估计该回归的残差值,作为生产成本的代理变量。本研究使用该代理变量的逻辑是,零售价格是由生产成本和一些其他因素的组合而形成的(Moreno and Terwiesch,2017),例如品牌效应、消费者的偏好和需求。通过剔除这些未观察到的因素进行估算,能在较大程度上从数值和变化两个方面刻画生产成本。

本研究的第三个被解释变量为消费者在线评论。这是基于数字化情境下,在线评论是企业和消费者关注的重要绩效指标和决策的重要依据。具体而言,在参照现有研究的基础上(Sun,2012;Liu,2006),本研究采用评论效价与评论差异两个维度刻画被解释变量:评论效价旨在展现评论信息的正(负)面程度及评价高低,运用2012年10月到2014年12月总体评论的均值衡量在线评论效价,总体在线评论包含消费者对空间、动力、操控、油耗、舒适性、外观、性价比等多因素的评价,消费者可以在1~5分范围内对不同的因素进行评价;在线评论差异旨在刻画评论评价信息的差异化和异质性特征,类似的,运用2012年10月到2014年12月消费者间在线评论的方差衡量评论差异。在样本中,评论效价的变动范围为3.62~4.67分,评论差异的变动范围为0.3~1.32分。

2. 解释变量

本研究的解释变量为车型的产品线种类(产品线宽度延伸程度)。目前学术界对产品线种类较为统一且经典的界定方式为Draganska and Jain(2005),该文采用品牌里同一款酸奶的不同口味衡量该款酸奶的产品线种类,这种衡量方式有利于控制母品牌效应。结合研究情境,本章参照上述文献做法,以该车型的款式数量衡量,车型下的款式数量越丰富,代表产品线种类越丰富;车型下的款式数量越少,则代表产品线种类越少。与前文一致,本章采用的是汽车公司其中一个车型(例如奥迪A4)下面的款式数量(例如奥迪A4 35 TFSI、40 TFSI、45 TFSI quattro等)衡量产品线种类延伸程度,而不是汽车公司(例如奥迪)的车型数量(例如奥迪A4、A6、A8等)。这是因为在产品层面进行产品线种类的测量,比在厂商层面进行产品线种类的测量能更好地控制厂商层面的不可观测因素。此外,产品线种类层面也有更多的差异性。在样本中,车型产品线种类的变动范围为1~18。

3. 调节变量

本研究的调节变量为复杂度延伸的内核属性和外延属性。参考制造商与消费者行为相关文献(Cacioppo et al.,1984;Cacioppo and Petty,1986;Tirole,1988)和精细加工模型,进而区分对生产商和消费者而言产品复杂度延伸时的两种不同路径:内核属性(中心属性)延伸与外延属性(边缘属性)延伸。具体而言,对于产品线的更新和扩张,一部分生产商会选择从核心功能和属性进行延伸,类似于发动机、油耗等;而另一部分生产商则会更偏好从边缘功能和属性进行延伸,例如提供更多的延伸选择或更多座椅配置的设计。而这样的情形在消费者购买决策中也得以验证,如解释水平理论提出,在决策过程中,有时消费者需要耗费大量的认知资源和动机进行决策,这是由于决策的对象是核心的、本质的和上位的;相反,有的决策对象是边缘的、外延的,此时消费者在进行决策时依靠外围线索而不需要耗费太多的认知资源。为更准确地区分汽车市场各类属性的特征及消费者偏好,本研究在中国最专业的在线智能调研平台 Credamo.com进行问卷调查,受访者包含 100 名 20 岁至 45 岁有购车经历的消费者或汽车爱好者对汽车的不同属性进行分类(内核属性与外延属性),按照被选属性的频次,确定了 10 个复杂度内核属性以及 12 个复杂度外延属性。

(1)产品线复杂度延伸的内核属性

结合问卷调查结果并参考经典文献 Mcevily and Chakravarthy(2002)、Barroso and Giarratana(2013)的衡量方式,本研究通过以下步骤衡量产品复杂度的内核属性:首先,问卷调研结果显示,汽车市场的内核属性包含车型的功率、发动机、变速箱、车身结构、油耗、底盘方向、车轮制动、主/被动安全装置、内部配置以及玻璃/后视镜配置。本研究通过计算每个时期每款车型 10 种属性的离散程度以构建产品复杂度的内核属性。然后,10 类属性分别按照样本从小到大的顺序排序,并均分为 10 份大小相等的区间;接着,计算出每一时期每类属性区间的 Berry 指数。最后,复杂度内核属性等于每一时期每类属性 Berry 指数加总,与 Barroso and Giarratana(2013)一致,我们也进行乘以 100 的处理。具体的,车型 $i$ 在 $t$ 时期的 Berry 指数计算公式为:

$$Berry\ Index_{it} = \left[1 - \sum_s \left(\frac{N_{ist}}{N_{it}}\right)^2\right] \times 100$$

其中:$N_{ist}$ 代表车型 $i$ 在 $t$ 时期 $s$ 区间市场提供的产品属性类别;而 $N_{it}$ 则代表车型 $i$ 在 $t$ 时期提供的所有产品属性总和。每一个属性的 Berry 指数变化区间为 0~100,如果属性类别是数值型的,例如车型油耗、最高车速,则按照上述步骤计算 Berry 指数。如果属性类别是分类型的,例如颜色、发动机等,本章将计算车型 $i$ 在 $t$ 时期 $s$ 区间市场提供的产品属性数量 $N_{ist}$ 占总数量 $N_{it}$ 的比重。

(2)产品线复杂度延伸的外延属性

类似的,问卷调研结果显示,车型的外部配置、空间大小、最高车速、车型轴距、挡位个数、辅助/操控配置、座椅配置、多媒体配置、灯光配置、空调/冰箱配置、选装包以及颜色的选项则属于复杂度延伸的外延属性。与上述步骤一致,本研究对外延属性延伸的复杂度进行测算,具体描述性统计结果详见表 2-13。

表 2 - 13                                                                    变量的描述性统计

| 变　　量 | 均　值 | 标准差 | 最小值 | 最大值 |
| --- | --- | --- | --- | --- |
| 被解释变量 | | | | |
| 　车型销量 | 5 532.27 | 5 576.35 | 1 | 31 597 |
| 　在线评论效价 | 4.22 | 0.19 | 3.62 | 4.67 |
| 解释变量 | | | | |
| 　产品线延伸 | 6.89 | 3.93 | 1 | 18 |
| 调节变量 | | | | |
| 　复杂度内核属性 | 17.90 | 28.06 | 0.28 | 160.08 |
| 　复杂度外延属性 | 33.61 | 37.27 | 0.10 | 178.84 |
| 控制变量 | | | | |
| 　油耗(L/100 km) | 7.52 | 0.98 | 5.73 | 10.13 |
| 　容积(m³) | 12.28 | 1.44 | 8.68 | 15.71 |
| 　功率 | 104.57 | 28.66 | 40 | 190 |
| 　价格(万元) | 16.71 | 11.68 | 4.66 | 61.96 |
| 　在线评论差异 | 0.20 | 0.05 | 0.07 | 0.45 |
| 　广告投入(百万元) | 5.80 | 15.10 | 0 | 189 |

4. 控制变量

为了更好地验证研究假设,在参照以往研究的基础上(Wu et al.,2019),本章主要设置如下控制变量:(1)车型的空间大小即长、宽、高;(2)车型的综合油耗年均值;(3)车型的最大功率年均值;(4)车型的零售价格(MSPR),并进行取自然对数的线性变换;(5)2012 年 10 月至 2014 年 12 月消费者的在线评论方差,这用于衡量并控制消费者异质性;(6)车型的广告金额投入,用于刻画企业层面的部分难以观测的因素。此外,由于不同的品牌、车型的质量差异和季节性特征等对汽车在线评论同样会产生影响,因此本章还控制了车型所属的品牌效应和时间效应。变量的描述性统计结果和相关性分析,具体情况请参见表2 - 13 和表 2 - 14。

表 2 - 14　　　　　　　　　　　主要变量相关性分析

| 变　　量 | 1 | 2 | 3 | 4 | 5 | 6 |
|---|---|---|---|---|---|---|
| 1. 车型销量 | 1.00 | | | | | |
| 2. 在线评论效价 | 0.39*** | 1.00 | | | | |
| 3. 产品线延伸 | 0.32*** | 0.12*** | 1.00 | | | |
| 4. 复杂度内核属性 | 0.09*** | 0.20*** | −0.06** | 1.00 | | |
| 5. 复杂度外延属性 | 0.23*** | −0.11*** | 0.06** | 0.25*** | 1.00 | |
| 6. 油耗 | 0.02 | 0.54*** | 0.08*** | 0.03 | −0.16*** | 1.00 |
| 7. 容积 | 0.11*** | 0.08*** | 0.20*** | 0.24*** | 0.15*** | 0.05* |
| 8. 功率 | 0.28*** | 0.69*** | 0.11*** | 0.17*** | −0.11*** | 0.54*** |
| 9. 价格 | 0.32*** | 0.56*** | 0.08*** | 0.16*** | −0.03 | 0.35*** |
| 10. 广告投入 | 0.25*** | 0.26*** | 0.17*** | 0.10*** | 0.02 | 0.08*** |
| 11. 在线评论差异 | −0.18*** | −0.82*** | −0.08*** | −0.09*** | 0.09*** | −0.47*** |
| 变　　量 | 7 | 8 | 9 | 10 | 11 | |
| 7. 容积 | 1.00 | | | | | |
| 8. 功率 | −0.02 | 1.00 | | | | |
| 9. 价格 | 0.02 | 0.83*** | 1.00 | | | |
| 10. 广告投入 | 0.06** | 0.23*** | 0.26*** | 1.00 | | |
| 11. 在线评论差异 | 0.03 | −0.67*** | −0.50*** | −0.16*** | 1.00 | |

## (四) 模型设定

本研究从生产厂商层面进行分析,验证产品种类对市场销量的影响(假设9),以及不同的复杂度扩张方式(内核属性与外延属性)对主效应的影响(假设12a 和假设 12b)。为验证上述假设,本研究首先构建模型(7):

$$\ln(Sale_{jt}) = \beta_0 + \beta_1 \, PLB_{jt} + \beta_2 \, PLC\_Central_{jt} + \beta_3 \, PLC\_Peripheral_{jt}$$
$$+ \beta_4 \, PLB_{jt} \times PLC\_Central_{jt} + \beta_5 \, PLB_{jt} \times PLC\_Peripheral_{jt}$$
$$+ \beta_6 \ln(AD_{jt}) + \beta_7 \, AWOM_{jt} + \beta_8 \, VWOM_{jt} + \beta_9 \, X_{jt} + \xi_{jt} + \varepsilon_{jt} \quad (7)$$

其中：$j$ 代表不同的车型；$t$ 代表不同的月份；被解释变量 $Sale_{jt}$ 代表车型 $j$ 在 $t$ 时的销量；解释变量 $PLB_{jt}$ 代表车型 $j$ 在 $t$ 时的产品种类；$PLC\_Central_{jt}$ 代表车型 $j$ 在 $t$ 时的产品线内核属性的延伸方式；类似的，$PLC\_Peripheral_{jt}$ 则代表给定车型 $j$ 与时间 $t$ 的外延属性延伸方式；$AD_{jt}$ 代表车型 $j$ 在 $t$ 时的广告投入金额，为缓解异方差并控制异常值的影响，进行加 1 后取对数的线性变换；$AWOM_{jt}$ 和 $VWOM_{jt}$ 分别代表车型 $j$ 在 $t$ 时的在线评论效价与在线评论差异，具体包含消费者对汽车空间、动力、操控、油耗、舒适性、外观、性价比等不同类别的评价。本研究控制在线评论特征可以更好地刻画一些不可观测因素，如车型的质量和受欢迎程度。$X_{jt}$ 为车型固定效应与时间固定效应，其中既包含可以观测的特征（例如车型的功率、油耗、容积等特征变量），同时也包含一些不可观测的特征（如车型质量水平、所属品牌形象等）。此外，本研究控制了 $\delta_{jy}$ 以试图解决部分内生性问题（如车型的价格可能与一些不可观测因素相关）；$\varepsilon_{jt}$ 为残差项。

类似的，本研究同样关注另一个重要的厂商层面的变量——生产成本，并构建模型(8)：

$$Cost_{jt} = \gamma_0 + \gamma_1 \, PLB_{jt} + \gamma_2 \, PLC\_Central_{jt} + \gamma_3 \, PLC\_Peripheral_{jt}$$
$$+ \gamma_4 \, PLB_{jt} \times PLC\_Central_{jt} + \gamma_5 \, PLB_{jt} \times PLC\_Peripheral_{jt}$$
$$+ \gamma_6 \ln(AD_{jt}) + \gamma_7 \, AWOM_{jt} + \gamma_8 \, VWOM_{jt} + \gamma_9 \, X_{jt} + \xi_{jt} + \varepsilon_{jt} \quad (8)$$

其中：被解释变量 $Cost_{jt}$ 代表车型 $j$ 在 $t$ 时的生产成本，其余变量含义和具体包含的类别与上述一致。$\gamma_1$ 用于测量产品种类对生产成本的影响（假设 10），$\gamma_4$ 测量产品种类与产品复杂度内核属性交互项对生产成本的影响（假设 13a），类似的 $\gamma_5$ 则测量产品种类与产品复杂度外延属性交互项对生产成本的影响（假设 13b）。

本研究关注消费者行为层面的绩效变量。众所周知，在数字化情境下，传统广告的重要性与影响力相对受到冲击与削弱，在线评论是消费者用以决策的重要依据以及推动需求的重要因素（Sethuraman et al.，2011；Liu et al.，2018）。随着平台经济的发展，企业已经意识到在线评论的重要性，尤其是在线评论的效价,以试图花费高额成本管理并推动在线评论(Moorman,2014)。因此,本研究将在线评论效价作为第三个重要的被解释变量。

$$AWOM_{jt} = \alpha_0 + \alpha_1 \, PLB_{jt} + \alpha_2 \, PLC\_Central_{jt} + \alpha_3 \, PLC\_Peripheral_{jt}$$
$$+ \alpha_4 \, PLB_{jt} \times PLC\_Central_{jt} + \alpha_5 \, PLB_{jt} \times PLC\_Peripheral_{jt}$$
$$+ \alpha_6 \ln(AD_{jt}) + \alpha_7 \ln(Sale_{jt}) + \alpha_8 VWOM_{jt} + \alpha_9 X_{jt} + \xi_{jt} + \varepsilon_{jt} \quad (9)$$

类似地,被解释变量 $AWOM_{jt}$ 代表车型 $j$ 在 $t$ 时的在线评论效价,其余变量含义与具体包含的类别与上述一致。$\alpha_1$ 用于测量产品种类对在线评论的影响(假设 11),$\alpha_4$ 衡量产品种类与产品复杂度内核属性交互项对在线评论效价的影响(假设 14a),而 $\alpha_5$ 则测量产品种类与产品复杂度外延属性交互项对在线评论效价的影响(假设 14b)。

(五) 相关性分析结果

表 2 - 14 是主要变量间的相关性分析结果,具体而言,在线评论差异与产品线延伸,广告投入以及汽车的功率、油耗、容积特征变量显著负相关,同时与汽车价格和销量也为显著负相关;而在线评论效价与产品线延伸,广告投入,汽车的功率、油耗、容积、价格和销量均显著正相关;此外,产品线延伸与广告投入、价格、销量显著正相关;广告投入与汽车价格和销量也分别为显著正相关。值得注意的是,产品线延伸与其他解释变量广告投入和控制变量如功率、油耗、容积等的相关性都较低,这样更有利于模型参数的识别和估计。

## 三、实证结果

### (一) 基本结果(产品线延伸的作用)

使用模型(7)估计产品线延伸对市场销量的影响,结果如表 2 - 15 中的第(1)列所示,在控制车型和时间的固定效应后,产品线延伸显著地正向影响市场销量($\beta_1 = 0.0673$, $p < 0.01$)。以上结果表明,平均而言,产品线每延伸 1 个产品种类,将推动市场销售份额增加约 0.0673 个百分点。此研究结论与现有文献(Bayus and Putsis,1999;Moreno and Terwiesch,2017)保持一致。因此假设 9 得以验证。此外,由于现有研究已经验证了此主效应,因此主效应并非本研究的主要贡献,而是针对后续假设的基本结果,本研究与现有文献相比的主要边际贡献如前文所示。

根据模型(8)验证产品线延伸对生产成本的影响以验证假设 10,参考

Moreno and Terwiesch(2017),生产成本是制造商层面关注的另一个重要指标。但囿于二手数据的可获得性,生产成本难以直接获取,故采用上文中提出的估计方法,即以车型的零售价格为基准,剔除影响车型价格的其他因素,例如品牌效应和广告效应,以作为生产成本的代理变量。结果如表 2 - 15 第(2)列所示,即包含产品线延伸,通过内核属性延伸的复杂度,通过外延属性延伸的复杂度,以及它们与产品线延伸的交互、车辆的特征、车型和年份的固定效应。如表 2 - 15 所示,产品线延伸的回归系数为负且不显著,但交互效应显著,表明假设 10 没有通过检验。对于产品线延伸方式对生产成本的影响,本研究更多探究其交互效应层面的影响。

根据模型(9)验证本研究中假设 11,即产品线延伸对在线评论效价的影响。如上文中提及,随着数字经济的发展,仅关注传统绩效存在一定的局限性,而数字绩效亦具有重要的意义,例如在线评论效价。类似的,基于全模型进行分析(与上述一致),结果如表 2 - 15 第(3)列所示,产品种类的延伸会显著地负向影响在线评论的效价($\alpha_1 = -0.029\,4$,$p < 0.01$)。数值结果显示:平均而言,产品种类每扩张 1 个单位,将会导致在线评论的效价降低约 0.029 4。其中,潜在的解释机制是当消费者面临选择过多时,选择的难度会增加。一方面,选项增加,各选项间差异会缩小;另一方面,过多的选择导致信息过载,消费者需要耗费更多的认知资源进行决策,进而使消费者产生迷茫困惑的情绪(Iyengar and Lepper,2000;Tan et al.,2017)。因此,产品种类越丰富,反而可能会诱发消费者的负面情绪和反馈,进而降低整体的在线评论效价(Tan et al.,2017)。因此,假设 11 得以验证。

(二) 产品线复杂度对销量的影响

为验证复杂度内核属性延伸与复杂度外延属性延伸对销量的不同影响,本研究用模型(7)中的 $\beta_4$ 与 $\beta_5$ 进行刻画,即交互项的系数。结果如表 2 - 15 第(1)列所示,与假设一致,在控制车型固定效应与时间固定效应后,给定产品种类,从产品线复杂度的内核属性扩张产品种类会削弱产品种类对销量的正向作用($\beta_4 = -0.001\,6$,$p < 0.001$);相反,从产品线复杂度的外延属性扩张产品种类会强化产品种类对销量的正向作用($\beta_5 = 0.000\,5$,$p < 0.1$)。由此,假设 12a 与假设 12b 得以验证。此结果表明,尽管内核属性(例如发动机)延伸与更新对市场销量有积极影响,且对厂商和消费者都具有重要的意义,但是扩张复杂度内

核属性的延伸方式带给销量的积极影响是边际递减的,且边际递减较快,而扩张外延属性的延伸方式带给销量的积极影响则是递增的。该结论潜在的解释机制:内核属性功能的延伸与更新在一定程度上逐渐可以满足大多数消费者,故消费者对复杂度内核属性的需求是边际递减的;相较之,外延属性的延伸则更多地满足了消费者的异质性,更好地吸引更多消费者进入,进而增加了市场销量。

### (三) 产品线复杂度对生产成本的影响

同样,为验证从厂商层面复杂度内核属性延伸与复杂度外延属性延伸对生产成本的不同影响,运用模型(8)中与产品种类的交互项系数 $\gamma_4$ 与 $\gamma_5$ 进行刻画。结果如表 2-15 第(2)列所示,从产品线复杂度的内核属性进行延伸,会增大产品种类对生产成本的影响($\gamma_4 = 0.0003$,$p < 0.01$),即给定已有产品种类,从产品复杂度的内核属性进行扩张(例如优化发动机),会加大产品种类延伸带来的生产成本;相反,从产品复杂度的外延属性进行延伸,会抑制(降低)产品种类延伸对生产成本的影响($\gamma_5 = -0.0001$,$p < 0.01$),这表明给定已有的产品种类,从产品复杂度的外延属性进行延伸(例如提供更多颜色的选择)会缓和产品种类的延伸带来的生产成本。这一结论与现实预期一致,验证了假设 13a 与假设 13b,同时也为假设 12a 与假设 12b 提供了内在的解释机制。具体而言,生产和更新内核属性,如汽车的发动机或手机的芯片等,属于高新技术研发,需要耗费更多的成本才能得以实现。而对于外延属性的延伸和升级,如汽车或手机的颜色等,更多属性产品线批量的延伸,所需生产成本较低,同时可以借助于专业化、集聚化形成生产规模,从而降低生产成本。综上,假设 13a 与假设 13b 得以验证。

### (四) 产品线复杂度对在线评论的影响

为验证从消费者行为层面复杂度内核属性延伸与复杂度外延属性延伸对在线评论的不同影响,运用模型(9)中复杂度内核属性和复杂度外延属性与产品种类延伸的交互系数 $\alpha_4$ 及 $\alpha_5$ 进行刻画。实证结果如表 2-15 第(3)列所示,产品种类延伸与产品线复杂度内核属性的交互项显著负向影响在线评论($\alpha_4 = -0.0004$,$p < 0.01$)。这表明,从内核属性延伸产品线复杂度会对产品种类与在线评论的负相关主效应产生强化作用。该结论亦与已有研究结论保持一致(Chernev,2005),其解释逻辑为,内核属性为重要的、本质的属性,其影响生产成本,故也与零售价格具有较强的正向相关性。因此,消费者在购买和选择内核属

性延伸产品过程中需要付出相对较高的金钱与时间成本,随着选择的增加,消费者推迟选择的概率也会增加,由此消费者在权衡与决策产品的过程中使得效用较低,进而负向调节产品种类对在线评论的影响(周末 等,2021)。与之相反,产品种类与产品线复杂度外延属性的交互项显著地正向影响在线评论($\alpha_5 = 0.001$,$p < 0.01$)。该结论表明,从外延属性扩张产品线复杂度会对产品种类与在线评论的主效应(负相关)产生缓和作用。其可能的解释为,随着外延属性的扩张,能够覆盖更多的消费者,消费者异质性得以较好地满足,从而更易与自身偏好相匹配,延迟决策概率降低。此外,外延属性延伸成本相对较低,消费者不需要付出高额的金钱与时间成本,由此,消费者在权衡与决策产品的过程中难度更小,并产生较高的效用,进而实现正向调节(缓和)产品种类延伸对在线评论的负向影响(周末 等,2021)。因此,假设 14a 与假设 14b 得以验证。

表 2 - 15　　　　产品线复杂度对销量、生产成本以及在线评论的影响

| 变量 \ 模型 | (1) 模型(7) | (2) 模型(8) | (3) 模型(9) |
| --- | --- | --- | --- |
| | 销　量 | 生产成本 | 在线评论 |
| 产品线延伸 | 0.067 3*** (0.011 4) | −0.000 5 (0.002 1) | −0.029 4*** (0.004 1) |
| 复杂度内核属性 | 0.011 9*** (0.002 9) | −0.002 1*** (0.000 5) | 0.006 0*** (0.001 0) |
| 复杂度外延属性 | 0.005 5** (0.002 6) | 0.001 2** (0.000 5) | −0.011 7*** (0.000 9) |
| 产品线延伸×复杂度内核属性 | −0.001 6*** (0.000 4) | 0.000 3*** (0.000 1) | −0.000 4*** (0.000 1) |
| 产品线延伸×复杂度外延属性 | 0.000 5* (0.000 3) | −0.000 1*** (0.000 05) | 0.001 0*** (0.000 1) |
| 油耗 | −0.537 0*** (0.041 1) | 0.068 9*** (0.007 7) | 0.199 4*** (0.014 7) |
| 容积 | 0.140 8* (0.072 7) | −0.066 4*** (0.013 3) | 0.029 2 (0.026 1) |
| 功率 | 0.027 4*** (0.002 5) | 0.006 4*** (0.000 4) | −0.007 0*** (0.000 9) |

| 模型<br>变量 | （1）<br>模型（7）<br>销　量 | （2）<br>模型（8）<br>生产成本 | （3）<br>模型（9）<br>在线评论 |
|---|---|---|---|
| 价格 | −0.769 9***<br>(0.106 1) | | 0.377 0***<br>(0.037 4) |
| 广告投入 | 0.094 1***<br>(0.006 9) | −0.028 9***<br>(0.001 3) | 0.004 8*<br>(0.002 6) |
| 在线评论效价 | 6.361 8***<br>(0.365 2) | −1.449 8***<br>(0.069 8) | |
| 在线评论差异 | 14.406 0<br>(1.257 8) | 3.643 5***<br>(0.226 1) | −12.699 5***<br>(0.320 8) |
| 销量 | | | 0.154 5***<br>(0.008 9) |
| 常数项 | −19.808 9***<br>(1.659 8) | 3.653 7***<br>(0.316 5) | −0.436 5**<br>(0.176 6) |
| 车型固定效应 | 是 | 是 | 是 |
| 时间固定效应 | 是 | 是 | 是 |
| $R^2$ | 0.582 1 | 0.776 7 | 0.827 5 |
| 观测值 | 1 350 | 1 350 | 1 350 |

注：***$p < 0.01$；**$p < 0.05$；*$p < 0.1$。

## 四、稳健性检验

### （一）扩大车型样本更换广告投入衡量方式

随着数字化时代的发展和新媒体的应运而生，为避免因样本数据选取导致结果偏误，本研究在汽车之家等平台继续搜集了 2015—2019 年 50 款车型的数据进行稳健性检验。同时，考虑到数字化时代的发展导致新的研究情境不断涌现，该部分选取百度指数作为广告投入的代理变量，验证假设 9 至假设 14b。如前文，百度指数是用于揭示某个关键词在百度的搜索及资讯规模，一段时间内的涨跌态势以及相关的新闻舆论变化。旨在反映用户与媒体关注度、跟踪新闻事件、预知媒体广告热点，并掌握商机。本研究认为运用百度指数作为广告投入的代理变量具有较好的代表性(Kim and Hanssens,2017)。类似的,本研究对百度指数进行了加 1 后取自然对数的线性变换,一方面可以缓解异方差性,另一方面也控制了异常值的影响。

与前述基础模型一致,我们分别从制造商层面与消费者行为层面进行稳健性检验。该部分重点关注产品种类与产品复杂度内核属性与外延属性的交互作用对市场销量、生产成本以及在线评论的影响。首先分析交互效应对市场销量的影响,结果如表 2-16 第(1)列所示,从产品复杂度内核属性延伸会负向调节产品种类对市场销量的影响($\beta_4 = -0.000\,5$,$p < 0.01$);而产品线复杂度外延属性的总效应系数为正,且在统计上显著($\beta_5 = 0.000\,3$,$p < 0.01$)。结论与基础模型保持一致,假设 12a 与 12b 得以验证。随后,检验产品线复杂度延伸的不同策略对生产成本的影响。结果如表 2-16 第(2)列所示,产品种类与产品复杂度内核属性的交互作用对生产成本具有正向的影响($\gamma_4 = 0.003\,9$,$p < 0.01$),与基础模型结果一致,假设 13a 得以验证;相反,产品种类与产品复杂度外延属性的交互作用对生产成本具有负向影响($\gamma_5 = -0.001\,7$,$p < 0.01$),这表明从外延属性延伸产品种类可以通过形成专业化和规模化,以实现降低生产成本。因此假设 13b 得以验证。最后,与基础模型结构一致,对消费者行为层面的重要变量在线评论进行检验。结果如表 2-16 第(3)列所示,复杂度内核属性与产品种类交互项系数显著为负($\alpha_4 = -0.000\,03$,$p < 0.01$),而复杂度外延属性与产品种类交互项系数为正,且统计显著($\alpha_5 = 0.000\,04$,$p < 0.01$)。该结论表明,通过延伸复杂度内核属性,会加强由于产品种类扩张而导致的在线评论降低的效果;而倘若延伸复杂度外延属性,会缓和主效应的负向作用。稳健的结果与前文结果一致,因此,假设 14a 与 14b 得以验证。

### (二) 更换产品线复杂度的测量方式

现有研究对产品线复杂度的测量方式较为丰富,为避免对产品单一的复杂度衡量方式导致结果的偏误,参考已有研究 Xiang et al.(2008)和 Piazzai and Wignberg(2019),本研究运用马氏距离(Mahalanobis Metric)衡量产品线复杂度。马氏距离旨在有效地计算样本集之间的相似度。该衡量方式的合理之处在于,产品线复杂度与产品属性间的异质性程度具有较高的相关性(Barroso and Giarratana,2013)。具体而言,如果车型的属性选项间具有较大的异质性,则该车型的复杂度较高;而当车型的属性选项间异质性程度较低时,则代表该车型的

表2-16 稳健性检验

| 模型识别 | 扩大车型样本更换广告投入衡量方式 | | | 剔除小众属性样本 | | | 改变产品复杂度的衡量方式 | | |
|---|---|---|---|---|---|---|---|---|---|
| | (1) | (2) | (3) | (4) | (5) | (6) | (7) | (8) | (9) |
| 被解释变量 | 市场销量 | 生产成本 | 在线评论 | 市场销量 | 生产成本 | 在线评论 | 市场销量 | 生产成本 | 在线评论 |
| 产品种类 | 0.072 8*** (0.010 3) | −0.064 0*** (0.020 8) | 0.002 7*** (0.000 6) | 0.069 4*** (0.011 4) | −0.000 6 (0.002 1) | −0.005 5*** (0.000 8) | −0.051 0* (0.027 3) | 0.017 2*** (0.003 8) | −0.005 6*** (0.001 6) |
| 产品复杂度内核属性 | 0.009 0*** (0.001 1) | −0.021 2*** (0.002 3) | 0.000 9*** (0.000 1) | 0.014 1*** (0.003 1) | −0.002 0*** (0.000 6) | 0.001 1*** (0.000 2) | 0.049 4** (0.025 2) | −0.013 0*** (0.003 6) | 0.010 8*** (0.001 5) |
| 产品复杂度外延属性 | 0.004 3*** (0.001 0) | −0.013 2*** (0.001 9) | −0.000 02 (0.000 05) | 0.005 0* (0.002 6) | 0.001 1** (0.000 5) | −0.002 1*** (0.000 2) | −0.154 5*** (0.021 2) | 0.041 3*** (0.002 9) | −0.014 0*** (0.001 3) |
| 产品种类× 复杂度内 核属性 | −0.000 5*** (0.000 1) | 0.003 9*** (0.000 2) | −0.000 03*** (0.000 01) | −0.001 8*** (0.000 4) | 0.000 3*** (0.000 1) | −0.000 1** (0.000 03) | −0.006 1*** (0.002 3) | 0.001 6*** (0.000 3) | −0.000 8*** (0.000 1) |
| 产品种类× 复杂度外 延属性 | 0.000 3*** (0.000 1) | −0.001 7*** (0.000 2) | 0.000 04*** (0.000 01) | 0.000 6** (0.000 3) | −0.000 1* (0.000 05) | 0.000 2*** (0.000 02) | 0.018 2*** (0.002 2) | −0.003 6** (0.000 3) | 0.001 4*** (0.000 1) |
| 油耗 | −0.546 2*** (0.037 8) | −0.781 9*** (0.079 1) | 0.038 9*** (0.002 1) | −0.535 5*** (0.041 2) | 0.069 1*** (0.007 7) | 0.037 8*** (0.002 8) | −0.401 1*** (0.050 5) | 0.058 1*** (0.007 6) | 0.038 7*** (0.003 0) |
| 容积 | 0.451 2*** (0.058 0) | −0.009 2 (0.117 9) | 0.010 6*** (0.003 2) | 0.139 1* (0.072 7) | −0.066 5*** (0.013 3) | 0.005 3 (0.004 9) | 0.571 9*** (0.095 8) | −0.120 7*** (0.013 7) | −0.013 8** (0.005 6) |
| 功率 | −0.008 1*** (0.002 0) | 0.072 9*** (0.003 8) | 0.001 2*** (0.000 1) | 0.027 2*** (0.002 5) | 0.006 4*** (0.000 4) | −0.001 3*** (0.000 2) | 0.026 3*** (0.003 4) | 0.005 3*** (0.000 4) | −0.000 8*** (0.000 2) |

| 模型识别 | 扩大车型样本更换广告投入衡量方式 | | | 剔除小众属性样本 | | | 改变产品复杂度的衡量方式 | | |
|---|---|---|---|---|---|---|---|---|---|
| | (1) | (2) | (3) | (4) | (5) | (6) | (7) | (8) | (9) |
| 被解释变量 | 市场销量 | 生产成本 | 在线评论 | 市场销量 | 生产成本 | 在线评论 | 市场销量 | 生产成本 | 在线评论 |
| 价 格 | 0.055 6*** (0.004 3) | 16.807 8*** (0.177 0) | −0.002 0*** (0.000 2) | −0.769 1*** (0.106) | 0.620 7*** (0.016 6) | 0.070 5*** (0.007 1) | −0.059 2 (0.137 2) | 0.572 1*** (0.015 2) | 0.085 4*** (0.008 0) |
| 广告投入 | 0.227 3*** (0.021 8) | −0.166 9*** (0.042 2) | 0.014 7*** (0.001 2) | 0.093 3*** (0.006 9) | −0.028 8*** (0.001 3) | 0.000 9* (0.000 5) | 0.099 0*** (0.009 2) | −0.020 9*** (0.001 3) | −0.001 0* (0.000 6) |
| 销 量 | | | 0.006 1*** (0.000 8) | | | 0.029 3*** (0.001 7) | | | 0.024 4*** (0.001 7) |
| 在线评论效价 | 1.722 2*** (0.275 3) | −26.381 6*** (0.561 3) | | 6.352 9*** (0.363 9) | −1.459 2*** (0.069 6) | | | −1.249 8*** (0.065 7) | |
| 在线评论差异 | 4.571 7*** (0.987 4) | 73.873 7*** (1.942 9) | | 14.355 1*** (1.256 5) | 3.622 3*** (0.226 1) | | 2.182 5* (1.185 9) | 3.617 4*** (0.204 9) | |
| 常数项 | 1.424 2 (1.190 2) | 52.557 6*** (2.479 9) | 4.060 5*** (0.023 0) | −19.753 1*** (1.653 7) | 3.699 4*** (0.315 7) | 4.137 2*** (0.033 4) | 6.990 7*** (0.576 5) | 2.817 8*** (0.288 3) | 4.048 3*** (0.035 5) |
| 车型-时间固定效应 | 是 | 是 | 是 | 是 | 是 | 是 | 是 | 是 | 是 |
| $R^2$ | 0.449 9 | 0.857 9 | 0.765 3 | 0.581 9 | 7 762 | 0.826 3 | 0.450 4 | 0.823 7 | 0.826 |
| 观测值 | 4 263 | 4 350 | 4 263 | 1 350 | 1 350 | 1 350 | 1 215 | 1 215 | 1 215 |

注：***$p<0.01$；**$p<0.05$；*$p<0.1$。

复杂度较低(Piazzai and Wignberg,2019)。结合本章的研究情境,与基础模型中识别一致,我们首先将车型属性区分为产品复杂度内核属性和外延属性,基于此,借用马氏距离的衡量方式,通过测算空间坐标中协方差,来度量车型属性间的空间距离。随后计算车型-年份成本每类属性的质心,以获取车型-时间层面的马氏距离。最后相应的,分别计算出复杂度内核属性与外延属性的马氏距离,并检验其与产品种类延伸的交互作用对市场销量、生产成本以及在线评论的影响,具体结果如表2-16第(4)至(6)列所示,结果与基本结果保持一致。

### (三) 剔除小众样本

此外,中国汽车市场及延伸策略分布范围广泛,具有一定的极值性特征。为了避免本章的实证结果被扩散策略中产品线复杂度极宽或极窄情形的车型影响进而导致结果偏误,故在此稳健性检验中,我们将产品线策略(种类和复杂度)低于1%和高于99%的车型扩散小众策略剔除,并对模型进行重新估计。实证结果如表2-16第(7)至(9)列所示。同样,结果与基础分析结果保持一致。

## 五、数值分析

尽管本研究的相关假设已经在上述实证部分得以验证,并得出稳健的研究结果,但是,上述结论均以静态形式呈现,即在各变量均值处的变动。为了更清晰地动态化和图示化研究结论,本节将通过运用二手数据进行动态仿真分析,以探究产品线延伸策略的动态演化机制。

为分析产品线不同延伸策略对销量的动态变化机制,与实证部分保持一致,本研究将从三个维度进行探讨。

首先,考虑产品种类延伸与产品线复杂度内核属性同时变动,而产品复杂度外延属性保持在均值处不变,在现实案例中,例如仅通过延伸发动机、油耗等属性以实现产品种类的扩张。具体经验证据如表2-17所示,结果如图2-8所示。

表2-17 产品线复杂度属性延伸案例

| 案 例 | 车 型 | 产品线复杂度延伸 | 细 节 |
|---|---|---|---|
| 1 | 奥迪 Q5L 40 TFSI | 内核属性 | 相较于 Q5L 40 TFSI 和 45TFSI,产品线延伸至更好的发动机,更大的动力和更快的车速。此外,其他属性保持不变 |

| 案例 | 车　型 | 产品线复杂度延伸 | 细　　节 |
|---|---|---|---|
| 2 | 凯美瑞 2.5G | 外延属性 | 相较于凯美瑞 2.5G,凯美瑞 2.0Q 从方向盘记忆、座椅配置、媒体配置和后视镜功能进行延伸,而其他属性保持不变 |
| 3 | 大众 Passat | 属性重组 | 相较于 Passat 2020,Passat 2021 拥有相同的产品线宽度,但对原有属性进行了重组 |

如图 2-8 所示,将产品种类延伸与产品线复杂度内核属性分为三个部分:产品种类较为单一(-1 SD)、产品种类位于均值处(0 SD),以及产品种类较为丰富(1 SD);类似的,内核属性延伸复杂度较低(-1 SD),均值处的复杂度内核属性延伸(0 SD),内核属性延伸复杂度较高(1 SD)。图 2-8 表明,给定在均值处的产品种类,从内核属性延伸产品线的复杂度会对销量产生倒 U 形影响,这意味着当产品线从复杂度内核属性延伸时对销量的影响先增加后减少,这表明在现实中,产品种类和产品线复杂性的内核属性延伸会对销量产生一定的正向作用,但当通过内核属性对复杂度扩张更新到一定程度之后,其对销量的影响反而会下降。这再次验证并支持假设 12a。此外,给定产品内核属性,即仅从产品种

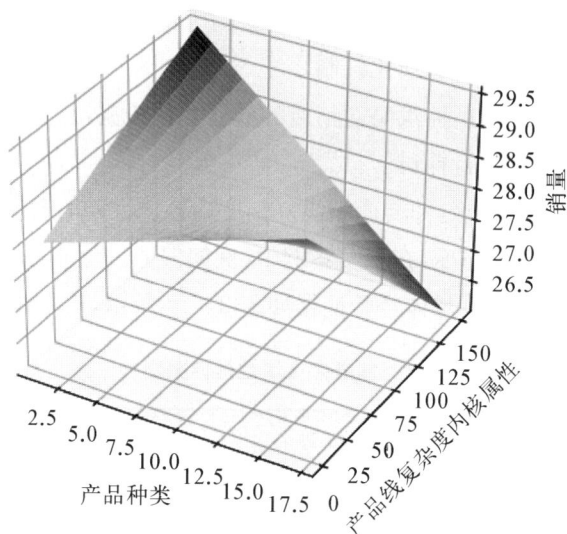

图 2-8　产品种类与产品线复杂度内核属性对销量的影响

类层面延伸与拓展,此时当产品内核属性复杂度较高时,扩张产品种类会导致销量下降;相反,当此时产品内核属性复杂度较低时,扩张产品种类会使得销量上升。若企业同时扩张产品种类与产品内核属性的复杂程度,销量会先递增随后递减。

接着,本研究进行产品种类与产品线复杂度外延属性延伸的动态分析。具体而言,考虑当产品种类与产品线复杂度外延属性同时变动,而产品复杂度内核属性保持在均值处不变,在现实案例中,例如仅通过拓宽颜色、座椅配置等属性以实现产品种类的扩张,结果如图2-9所示。

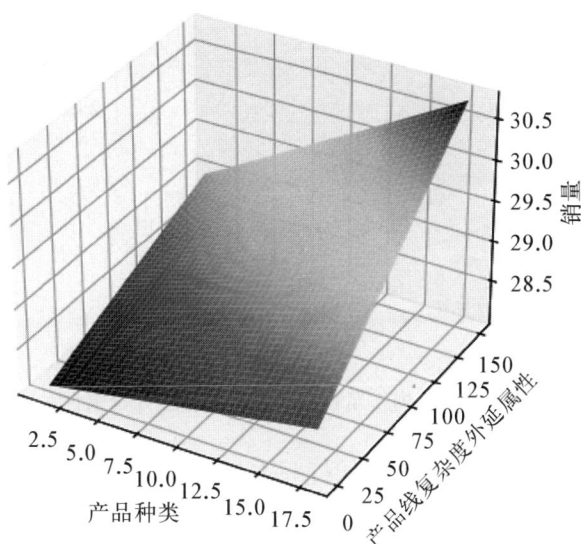

图2-9 产品种类与产品线复杂度外延属性对销量的影响

与前文一致,分别将产品种类与产品线复杂度外延属性分为三部分分析,即均值处以及均值上下一个单位的标准差。图2-9表明,给定在均值处的产品种类,从外延属性延伸产品线的复杂度会对销量产生正向影响,这表明在现实中,产品种类和产品线复杂性的外延属性延伸会对销量产生促进作用。此外,给定产品外延属性,即仅从产品种类层面延伸与拓展,销量会增加。具体而言,当产品外延属性复杂度较高时,扩张产品种类会使得销量增加更迅速;而当产品外延属性复杂度较低时,扩张产品种类依旧会使得销量上升,但速度较为缓慢。图2-9显示,同时扩张产品线宽度与外延属性复杂度,销量递增,且增速上升。而在本研究情境中,最优策略为产品种类处于均值(上下标准差),延伸外延复杂度。上述结论也再次验证并支持假设 4b。

最后,本研究还进行了产品线复杂度内核属性与产品线复杂度外延属性延伸的动态分析。具体而言,考虑当产品复杂度内核属性与产品线复杂度外延属性同时变动,而产品种类保持在均值处不变,现实案例如表 2 - 17 所示,结果如图 2 - 10 所示。

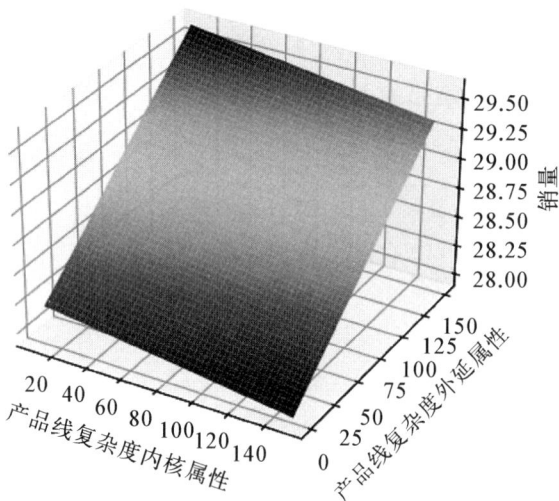

图 2 - 10　产品线复杂度内核属性与产品线复杂度外延属性对销量的影响

类似地,在产品线复杂度内核属性与产品线复杂度外延属性的均值处以及均值上下一个单位的标准差处进行动态数值分析。图 2 - 10 表明,当产品线复杂度内核属性延伸,外延属性缩小时,销量先增加后降低;当产品线复杂度内核属性缩小,外延属性扩张时,销量增加;而当产品线复杂度内核属性与外延属性同时扩张时,销量会先上升后下降。这些趋势说明在现实中,若不改变产品种类数量,最优策略是合理的控制内核属性延伸如 25～30 区间,而充分地延伸复杂度的外延属性。

## 六、研究结论与实践启示

### (一) 研究结论

产品线多样化是理论研究和企业竞争策略中核心但具有争议性的问题。实证部分结果显示,本研究提出的核心假设都得以显著性统计支持验证,并通过了稳健性检验。基于解释水平理论与前景理论,研究发现:产品线种类的增加会显著地正向影响企业销量,但对在线评论效价有显著的负向影响,这也再次验证了现有文献的研究结论。本章的核心发现是,通过引入产品线复杂度,并基于汽车产业的不同属性,根据解释水平理论框架以及预问卷调查,将不同的属性差异化区分为内核属性(也称为首要属性)和外延属性(也称为第二属性)两种不同形式,并结合汽车产业的二手数据验证了两种不同的延伸策略对企业和消费者层面的不同影响,具体而言是对市场销量、生产成本以及在线评论的不同影响。本研究得出了较为有趣的结论:

第一,从企业层面出发,通过延伸内核属性方式扩张产品线种类会削弱产品线种类对销量的积极影响,换言之,扩张复杂度内核属性的延伸方式带给销量的积极影响是边际递减的,且边际递减较快。该结论内在的解释机制:随着内核属性功能的延伸与不断更新,在一定程度上逐渐可以满足大多数消费者,一味地进行无限制持续延伸对绝大多数消费者而言可能会产生不合理选择效应,因此消费者对复杂度内核属性的需求是边际递减的;相反,通过延伸外延属性方式扩张产品线种类会强化产品线种类对销量的积极影响,换言之,扩张复杂度外延属性的延伸方式对提升企业销量有促进作用,这是因为,扩张外延属性更多时候能够提供给消费者平行或差异化较小的选择,更有助于满足消费者异质性,吸引更多消费者并拓宽市场。此外,对于消费者而言,外延属性或第二属性更多时候有个性化的明确偏好,并不必花费过多的认知资源和成本进行购买决策,大多数时候是明确且轻松的,从而有利于促进消费者的购买行为。

第二,本节研究继续从企业层面出发,发现通过延伸内核属性方式扩张产品线种类,会加强产品线种类对生产成本的影响,换言之,延伸内核属性扩张产品线会加大产品线种类带来的生产成本,这是由于内核属性的延伸大多需要核心技术,研发人员等需要大量的投资才能得以实现,这也与实际中经验证据一致;相反,通过延伸外延属性方式扩张产品线种类会减缓产品线种类对生产成本带来的影响,这是因为,外延属性更多是为消费者提供一种平行化选择或选择间差异较小,更新或延伸不需要付出太多的生产成本。而当产品线从单一化生产延伸到两种以上生产时,会产生范围经济和规模效应,其平均生产成本会下降。同时,假设13a和假设13b(对生产成本的影响)也为上述结论(对销量的影响)提供了很好的内在解释机制。

第三,从消费者层面出发,通过延伸内核属性方式扩张产品线种类会强化产品线种类对在线评论的消极影响,换言之,扩张复杂度内核属性的延伸方式会导致在线评论效价加速降低。该结论内在的解释机制：内核属性所需专业领域知识较强，当其过度延伸时，会导致消费者由于接收现有信息过载而使信息变得复杂模糊，对记忆中已有知识信息迅速提取的容易程度降低，信息可获得性降低，继而易使消费者陷入焦虑与迷茫的情绪，甚至更容易因为自己选择而感到后悔，最终降低对购物过程的整体评价；如前证明，由于消费者需要付出较高的成本来获取内核属性延伸带来的效用，并承担可能"过度消费"而带来的高风险，因此消费者对内核属性的延伸敏感性更高，对价格变动、承担风险与容忍偏误的范围则较小；此外，包含可能面临的供需双方之间产品线错配问题，最终都会导致消费者对整体评价有更大的降低可能性。相反，通过延伸外延属性方式扩张产品线种类会缓和产品线种类对在线评论的消极影响，这是因为外延属性的产品线扩张能够覆盖更多的消费者，消费者异质性得以更大范围地满足，促进供需双方偏好能够更好地实现匹配；消费者针对外延属性对自身偏好较为确定，延迟决策概率降低，从而实现更为流畅的购物体验；此外，外延属性延伸成本相对较低，厂商与消费者双方不需要付出高额的金钱与时间成本，进而可以有效地实现高效用。

### （二）理论贡献

本研究认为企业延伸策略可能产生不一致性影响的根本原因之一是从不同属性延伸所产生的对生产厂商和消费者的差异化影响。不同属性之间的差异化特征会对生产成本、销量和消费者在线评论都产生一定的影响。本节研究基于解释水平理论和前景理论，通过引入内核属性（也称首要属性）与外延属性（也称第二属性）的区分概念，解释了现有研究关于产品线延伸策略导致的不一致性结果的矛盾原因。本研究的主要理论贡献：

首先，深化了对产品线组合策略影响机制的进一步理解。现有研究大多探讨产品线复杂度总体层面对销量和生产成本的影响，并产生了差异化结论。本研究根据企业生产和消费者购买决策行为的不同，引入了两种不同的产品属性（内核属性/外延属性），并发现内核属性尽管是首要的、核心的与本质的属性，但当其扩散到一定程度后，对大多数消费者而言，选择和购买效用的边际是递减的，且递减速度较快。但对于外延属性，其扩散对消费者的积极影响具有较强的可持续性，这是因为其生产成本相对较低，能够满足更多消费者的异质性，由此扩大市场份额。

其次，构建了较为完善的理论研究体系。在数字化背景下，平台经济和社群经济等现象应运而生。传统的企业绩效指标如销量、生产成本和利润等尽管重要,但仍不可忽视数字化绩效日益重要的地位,例如在线评论等。研究表明,大量企业投入众多以管理企业口碑和在线社群等(Liu et al.,2018)。基于此,本节关注更全面的理论框架,除销量和生产成本外,还包括平台的在线评论,这一定程度上为企业和营销决策者提供了更为全面的视角。

最后,本研究丰富了对解释水平理论、前景理论的相关研究。本研究基于解释水平理论引入内核属性与外延属性两种差异化的延伸方式,并依据前景理论探讨了不同属性的延伸对生产成本、销量和在线评论的影响以及内在解释机制。一定程度上也丰富了解释水平理论和前景理论等相关理论文献。

(三) 实践价值

本研究有助于企业正确了解并认识不同的产品线组合延伸策略,制定合理的产品线组合,选择合适的营销战略,并做出最优化决策。我们应该认可产品线延伸策略的积极影响,研发内核属性并进行延伸当然具有重要的意义,但当内核属性扩张到一定程度时,通过丰富外延属性进行产品线延伸,降低消费者选择难度的同时满足更多消费者的异质性也是促进销量、降低生产成本,乃至推动在线评论的有利决策。

## 第七节 研究结论

通过一系列深入的理论分析和严谨的实证检验,本章立足于数字化时代下产品线延伸策略,得出了一些有价值的研究结论。

首先,本研究关注了产品线延伸对消费者行为层面的影响,稳健的研究结果表明:随着产品线延伸,在线评论的效价降低,同时在线评论的差异增大。企业的广告投入强度对上述主效应均有一定的调节作用,具体而言,企业广告投入强度越大,产品线种类对于评论效价的负向影响(的绝对值)越小;同时,对评论差异的正向影响也会减小。因此,企业产品线种类延伸与在线评论之间也存在一定的权衡作用。

随后,本章关注了产品线种类延伸对营销组合工具层面的影响,稳健的研究结果表明:在控制其他变量不变的情况下,广告投入、在线评论效价对销量有正向的影响,这首先验证了营销工具的有效性,也和前人的研究结论保持一致。此外本章发现,产品线种类对广告投入、在线评论效价有调节效应。具体来说,产品线种类负向的调节(抑制)了广告的投入与销量间的主效应,即产品线种类越丰富,广告的有效性越低;而相反,产品线种类正向地调节(加强)了广告的投入与销量间的主效应,即产品线种类越丰富,在线评论的有效性越强。因此,企业产品线设计与不同营销组合工具广告和在线评论强度之间也存在一定的权衡作用。

本章进一步拓展探究了产品线组合策略对企业绩效的影响,其中,企业绩效不仅包含传统企业绩效,而且包含数字化时代下涌现出的新绩效,即在线评论。这样做的优势在于,更真实地刻画了现实中产品线延伸的情形,并使得整体的研究框架更为完善。在该研究中发现:产品线的延伸会正向促进企业销量,但是对在线评论效价会有显著的负向影响;考虑从两种不同属性进行产品线扩张(内核属性与外延属性或称为首要属性与第二属性)。从内核属性扩张产品线会减缓产品线种类扩张对销量的正向影响,从外延属性扩张产品线会加强产品线种类扩张对销量的正向影响;从内核属性扩张产品线会加大产品线种类扩张对生产成本的影响,而从外延属性扩张产品线会降低产品线种类扩张对生产成本的影响;从内核属性扩张产品线亦会增大产品线种类扩张对在线评论的负向影响,而从外延属性扩张产品线则会减缓产品线种类延伸带来的相应的负向影响。

本书的研究意义:产品线设计已经不仅仅是传统的战略决策,如何影响消费者层面成为企业的重要命题,关乎企业乃至整个行业在新常态下的经济转型与可持续发展。通过落脚产品线延伸对消费者在线评论的影响,实证检验发现了专一化的产品线策略更有利于企业形成并维系积极的口碑形象,这对企业设计产品线提供了一定的实践指导。因此,厂商在进行产品线延伸策略时,并非产品越丰富越有利,也应当关注产品线过于丰富导致的负面影响,以此进行合理的决策。

其次,本书研究发现了一种新的影响在线评论的机制——产品线延伸策略。众所周知,随着移动互联网与平台经济的深度发展,传统广告所占的比重与有效性逐渐降低(Sethuraman et al.,2011),而在线评论的重要性不言而喻。在实践中,企业决策者也逐渐认同并开始重视在线评论的重要作用,采取相关措施努力促进在线评论(Liu et al.,2018)。而随着平台经济与网络技术的发展,一些公司甚至开展了在线评论的营销活动,即依靠消费者之间互动产生更有利和更具有影响力的口碑(Liu et al.,2018)。该研究从另一个角度表明,除了这些营销手段之外,企业也应该关注如产品线种类这样的传统决策因素。因为这些也是影响在线评论的重要因素,同时也可以为企业节约开支提高效率,从而为企业的可持续发展和竞争优势提供更有力的支持。此外,尽管产品线特征对在线评论有负向影响,但不代表产品线永不扩张才能实现良好的在线评论;相反,伴随着产品线种类的增多辅之以相匹配的广告投入强度,便能减少信息的不对称与消费者的感知不确定性,进而收获较高的在线评论。

再次,本书探讨了企业各营销组合工具间的关系,这有利于企业针对自身情境更合理地对营销工具进行投放和管理。相比之下,以往关于产品线特征与营销策略间的研究,更多地集中在产品线特征如何影响企业的定价决策等直接效应的影响,而关于产品线对广告投放与在线评论相互关系的研究较为空白。因此,本书针对在企业实践和决策中不同的营销工具、广告和在线评论,探讨了产品线延伸带来的机制效应。在验证现有理论信息效应-劝说效应和错配效应的基础上,扩展了现有理论。结果表明,相对于较窄的产品线,产品线种类延伸会降低广告对销量的有效性;而相较于较窄的产品线,产品线种类延伸会增强在线评论对销量的有效性。这对于管理者平衡不同营销工具的投放并设计可行的产品线策略有较为重要的意义。

最后,本书还深化了对产品线组合策略影响机制的进一步理解。现有研究大多探讨产品线复杂度总体层面对销量和生产成本的影响,并产生了差异化结论。本研究根据企业生产和消费者购买决策行为的不同,引入了两种不同的产品属性(内核属性/外延属性),并发现内核属性尽管是首要的、核心的与本质的属性,但当其扩散到一定程度后,对大多数消费者而言,选择和购买效用是边际递减的,且递减速度较快。但对于外延属性,其扩散对消费者的积极影响具有较强的可持续性,这是因为其生产成本相对较低,能够满足更多消费者的异质性并由此扩大市场份额。对此,本书试图构建较为完善的理论研究体系,在数字化背景下,平台经济和社群经济等现象应运而生。传统的企业绩效指标如销量、生产成本和利润等尽管重要,但仍不可忽视数字化绩效日益重要的地位,例如在线评论。研究数据显示,大量企业投入众多以管理企业在线评论和在线社群等(Liu et al.,2018)。基于此,本书关注更全面的理论框架,除销量和生产成本外,还包括平台的在线评论,这一定程度上为企业和营销决策者提供了更为全面的视角。

# 第三章
## 品牌名称策略与消费者需求

产品的生产、流通和消费是国家层面和全球经济的主要组成部分。特别是数字技术的最新发展进一步提高了各类产品的价值和影响力,此外,产品的分销渠道日益丰富并逐步全球化,使得消费者以前所未有的规模在世界各地联系在一起(Peltoniemi,2015)。全球化趋势不仅体现在实体产业如汽车市场跨国合作中,而且包含文化产业,例如,美国电影协会2017年数据显示,在电影市场,好莱坞70%以上的票房收入来自海外。由此可以发现,伴随着市场与技术的不断发展,产品在跨国贸易中所占份额不断增加,并且国际市场已成为生产商的主要目标(Hanson and Xiang,2011)。

对此,当产品被引入国外市场时,品牌命名即公司决定如何翻译原始品牌名称是至关重要的营销战略决策(Kohli and LaBahn,1997)。现有研究表明,品牌名称是产品质量的重要外在线索(Zeithaml,1988)。例如,一款汽车品牌名称一定程度上可以用于传达品牌故事并展示市场定位和产品质量。当消费者具有不同的文化背景时,是否提供以及在多大程度上提供这些信息是国际市场上产品品牌命名的重要决策内容。因此,合理的品牌命名策略在消费者购买产品中,对于提高消费者的认知度以实现推广宣传起着至关重要的作用。

随着5G技术、社会化新媒体加速发展,面对数字化时代的到来和平台经济的兴起,以消费者在线口碑传播、搜索和参与体验活动的形式进行媒体报道和点对点传播已然非常活跃(Houston et al.,2018;Liu,2006)[①]。这些意义深远的产品信息,会引起消费者对新进入海外市场的跨国产品产生强烈的和波动性的需

---

① Houston et al.(2018)提供了更全面的定义"预发布消费者嗡嗡声",即消费者在产品发布之前进行的信息交换和活动。他们将此定义为包括三种不同类型的行为:交流、搜索和参与体验活动。

求,进而促进销量在短期内快速变化。因此,研究品牌命名对产品销量的影响具有重要的理论和实践意义。

基于上述现实背景与理论背景梳理可以发现,尽管各类产品的品牌命名策略在实践和学术界都具有重要的意义,但现有研究缺乏品牌命名策略对实际销量影响更加全面系统的分析,亦缺乏对其内在机制和边界条件的探究,故本章将对此进行延伸探讨。

对企业而言,选择一个能够让客户产生共鸣的品牌名称是一项巨大的营销挑战(Keller and Lehmann,2006),尤其是在各品牌在不同国家、文化和价值体系中竞争激烈的时代(Mittal and Tsiros,1995)。表意语言环境会进一步增加品牌命名的难度,因为该语言系统由不同的语音、符号和语意共同组成。以中文为例,其作为一种复杂的表意语言,会大大增加企业为品牌命名的难度(Fetscherin et al.,2012):

> 当跨国企业在中国本地化时,为品牌命名是一个令人难以置信的挑战。理想的品牌名称不仅能传达品牌故事和市场定位,而且会令人难忘。该品牌名称需要与原有外文名称听起来相似,还需要朗朗上口。此外,在中国普通话和主要方言里,它不能引起歧义(Doland,2017)。

一些品牌名取得较为成功:比如"赛百味"(比百种珍馐更美味),虽然只有三个字,但含义丰富;比如"可口可乐"(美味,让你快乐),这四个中文字不仅音译了英文,而且朗朗上口,准确表达了品牌理念(Zhang and Schmitt,2001)。然而也有一些反例:Airbnb的中文名称是"爱彼迎",这三个字分别表达了"爱""彼此"和"欢迎",但由于该品牌名称比较难读,且消费者无法从中直接理解含义,还容易引起色情联想,因此恶评颇多(Doland,2017)。

目前已有理论研究指出用中文这样的表意语言给品牌命名伴随着巨大挑战,因为在中文表意语言中发音与书写之间的联系较弱(Zhang and Schmitt,2001)。像英语这样的表音语言,发音与书写之间则具有很强的对应关系。另外,表意语言包含了很多同音异义词。例如,Schmitt et al.(1994)指出,中文里读音为"gong"但含义迥异的汉字有数十个,包括:工、弓、公、功、攻、供、宫、恭,以及姓氏龚等。读音和含义之间的分裂关系使中文变得微妙,也给品牌命名增添了困难,特别是对于那些想在不同国家标准化其品牌名称的跨国公司。

借鉴现有关于表意语言的品牌研究(Schmitt et al.,1994;Zhang and

Schmitt,2004),本研究考虑读音和意义这两个关键维度(见表 3 - 1),将品牌名称划分为四类。第一类是字母数字名,该品牌名由简单的数字或者字母组成,没有实际含义,也没有任何特定的中文或外文发音,比如马自达旗下的 CX - 7,该车名就是包含数字与字母的外文名。第二类是语音名,此类品牌名以读音相似的中文来模仿外文名称,但是没有实际的中文含义,比如中国汽车制造商奇瑞旗下的 You-Lee-O,该品牌名听起来像英文名,但没有中文含义。第三类是语意名,该类型的品牌名称表达了中文含义但没有外文读音,比如尼桑公司为旗下 Murano 系列(SUV)车取中文名为"楼兰",这是中国古代一个西域王国之名。第四类是混意名,该名称不仅保留了外文读音,而且包含中文含义,比如大众旗下 Touareg 系列(SUV)车的中文名为"途锐",该名字不仅听起来与"Touareg"的英文发音类似,而且蕴含"精神之路"的中文意义。跨国公司须了解这四种不同的品牌名称类型,才能更好地在不同国家对品牌名称进行标准化或者本土化。

表 3 - 1　　　　　　　　　　表意语言中的品牌名称类型

| | | 读　音 | |
| --- | --- | --- | --- |
| | | 否 | 是 |
| 含 | 否 | **品牌名称类型: 字母数字名**<br>定义:品牌名称混合了有实际含义的或者无实际含义的字母与数字<br>例子:3M、360(中国网络安全软件流行品牌) | **品牌名称类型: 语音名**<br>定义:品牌名称尽可能符合外文读音,但没有特定中文含义<br>例子:Motorola 的中文名是"Mou-Tuo-Luo-La(摩托罗拉)";Galanz(中国微波炉市场的龙头品牌)使用的中文名为"Ge-Lan-Shi(格兰仕)",该名的中文发音与英文发音类似 |
| 义 | 是 | **品牌名称类型: 语意名**<br>定义:品牌名称有实际中文含义,但与外文名的读音不同<br>例子:Microsoft 的中文名是"Wei-Ruan(微软)",中文意思是"微型的软件";Lenovo 的中文名是"Lian-Xiang(联想)",中文意思是"联系与想象" | **品牌名称类型: 混意名**<br>定义:品牌名称既符合外文读音,兼有具体中文含义<br>例子:Coca-Cola 的中文名字叫"可口可乐",中外名读音相似,意思是"Ke-Kou-Ke-Le(不仅味道好,而且让你快乐)";E-Land(中国流行的服装品牌)中文名为"Yi-Lian(衣恋)",中外名读音相似,意思是"喜爱衣服" |

　　注:本章采用罗马音译,即用拼音来表示中国品牌名称。本章提供了每个品牌的中外名称,中文名称用于本土市场,外文名称用于跨国市场。

本研究将表意语言中的品牌名称分为四种类型,利用 2008 年至 2012 年中国汽车市场中新车的月度销售数据,研究在不同产品来源国(国外与国内)以及细分市场(高端与入门级)下,品牌名称类型如何影响汽车销量。本研究基于汽车市场数据构建了离散选择模型(Berry,1994),量化分析了品牌名称类型对消费者需求的影响。结果表明,中国消费者普遍更偏好于具有语意名的汽车品牌(比字母数字名品牌的销量高 7.64%),相对而言最不偏好混意名品牌(比字母数字名品牌的销量低 4.92%)。品牌名称类型与消费者偏好之间的关联性也因品牌来源国和细分市场(入门级品牌和高端品牌)而异。例如,在本土品牌中,中国消费者更偏好于语意名品牌,但是对于外国品牌,消费者更偏好于字母数字名品牌而不喜欢语意名品牌。当入门级车型的品牌名是语意名时会更受欢迎,而字母数字名和语音名更适用于高端车型。

该研究结论对现有实验室研究进行了拓展。现有实验室研究虽然提供了有用的研究论述但缺乏外部效度。传统的实验室研究仅仅探索了品牌名称的单个维度(如意义,外国或非外国读音;Keller et al.,1998;Leclerc,Schmitt and Dube,1994),且研究数据主要来自基于调查问卷的意向测量。然而,消费者的意向并不能完全等同于实际行为(Chandon,Morwitz and Reinartz,2005),因此我们通过展示品牌名称与实际销售数据之间的关系来补充以往研究。此外,为进一步理解品牌名称效应背后的影响机制,本研究还探讨了产品来源国与细分市场对品牌名称效应的调节作用。最后,本研究还弥补了国际化市场中品牌名称应当标准化还是本土化这一研究空白,目前的相关文献主要在强调其他营销元素而非品牌(Sandler and Shani,1992),而本章则根据标准化-本土化程度来定义与区分品牌名称类型。

该研究结果也为中国市场的管理者提供了具有一定可行性的商业建议。具体而言,中国本土企业应该多采取语意名方式命名品牌,因为这将比使用字母数字型品牌名多增加 10.28% 的销售量。然而,跨国企业更应当采用具有外国元素的品牌名称(例如,采取语意名方式命名品牌,将会比使用字母数字名损失 5.37% 的销量)。在不同的细分市场,企业应当调整其品牌命名策略,因为消费者更喜欢具有语意名的入门级产品(其销售量比字母数字型品牌名称高 3.85%),但不喜欢具有语意名的高端产品(其销售量比字母数字型品牌名称低 8.90%)。

本研究在下文罗列了品牌名称类型的相关文献;将更详细地讨论研究背景,在此基础上,进一步说明数据来源、模型构建、模型识别与分析,并且展示实证结果。最后,本研究将阐述研究意义与启示。

## 第一节 品牌命名的文献综述

如前所述,由于跨国企业在不同的表音和表意语言环境中运营时将面临品牌命名的挑战(Alashban et al.,2002),因此本章根据品牌名称在读音和语义含义两个维度的表现,将它们划分为四种类型(见表 3-1),旨在帮助跨国企业解决在产品跨国化命名时应标准化还是本土化品牌名称的问题。在本研究中,字母数字名是最标准化的品牌名,因为它们在不同的市场中名字一致。语意型品牌名称最为本土化,可以反映当地语言和含义。语音名与混意名的标准化与本土化程度上较为居中,而混意名的本土化程度高于语音名。现有研究发现:一方面,已有研究表明跨国公司在表意语言环境中更青睐于本土化品牌名称(Francis et al.,2002),尤其是在竞争激烈的市场环境中(Krishna and Ahluwalia,2008);另一方面,由于亚洲国家的外来效应更强(Maheswaran et al.,2013),具有外国元素的字母数字型、语音型、语意型、混意型品牌名称可能更容易引发外来效应,并且受到中国消费者的喜爱。本书的研究结果表明,在竞争效应和外来效应的共同作用下,中国消费者偏好外国汽车使用更标准化的品牌名称(字母数字名、语音名或者混意名),而希望竞争激烈的入门级汽车使用更本土化的品牌名称(语意名)。

表 3-2 总结了关于四种品牌名称类型的文献[①]。大多数研究基于美国市场,并通过实验室调查消费者的意向,而不是采用实际的行为数据。与以往研究不同,本研究收集了来自中国市场的真实汽车品牌数据(如本田 CR-V),并且基于汽车实际销量构建了实证模型。

早期文献主要研究语意型品牌名称,而后才开始研究语音型和字母数字型品牌名称。这些早期研究通常针对表音语言环境,并且仅仅探索了一种品牌名称类型,例如仅研究了语意名(Peterson and Ross,1972)、语音名(Leclerc et al.,1994)和字母数字名(Gunasti and Ross,2010)。后期的研究开始针对表意语言研究了语意名(Lee and Kim Soon Ang,2003)、语音名(Melnyk et al.,2012)和字母

---

[①] 在表 3-2 中,作者按照时间顺序整理了相关文献。文献主要来源于营销领域内权威的学术期刊:*Journal of Marketing Research*、*Journal of Marketing*、*Journal of Consumer Research*、*Journal of Consumer Psychology*、*Journal of Academy of Marketing Science*、*International Journal of Research in Marketing*、*Marketing Letters*、*Psychology & Marketing*。*Marketing Science* 并没有发表任何相关文献。

表 3 - 2

**关于品牌名称类型的代表性研究**

| 文　献 | 研　究　重　点 | | | | 研究背景 | 样本数量 | 研究对象 | 研究方法 | 因变量 |
|---|---|---|---|---|---|---|---|---|---|
| | 字母数字名 | 语音名 | 语意名 | 混意名 | | | | | |
| Peterson and Ross(1972) | × | × | √ | × | 美国 | | 消费者 | 实验 | 感知测量 |
| Robertson(1987) | × | × | √ | × | 美国 | 152～216 | 消费者 | 实验 | 感知测量 |
| Meyers-Levy (1989) | × | × | √ | × | 美国 | 79 100 | 消费者 | 实验 | 感知测量 |
| Pavia and Costa (1993) | √ | × | × | × | 美国 | 48～64（焦点访谈）300（调查问卷） | 消费者 | 焦点小组，调查问卷 | 感知测量 |
| Leclerc et al. (1994) | × | √ | × | × | 美国 | 4 018 442 | 消费者 | 实验 | 感知测量 |
| Keller et al. (1998) | × | × | √ | × | 美国 | 160 | 消费者 | 实验 | 感知测量 |
| McCracken and Macklin(1998) | × | × | √ | × | 美国 | 45 143 | 消费者 | 实验 | 感知测量 |
| Sen(1999) | × | × | √ | × | 美国 | 127 125 | 消费者 | 实验 | 感知测量 |
| Zhang and Schmitt(2001) | × | √ | √ | √ | 中国 | 183 120 240 | 消费者 | 实验 | 感知测量 |
| Lee and Swee Hoon Ang(2003) | × | × | √ | × | 新加坡 | 176 | 消费者 | 实验 | 感知测量 |
| Lee and Kim Soon Ang(2003) | × | × | √ | × | 新加坡 | 4 488 | 消费者 | 实验 | 感知测量 |
| Zhang and Schmitt(2004) | × | √ | √ | √ | 中国 | 368 | 消费者 | 实验 | 感知测量 |
| Miller and Kahn (2005) | × | × | √ | × | 美国 | 143 | 消费者 | 实验 | 感知测量 |
| Gunasti and Ross (2010) | √ | × | × | × | 美国 | 516 074 | 消费者 | 实验 | 感知测量 |
| Samu and Krishnan(2010) | × | × | √ | × | 美国 | 154 245 | 消费者 | 实验 | 感知测量 |
| Melnyk et al. (2012) | × | √ | × | × | 法国美国中国台湾 | 10 588 181 | 消费者 | 实验 | 感知测量 |

| 文　献 | 研　究　重　点 | | | | 研究背景 | 样本数量 | 研究对象 | 研究方法 | 因变量 |
|---|---|---|---|---|---|---|---|---|---|
| | 字母数字名 | 语音名 | 语意名 | 混意名 | | | | | |
| Yan and Duclos (2013) | √ | × | × | × | 中国香港 | 14 596 142 145 | 消费者 | 实验 | 感知测量 |
| Gunasti and Devezer(2016) | √ | × | × | × | 美国 | 189 176 206 | 消费者 | 实验 | 感知测量 |
| Gunasti and Ozcan(2016) | √ | × | × | × | 美国 | 107～183 | 消费者 | 实验 | 感知测量 |
| 本研究 | √ | √ | √ | √ | 中国 | 270 个品牌，5 年 | 品牌 | 实地数据 | 销售量 |

　　注：语音名品牌表示读音为外文的品牌名称。本章列出了文献中每个实验的样本数量；多个数据表示多个实验。以上所有研究实验都是实验室实验。

数字名(Yan and Duclos，2013)。Zhang and Schmitt(2001，2004)在中国基于表意语言的微观基础，包括单字符、单音节和含义(Schmitt et al.，1994)等，研究了混意型品牌名称。微观基础方法同样适用于研究语意型、语音型和混意型品牌名称(Zhang and Schmitt，2001)。本研究借鉴该实验法，利用实际数据检验四种品牌名称的效应。

　　字母数字型品牌名称包含指示性或者随机组合的字母与数字，比如 3M、7UP(Boyd，1985)。以往研究表明，消费者通常将字母数字型品牌名称与技术性、配方性、化学性或者功能强大的产品联系在一起，比如汽车、自行车、电器等(Pavia and Costa，1993)。在中国，若品牌名称中包含"幸运数字"(如 6、8、9)和"吉祥字母"(A、S)，则会提高消费者对品牌质量的感知和评价(Ang，1997)。此外，字母数字型品牌名称是最标准化的，因为它们在各个国家可以保持不变，采取此类型名称是跨国公司的一项重要品牌化策略(Alashban et al.，2002)。因此，本书也研究并发现了在表意语言环境中字母数字型品牌名称的相对有效性。

　　关于语意型品牌名称的研究主要在表音语言环境中探讨了品牌名称含义与消费者感知、态度之间的关系。已有研究表明，当品牌名称包含耳熟能详的词汇或者能够传达产品优势时(如"lifelong 终身牌"行李箱)，可以改善消费者对品牌的态度、感知和印象(Keller et al.，1998；Lee and Swee Hoon Ang，2003；Peterson and Ross，1972)。此外，上述效应在中文等表意语言环境中的影响力高于在英文等表音语言环境中的影响力（Lee and Swee Hoon Ang，2003），因为表意语言中的文字更容易令人联想到其含义（Biederman and Tsao，1979）。因此，本研究的目的是在表意语言环境中研究语意型品牌名称对消费者需求的影响。

语音型品牌名称的相关文献重点研究了语音的象征作用，即一个词的发音超越了本身的定义，表达出了更多意思（French，1977），这会进一步影响消费者对品牌的偏好（Coulter and Coulter，2010；Lowrey and Shrum，2007；Yorkston and Menon，2004）。从国际营销的角度来看，具有外文发音的品牌名称会产生"产品来源国效应"（Leclerc et al.，1994）。Melnyk et al.（2012）发现，当带有外文发音的品牌名称所暗示的来源国与该品牌实际来源国不一致时，消费者购买可能性反而会降低，该效应在新兴市场的强度要大于发达市场。因此，具有外文发音的品牌名称可能会提高外国品牌的销量，但并不会提高本土品牌的销量。

在表意语言中，混意型品牌名称较为独特，它成功结合了品牌名称的语音和语意特点。对于需要将表音语言品牌名翻译成表意语言品牌名的跨国企业，在中国市场通常会青睐于混意型品牌命名方式（Zhang and Schmitt，2001）。许多管理者会认为混意型品牌名称兼具语音名与语意名的优点，因为它们既有外文发音，又在当地语言中具有实际含义。然而，这种效应取决于语言环境：Zhang and Schmitt（2001）发现，消费者对混意名（相较于语音名与语意名）的评价，取决于他们是否在内心对读音或者含义进行了信息加工。消费者的外语水平也会影响这一效应，相对于混意型品牌名称，外语熟练程度较低的消费者更偏好语意型品牌名称（Zhang and Schmitt，2004）。由此，本研究推测当企业针对精通外语的消费者使用混意型品牌名称时，将提升消费者需求。

## 第二节 研究背景

### 一、中国与中文

本研究选择中国汽车市场为研究背景，探讨品牌名称类型如何影响消费者需求，具体原因如下：首先，中国是世界第二大经济体，并且正处于快速发展阶段。其次，中文属于表意语言体系，与西方表音语言体系（如英语）不同，汉语表达的丰富之处不仅在于发音（语音表达）、含义（语意表达），而且在于两者的结合（音意表达）。因此，中文为跨国企业和本土企业提供了多种品牌命名方式的研究情境。

世界上有 1/5 的人群以中文(或其变种)作为他们的第一语言,从其他语言也可以发现中文的特点和发音方式,比如日语、韩语和越南语(Ramsey,1987)。因此,营销文献越来越关注中国市场和各种战略问题,比如消费者信息处理方式(Pan and Schmitt,1996)、品牌名称的翻译和设立(Zhang and Schmitt,2001,2004),以及市场进入的挑战(Johnson and Tellis,2008)。本研究的分析为企业营销人员提供了如何在亚太地区命名品牌的商业建议。

## 二、品牌名称分类与中国汽车市场

我国《商标法》规定:除特定字母数字型品牌名称外,所有企业在全部经营活动中均应使用中文品牌名称。因此,中国的品牌名称通常分为两类:一类仅包含表意的中文汉字;另一类是表音字母和(或)数字的组合,即字母数字名(Pavia and Costa,1993)。表 3 - 1 所列举的品牌名称四分类法符合我国《商标法》。

中国汽车市场为本研究提供了颇具吸引力的研究背景,在 20 年间从名不见经传成长为世界上最大的汽车市场:2014 年生产并销售超过 2 300 万辆,而美国市场成交量仅为 1 650 万辆(Li et al.,2015)。与成熟汽车市场不同,在中国这个新兴汽车市场中,60%~70%的汽车购买者是首次购车,无购车经验。因此,汽车公司有更多的空间和机会利用品牌名称向消费者传达信息,从而影响他们的选择。由于中国要求所有公司在经营全部商业活动时必须使用中文品牌名称(除了特定的字母数字名),因此无论是跨国企业还是本土企业都必须为汽车车型设立中文品牌名称。本章收集了不同汽车细分市场的详细纵向数据,比如国内外品牌、高端品牌、入门级品牌等的数据,因此可以依照不同维度研究品牌名称对消费者需求的影响。

汽车公司在为品牌命名时需要具体到车型层面(比如雪佛兰科鲁兹、雪佛兰迈锐宝),因此在研究车型品牌名称对消费者需求的影响时,需要控制来自公司层面(如通用汽车)的影响因素和来自母品牌层面(如雪佛兰)的影响因素(例如母品牌名称代表着品牌形象)。最后,如表 3 - 3 所示,国内外汽车制造商在中国使用了四种不同类型的品牌名称,这为本研究识别不同品牌名称类型对消费者需求的影响提供了有力证据。

表 3 - 3　　　　　　　　　汽车品牌的名称类型示例

| 汽车品牌 | | 车型英文名称 | 车型中文名称(拼音) | 品牌名称类型 |
|---|---|---|---|---|
| 国外品牌 | 本田 | CR-V | CR-V | 字母数字名 |
| | 丰田 | Camry | Kai Mei Rui(英文名听起来像"凯美瑞",在中文没有特定含义) | 语音名 |
| | 大众 | Touran | Tu An(英文名听起来像"途安",中文意思为安全的路途) | 混意名 |
| | 福特 | Explorer | Tan Lu Zhe(英文名称的汉译名是探路者) | 语意名 |
| 本土品牌 | 比亚迪 | F6 | F6 | 字母数字名 |
| | 吉利 | Uliou | You Li Ou(英文名听起来像"犹利欧",在中文没有特别含义) | 语音名 |
| | 奇瑞 | Riich | Rui Qi(英文发音像"rich",含义是富贵;中文意思是神话精灵) | 混意名 |
| | 福田 | View | Feng Jing(中文意思是风景) | 语意名 |

注: 本章借鉴 Zhang and Schmitt(2001,2004),用汉语拼音表示语音型、混意型和语意型品牌名的中文名称。

## 三、数据

本章从 R.L.Polk 公司获得了汽车市场的销售数据,该公司是汽车市场权威的信息提供商。数据包含从 2008 年 1 月至 2012 年 12 月汽车的月销量和所有在售车型的特征参数值(例如,2005 年款丰田凯美瑞)。

本研究的数据集中包括了每款汽车车型的英文品牌名称。此外,作者从中华人民共和国工业和信息化部(MIITC)收集了相应的中文品牌名称。为识别车型名称是否为字母数字名,作者确认了车型的中文名是否仅包含外文字母或(和)数字。对于其他三种类型的品牌名称,作者将每种车型的中英文名整理成列表,请大学两位英文系教授帮忙分类(与本研究无关)。这两位教授根据 Zhang and Schmitt (2001)提供的定义,独立确认了每款车型品牌名称的类型(语意名、语音名、混意名)。当他们的结果出现不一致时(209 个非字母数字名中有 9 个是这种情况),就请第三位同系教授给出建议,并根据多数人的建议做出分类判断。[①] 本研究根据

---

①　在去掉这 9 个车型后,本章实证分析结果仍保持一致。

品牌名称在中文普通话中的发音,对混意型和语音型品牌名进行编码,原因如下:首先,本研究数据来源于中国大陆。根据《中华人民共和国国家通用语言文字法》第十二条规定:"广播电台、电视台以普通话为基本的播音用语。需要使用外国语言为播音用语的,须经国务院广播电视台部门批准。"其次,在中国所有的学校都教授普通话,因此几乎所有中国消费者都能理解和表达普通话。本研究排除了奢侈品牌(如奥迪、宝马),因为这些品牌的车型几乎都使用了字母数字名。作者还排除了斯柯达和标致这两个非奢侈品牌,因为它们对所有车型的品牌名称类型一致,而这两个品牌在中国的市场份额低于4%。在排除这些因素后,本研究数据集共包括270款车型,10 607个月销售量数据观测值。此外,本研究按照品牌、车辆级别、车辆款式(即轿车、SUV、商务车)归纳了汽车的品牌名称类型和来源国。

本研究根据多种分类标准绘制了不同品牌名称的汽车所对应的销量图。图3-1绘制了四种品牌名称类型的汽车在2008年至2012年的平均月销售量,混意名车型的销售量略低于其他三种名称类型的销量,尤其是在样本收集的后期。图3-2按四种名称类型分别列出了中外车型在2008年至2012年的平均月销量,语意名的本土车型销量最高(见A图),而语意名的外国车型销量反而最低(见B图)。由图3-3可知,字母数字名的入门级车型销量最低(见A图),而语音名的高端车型销量最高(见B图)。图3-4对比了样本里中外四种品牌名称类型的汽车在2008年至2012年的上市车型数量(270款车型中的128款)。在此期间,本土企业上市的车型多为语意名车型,而外国企业上市的车型多为语音名车型。

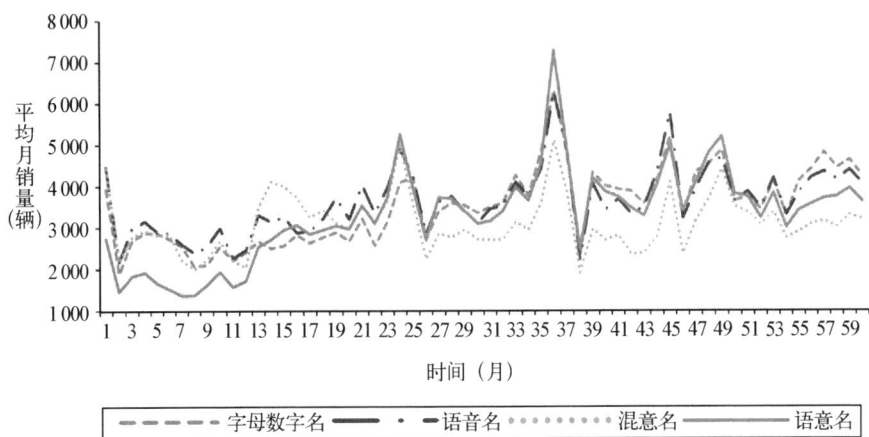

**图3-1 四种品牌名称类型的汽车的平均月销量**

注:本图按四种品牌名称类型(字母数字名、语音名、混意名和语意名)描绘了不同车型在不同时段的平均月销量。

A

平均月销量（辆）

时间（月）

- - - 字母数字名 — · 语音名 ········· 混意名 —— 语意名

B

平均月销量（辆）

时间（月）

- - - 字母数字名 — · 语音名 ········· 混意名 —— 语意名

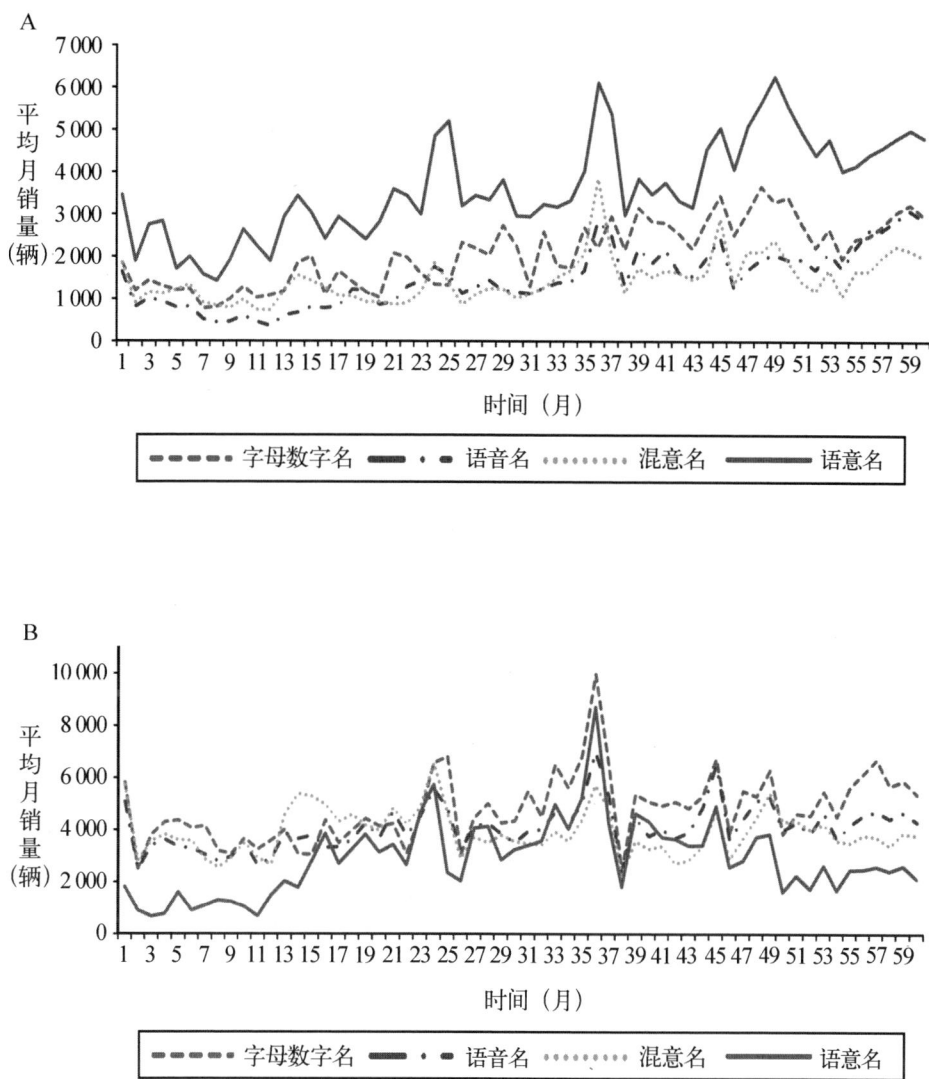

**图 3 - 2　四种品牌名称类型的汽车的平均月销量：中国车型与外国车型**

注：图 A 表示中国车型的平均月销量，图 B 表示外国车型的平均月销量。图 A 和图 B 都按四种品牌名称类型（字母数字名、语音名、混意名和语意名）描绘了不同车型在不同时段的平均月销量。

8 000

平
均
月
销
量
(辆)

7 000

6 000

5 000

4 000

3 000

2 000

1 000

0

1　3　5　7　9　11　13　15　17　19　21　23　25　27　29　31　33　35　37　39　41　43　45　47　49　51　53　55　57　59

时间（月）

- - - - - 字母数字名　　— · — 语音名　　·········· 混意名　　——— 语意名

B

7 000

平
均
月
销
量
(辆)

6 000

5 000

4 000

3 000

2 000

1 000

0

1　3　5　7　9　11　13　15　17　19　21　23　25　27　29　31　33　35　37　39　41　43　45　47　49　51　53　55　57　59

时间（月）

- - - - - 字母数字名　　— · — 语音名　　·········· 混意名　　——— 语意名

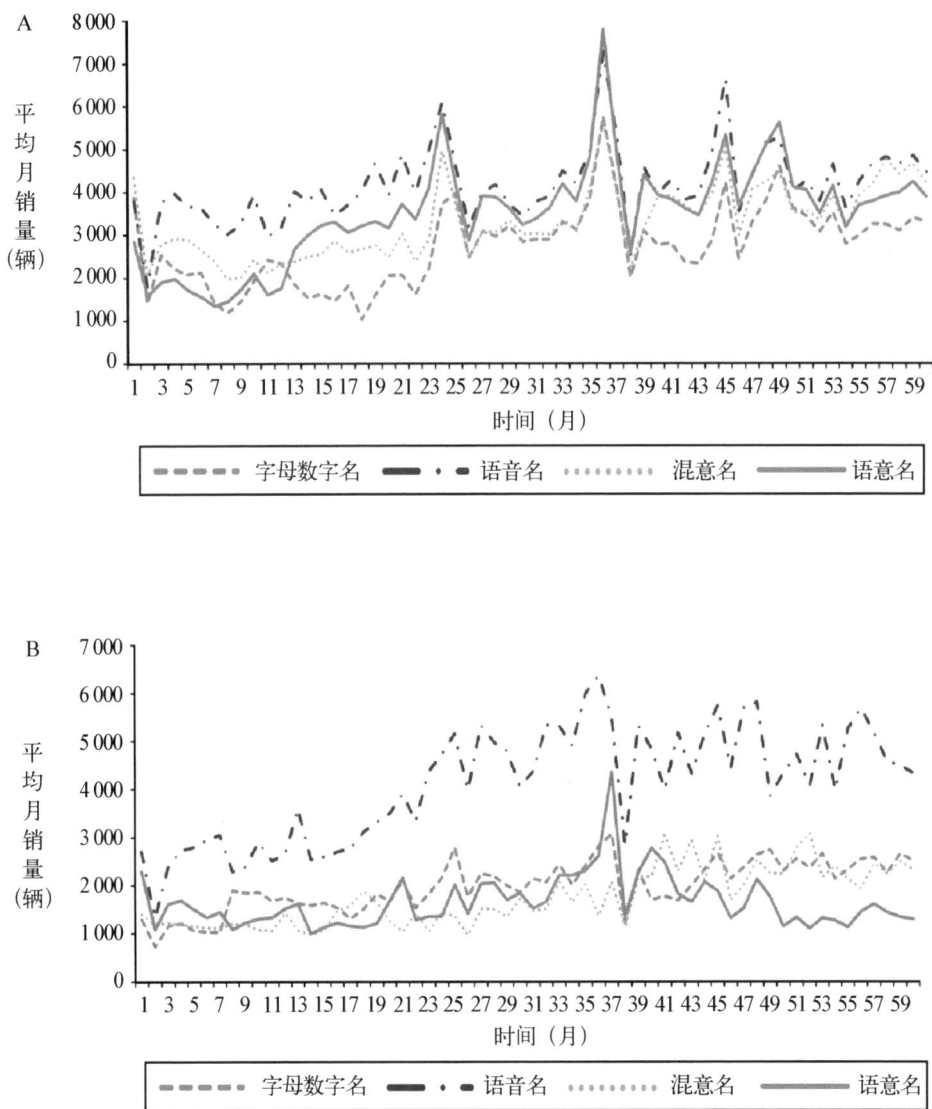

**图 3 - 3　四种品牌名称类型的汽车的平均月销量：低端车型与高端车型**

注：图 A 表示低端车型的平均月销量，图 B 表示高端车型的平均月销量。图 A 和图 B 都按四种
品牌名称类型（字母数字名、语音名、混意名和语意名）描绘了不同车型在不同时段的平均月销量。
其中，低端车型指仅有 4 个或更少发动机气缸的汽车，而高端车型指有 6 个或 6 个以上发动机气缸的
汽车。

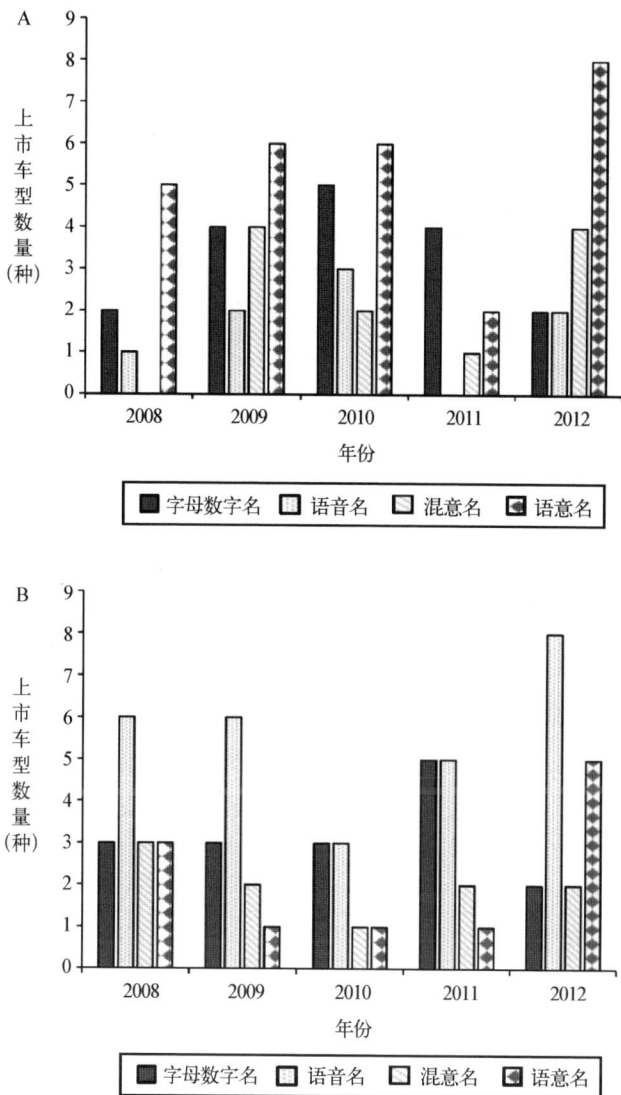

**图 3-4 四种品牌名称类型的汽车的上市车型数量(2008 年至 2012 年):中国车型与外国车型**

本研究的数据集包括车型在各个时段的详细特征数据,汽车价格、油耗、尺寸、重量、功率、款式以及是否为本土品牌。表 3-4 与表 3-5 分别展示了数据的描述性统计和相关系数矩阵。为了估计汽车价格对销量的影响,作者收集了车型的制造商建议零售价(MSRP)和销售税。其中,制造商建议零售价在不同地点和时间是固定的。销售税通常是 10%,但在 2009 年和 2010 年,排量小于 1.6 升的车型税收分别降低至 5% 和 7.5%(由图 3-1 可知,2010 年底,这项减税政策在即将结束时引起汽车销量急剧增长)。[①] 本章以制造商建议零售价作为价格变量,而不是实际交易价格。虽然这样可能会忽略随时间变化的折扣和促销对销量的影响,但与美国汽车市场不同,中国汽车制造商或经销商的价格促销活动较少,因此交易价格与制造商建议零售价的差距相对较小(Li et al.,2015)。

表 3-4　　　　　　　　　　　描 述 性 统 计

| 变　　　量 | 平均值 | 标准差 | 最小值 | 最大值 |
|---|---|---|---|---|
| 字母数字名(Alphanumeric names) | 0.205 | 0.403 | 0 | 1 |
| 语音名(Phonetic names) | 0.269 | 0.443 | 0 | 1 |
| 混意名(Phonosemantic names) | 0.214 | 0.41 | 0 | 1 |
| 语意名(Semantic names) | 0.312 | 0.464 | 0 | 1 |
| 月销量 | 3 506.195 | 4 883.02 | 1 | 75 307 |
| 汽车在 2008 年的价格(万元) | 14.246 | 13.357 | 2.08 | 173.35 |
| 油耗(升/100 公里) | 8.437 | 1.836 | 4 | 15.6 |
| 汽车大小(立方米) | 12.183 | 2.118 | 7.779 | 19.73 |
| 功率 | 97.344 | 35.483 | 30 | 246.359 |
| 重量(吨) | 1.815 | 0.384 | 1.095 | 3.291 |
| 是否为轿车(If sedan) | 0.67 | 0.47 | 0 | 1 |
| 是否为运动型多用途车(If SUV) | 0.169 | 0.375 | 0 | 1 |
| 是否为商务车(If MPV) | 0.161 | 0.367 | 0 | 1 |
| 是否为进口车(If imported) | 0.125 | 0.331 | 0 | 1 |
| 每年的观测值 | | | | |
| 　　2008 年 | 1 301 | | | |
| 　　2009 年 | 1 822 | | | |
| 　　2010 年 | 2 307 | | | |
| 　　2011 年 | 2 476 | | | |
| 　　2012 年 | 2 701 | | | |

注:观测值的总样本为 10 607。每个观测值的格式都是时期-车型-年份-月份。车型尺寸为车辆长度、宽度和高度的乘积。

① 作者随后会解释,本章不仅考虑到销售税是价格因素,而且在实证模型中加入了时间固定效应。因此,本章已经考虑并估计了销售税对消费者需求的影响。

相关系数矩阵

表 3 - 5

| 变　量 | 字母数字名 | 语音名 | 混意名 | 语意名 | 月销量 | 汽车价格 | 油耗 | 汽车尺寸 | 汽车动力 | 汽车重量 | 是否为轿车 | 是否为SUV | 是否为商务车 | 是否为进口车 |
|---|---|---|---|---|---|---|---|---|---|---|---|---|---|---|
| 字母数字名 | 1 | | | | | | | | | | | | | |
| 语音名 | -0.31** | 1 | | | | | | | | | | | | |
| 混意名 | -0.26** | -0.32** | 1 | | | | | | | | | | | |
| 语意名 | -0.34** | -0.41** | -0.35** | 1 | | | | | | | | | | |
| 月销量 | -0.04 | 0.03** | 0.01 | 0.00 | 1 | | | | | | | | | |
| 汽车价格 | -0.04 | 0.13** | 0.06** | -0.15** | -0.16** | 1 | | | | | | | | |
| 油耗 | -0.04 | 0.09** | 0.00 | -0.05** | -0.12** | 0.64** | 1 | | | | | | | |
| 汽车尺寸 | -0.10** | 0.14** | 0.05** | -0.09** | -0.13** | 0.62** | 0.65** | 1 | | | | | | |
| 汽车动力 | -0.02 | 0.12** | 0.06** | -0.15** | -0.15** | 0.84** | 0.71** | 0.70** | 1 | | | | | |
| 汽车重量 | -0.09** | 0.17** | 0.06** | -0.14** | -0.16** | 0.75** | 0.70** | 0.92** | 0.79** | 1 | | | | |
| 是否为轿车 | 0.13** | -0.08** | -0.05** | 0.01 | 0.17** | -0.23** | -0.23** | -0.61** | -0.19** | -0.52** | 1 | | | |
| 是否为SUV | -0.08** | 0.19** | -0.04** | -0.08** | -0.11** | 0.35** | 0.37** | 0.57** | 0.36** | 0.52** | -0.64** | 1 | | |
| 是否为商务车 | -0.08** | -0.09** | 0.10** | 0.07** | -0.10** | -0.07** | -0.09** | 0.20** | -0.13** | 0.14** | -0.62** | -0.20** | 1 | |
| 是否为进口车 | 0.08** | 0.26** | 0.11** | -0.28** | 0.15** | 0.49** | 0.36** | 0.33** | 0.52** | 0.44** | -0.45** | 0.13** | -0.13** | 1 |

注：*p<0.10，**p<0.05。

## ✑ 第三节 实 证 模 型

### 一、品牌名称类型与消费者对新车的需求

本研究采用离散选择模型研究不同品牌名称类型对消费者需求的影响(Berry,1994；Berry et al.,1995)。离散选择模型可以用于解释产品竞争,以及处理由观测不到的产品特性所引起的内生性问题(Dube et al.,2002)。由于离散选择模型的精简性与灵活性,许多市场营销学者采用该模型研究了不同类别的差异化产品,其中包括汽车(Sudhir,2001)、即食谷物(Goldfarb et al.,2009)、电脑服务器(Chu and Chintagunta,2009)和运动型饮料(Chen et al.,2008)。

在实证模型中,消费者 $i$ 在 $t$ 时间购买 $j$ 车型所获得的效用如下:

$$u_{ijt} = \sum_{k=2}^{4} \gamma_k \, Name_{jk} + \alpha \ln(p_{jt}) + x_{jt}\beta + parent_b$$
$$+ type_g + import_d + time_t + \xi_{jt} + \varepsilon_{ijt} \tag{10}$$

其中: $Name_{jk}$ 表示车型 $j$ 的品牌名称类型, $k=1$ 表示字母数字名(基准组), $k=2$ 表示语音名, $k=3$ 表示混意名, $k=4$ 表示语意名, $\varepsilon_{ijt}$ 表示残差项。在效用函数中,品牌名称也是汽车的特征之一,因为消费者可以直接从品牌名称中获得效用(Keller,1993)。 $\gamma_k$ 表示 $k$ 品牌名称类型的偏好参数, $x_{jt}$ 表示车型 $j$ 的其他可观测到的特征(如发动机功率、油耗)等。

品牌资产会驱动消费者需求,并可能会混淆品牌名称类型效应(Chu and Chintagunta,2009；Goldfarb et al.,2009；Keller,1993)。模型(10)的右侧包括母品牌的固定效应( $parent_b$ ),以便控制不随时间变化的需求影响因素,即 $parent_b$ 包含了母品牌层面的品牌资产(如丰田)。此外,为了识别品牌名称类型效应,模型还包含了子品牌名(母品牌在每个车型层面)的变化。

为控制不同车型之间未观测到的异质性,效用函数中还控制了其他的固定效应。其中,车型款式(轿车、SUV 或商用车)的固定效应 $type_g$ 捕捉了车型款式层面不随时间变化的异质性特征,比如消费者对汽车功能性的偏好。 $import_d$ 区分了进口车型与国产车型。此外,许多外国车企属于中外合资企业(如北京现代、上海大众等),所以会同时在中国销售进口车型和国产车型。在本研究中,如果一款车来中外合资企业,则被划分为外国品牌。此外,本研究采用时间固

定效应 $time_t$（年-月）来控制那些随时间而变化的影响汽车需求的因素。

本研究忽略了一些汽车特征，比如车型层面的品牌资产、汽车外观或内饰的风格、促销、广告等，但消费者和公司可能会注意到这些特征。为了解决这个问题，本研究在效用函数右侧加入了扰动项 $\xi_{jt}$，以控制被遗漏的特征因素。然而，未观测到的因素可能会和价格、品牌名称类型之间具有相关性，从而引起内生性问题。因此，采用工具变量法来处理内生性问题。最后，本研究假设误差项 $\varepsilon_{ijt}$ 在消费者 $i$、车型 $j$、时间 $t$ 层面保持独立同分布。

模型(10)中的需求函数可能符合嵌套结构，外层表示不购买任何车型[本实证研究场景中外层定义是稳健的，因为没有横截面层面的变化(Berry,1994)]。每种汽车级别（迷你、小型、紧凑、中型、大型、超大型）表示一个组，因此存在6组选项(Deng and Ma,2010；Klier and Linn,2012)。在这种嵌套结构下，误差项 $\varepsilon_{ijt}$ 的函数形式可以表示为 $\varepsilon_{ijt} = \omega_{ict} + (1-\sigma)\eta_{ijt}$。其中，$\omega_{ict}$ 表示所有 $c$ 级别汽车受到的市场冲击；$\sigma$ 是相似系数，表示消费者对所有 $c$ 级别汽车的购买意愿受到了市场冲击的同等影响；$\eta_{ijt}$ 表示消费者 $i$、车型 $j$、时间 $t$ 受到不同程度的市场冲击影响。假设误差项 $\varepsilon_{ijt}$ 符合极值 I 型分布，则车型 $j$ 在时间 $t$ 的市场份额可以表示为(Berry,1994)：

$$\ln(s_{jt}) - \ln(s_{0t}) = \sum_{k=2}^{4} \gamma_k Name_{jk} + \alpha \ln(p_{jt}) + x_{jt}\beta + \sigma \ln(s_{jt|ct})$$
$$+ parent_b + type_g + import_d + time_t + \xi_{jt} \tag{11}$$

模型(11)的左侧表示车型 $j$ 市场份额的自然对数和外层商品（不被购买的车型）市场份额的自然对数之间的差值。$\ln(s_{jt|ct})$ 表示 $c$ 级别汽车中 $j$ 车型在 $t$ 时间的市场份额的自然对数。本研究通过线性回归估计了模型(11)，并且使用工具变量来处理内生性问题(Berry,1994)。[①]

## 二、品牌名称类型对汽车需求的不同影响

为了获得更深入的管理启示，作者进一步研究了不同来源国与细分市场下

---

① 本章的嵌套 Logit 模型有两个特点。首先，嵌套 Logit 模型放松了"无关选项独立性"假定(IIA)，即不需要所有选项的扰动项都相互独立，但不同组选项的扰动项需要相互独立（不同级别的汽车）。其次，嵌套 Logit 模型允许同组内选项的扰动项相关，同组是指同一汽车级别而不是同一汽车车型。本章选择以汽车级别为分组依据是有意义的，在一个具有多个内生变量（如汽车价格、市场份额、品牌名称类型等）的模型中，由于可使用的工具变量个数较少，因此不可能估计出许多带有消费者异质性的系数(Klier and Linn,2012)。

品牌名称类型对汽车需求的影响。如模型(12)所示,作者在模型中加入了来源国、细分市场等调节变量:

$$\gamma_k\,Name_{jk} = \delta_k\,(Name_{jk} \times DOM_j) + \chi_k\,(Name_{jk} \times For_j)$$
$$+ \theta_k\,(Name_{jk} \times Entry_j) + \phi_k\,(Name_{jk} \times High_j),\,\forall\,k = 1,2,3,4 \quad (12)$$

其中:$DOM_j$ 代表本土车型;$For_j$ 代表外国车型;$Entry_j$ 代表入门级车型(4 个或者更少的气缸)[①];$High_j$ 代表高端车型(6 个或更多气缸)。此外,在偏好参数中,$\delta_k$ 对应本土车型,$\chi_k$ 对应外国车型,$\theta_k$ 对应入门级车型,$\phi_k$ 对应高端车型。作者在对产品来源国进行建模时,具有字母数字名的本土车型是基准组;类似的,在对细分市场进行建模时,具有字母数字名的入门级车型是基准组。

## 三、模型识别

模型(11)和(12)中存在两个明显的识别性问题。

首先,汽车价格 $\ln(p_{jt})$ 可能与未观测到的特征 $\xi_{jt}$ 存在相关关系,在这种情况下,同汽车级别市场份额的自然对数 $\ln(s_{jt|ct})$ 可能与 $\xi_{jt}$ 存在相关关系,因为 $\ln(s_{jt|ct})$ 的函数表达式中包括 $\ln(p_{jt})$。例如,当一款汽车具有高品质(高品质不能直接被测量,因此纳入 $\xi_{jt}$ 中)时,消费者会有更强的意愿去付费,那么制造商出于高边际成本或者寡头垄断市场力量的考虑,可能会制定更高的价格。本章依照 Berry(1994)与 Berry et al.(1995)的做法,对 $\ln(p_{jt})$ 和 $\ln(s_{jt|ct})$ 两个内生变量使用了两组工具变量。第一组工具变量包括在一家公司销售的同级别汽车(如轿车、SUV)中其他车型的非价格特征总和(如名字类型)。第二组工具变量包括竞争公司销售的同级别汽车中其他车型的非价格特征。该识别的假设是,这些非价格特征是外生变量。假设中国汽车市场是一个寡头垄断的差异化产品市场,汽车制造商的最优定价策略应该是该产品的价格与市场中其他产品的特性相关,那么这两组工具变量就符合"工具变量相关性假设"。这意味着,两组工具变量与汽车价格、同一市场级别的市场份额这两个内生变量具有相关关系,但是与误差项不相关。

---

① 作者依据汽车发动机的气缸个数将样本中的车型分为两类:入门级车型,指那些有 4 个或更少发动机气缸的车型;高端车型,指那些有 6 个甚至更多发动机气缸的车型。本研究样本中,大多数是 4 个或者 6 个发动机气缸的车型。在 270 个车型中,6 个车型有 3 个发动机气缸,198 个车型有 4 个发动机气缸,64 个车型有 6 个发动机气缸,2 个车型有 8 个甚至更多气缸。中国的大多数入门级与中端车型有 4 个发动机气缸。在本研究样本中,SUV(通常有更多的气缸个数)并不很受欢迎,其市场份额低于 8%。大多数非奢侈品牌的汽车市场销量来源于轿车,而带有 6 个气缸的轿车往往是高端车型。

其次,品牌名称类型 $Name_{jk}$ 和交互项可能与不可观察到的特征 $\xi_{jt}$ 具有相关关系,因为企业可能会使用品牌名称类型来表达研究人员无法观测到的某些汽车特性(Keller et al.,1998)。例如,中国领先的品牌咨询公司朗标为西班牙汽车品牌"SEAT"设立中文品牌名"西亚特",以此强调欧洲传统特色(详见 http://www.labbrand.com.cn/work/seat)。此外,该公司为大众旗下的"Phideon"设立中文品牌名"辉昂",以此凸显其奢华特性(详见 http://www.labbrand.com.cn/work/Phideon)。本研究模型中没有加入这些变量(如西亚特品牌的欧洲传统特色,大众辉昂品牌的奢华特点),但将它们纳入了未观测特征 $\xi_{jt}$ 之中,尽管它们和品牌名称类型 $Name_{jk}$ 具有相关性。由于汽车制造商针对每款新上市的车型只需要做一次命名决策,因此这些遗漏的变量应该不随时间而变化。

车型品牌名称类型的工具变量取决于其他车型的品牌命名策略。对于车型 $j$,作者记录了它在中国上市的年份。[①] 第一组车型 $j$ 的名称类型的工具变量包括在 $j$ 车型上市前同一母品牌下的车型数量中,车型数量分别按字母数字名、语音名、混意名或者语意名计算。例如,本田雅阁于1999年在中国上市,那么其品牌名称类型的第一组工具变量是1999年以前本田汽车在中国上市的四类品牌名称下各自的车型数量。第二组工具变量包括在 $j$ 车型上市前其他母品牌下的车型数量,车型数量也按四类品牌名称分别计算。

采用这些工具变量的基本原理:公司在上市新车型时,可能会遵循或背离当时品牌命名的趋势。例如,如果某些品牌名称类型当时在市场上颇为流行,那么公司可能会为了降低品牌命名决策的风险而采用竞争对手的命名策略。相反,公司也可能会为了获得消费者的注意而选择避开主流趋势,采用没那么受欢迎的品牌名称。因此,对于每个车型 $j$,现有车型的品牌名称类型可能与它自身的品牌名称类型具有相关关系。此外,公司可能会根据其竞争对手的策略对品牌进行命名,那么同一或不同母品牌下的名称类型就可能对该车型的命名产生不同影响。因此,考虑到这些不同潜在的影响,本研究针对品牌名称类型采用了两组工具变量。在控制不随时间变化的汽车层面的固定效应后,$t$ 时间 $j$ 车型未观察到的产品特征与 $j$ 车型上市时其他车型的品牌名称类型之间不应该存在

---

① 作者记录了每款车型的上市年份。根据中国法律规定,当汽车制造商在中国推出新车型时必须向工信部报备。因此,工信部数据库记录了每款车型的最早上市年份。

相关关系,因为该工具变量中其他车型的上市时间远远早于 $t$ 时间。

最后,不同品牌、不同汽车级别(如迷你、紧凑型)、不同车款(如轿车、SUV、商务车)或者不同汽车来源国(如本土和外国)的车型可能趋向于使用特定的品牌名称类型。本研究在模型设定中加入了一系列固定效应,以解决这些潜在因素引起的混淆影响。例如,本章为了控制品牌和来源国这两个维度上未观测到的变化因素,加入了母品牌的固定效应($parent_b$);为了控制汽车款式这个维度未观察到的变化因素,加入了款式的固定效应($type_g$)。本研究基于尺寸对汽车进行分类,为捕捉一些与汽车级别(如迷你、紧凑)相关的特定因素,也加入了汽车尺寸作为控制变量。

## 第四节 实 证 结 果

### 一、汽车品牌名称对消费者需求的影响

表 3 - 6 列出了基准模型的实证结果,第(1)列表示 Logit 模型的系数值,第(2)列表示嵌套 Logit 模型的分析结果。两个模型的估计结果相近,平均而言,中国消费者更偏好语意名车型,最不偏好混意名车型($p < 0.05$)。此外,消费者对字母数字名和语音名品牌大多不感兴趣,并且两者偏好差别不显著。同时,由第(2)列可知,汽车价格的弹性为-6.89,与以往研究的估值一致(Deng and Ma,2010; Xiao and Ju,2014)。其他汽车特征的系数符号也与预期一致:消费者不喜欢燃油效率低的车型,而更偏好空间大、功率大的车型。本研究的实证结果表明,在其他条件不变的情况下,语意名车型比字母数字名车型的销量大约高 7.64%,而语音名车型比字母数字名车型的销量大约低 4.92%。[①] 根据相关研究结果,本研究结果中品牌名称类型对消费者需求的影响程度在一个合理范围内。例如,价格弹性值为-6.89,品牌名称类型的需求补偿效应分别约等于 1.11%(语意名 vs.字母数字名)和 0.71%(语音名 vs.字母数字名)的汽车价格差异。Sullivan(1998)通过对比美国二手市场的汽车,发现不同的品牌名称会引起约 3.63%的汽车价格差异。相较于苏里文(Sullivan)的研究,本研究的价格系数值

---

① 为量化品牌名称类型对汽车需求的影响,本章计算了如果将每一种车型的字母数字名改为语意名,其市场份额的变化。而后,本章将这些变化值取平均。

表 3 - 6　品牌名称类型对汽车需求的影响

| 因变量：ln(销量_{it})—ln(销量_{0t}) | (1) Logit 模型 | (2) 嵌套 Logit 模型 | (3) 嵌套 Logit 模型：2008—2009 年样本 | (4) 嵌套 Logit 模型：2010—2012 年样本 | (5) 嵌套 Logit 模型：特定 COO 时间趋势 | (6) 嵌套 Logit 模型：以车型作为替代嵌套 | (7) 嵌套 Logit 模型：以汽车价格范围固作替代嵌套 |
|---|---|---|---|---|---|---|---|
| ln(汽车价格) | −1.991 2*** (0.174 4) | −2.959 8*** (0.886 9) | −4.337 3*** (0.885 2) | −2.393 1*** (0.723 6) | −2.542 1*** (0.827 2) | −1.483 0*** (0.260 4) | −1.521 7*** (0.149 6) |
| ln(同车型市场份额占比) | | 0.746 7*** (0.025 0) | 0.624 0*** (0.039 9) | 0.795 1*** (0.021 1) | 0.746 9*** (0.022 2) | 0.886 2*** (0.009 8) | 0.923 0*** (0.005 9) |
| 语音名 | 0.063 5 (0.067 0) | −0.004 9 (0.063 4) | −0.105 0 (0.132 8) | 0.207 0 (0.499 6) | −0.080 2 (0.060 2) | 0.013 1 (0.015 2) | 0.006 1 (0.010 0) |
| 混意名 | −0.153 3** (0.067 3) | −0.187 6** (0.066 3) | −0.304 5** (0.094 4) | −0.095 8* (0.051 3) | −0.168 0** (0.064 0) | −0.031 5* (0.018 8) | −0.032 4** (0.012 9) |
| 语意名 | 1.056 6*** (0.077 0) | 0.247 2*** (0.049 8) | 0.237 6*** (0.084 1) | 0.324 9*** (0.035 9) | 0.212 6*** (0.051 3) | 0.048 6*** (0.014 4) | 0.059 5*** (0.009 8) |
| 油耗(升/100公里) | −0.047 7** (0.021 8) | −0.040 1* (0.021 8) | −0.059 2* (0.024 3) | −0.044 3*** (0.019 0) | −0.044 2** (0.019 8) | −0.037 4*** (0.005 7) | −0.023 2*** (0.003 7) |
| 汽车尺寸(立方米) | 0.093 5*** (0.031 2) | 0.172 1*** (0.037 7) | 0.040 1 (0.051 3) | 0.147 3*** (0.035 0) | 0.142 8*** (0.034 5) | 0.041 3*** (0.009 6) | 0.016 9*** (0.005 5) |
| 功率(千瓦) | 0.014 2*** (0.022 6) | 0.017 9*** (0.008 4) | 0.026 7*** (0.008 1) | 0.012 5* (0.007 1) | 0.013 4* (0.007 9) | 0.014 1*** (0.002 5) | 0.012 2*** (0.001 4) |
| 重量(吨) | 0.301 8 (0.209 3) | 0.089 1 (0.389 7) | 0.495 0 (0.458 9) | 0.575 2 (0.418 1) | 0.202 3 (0.377 8) | 0.689 2 (4 059) | 0.246 8** (0.066 0) |

| 因变量：ln(销量$_{it}$)−ln(销量$_{0t}$) | (1) Logit 模型 | (2) 嵌套 Logit 模型 | (3) 嵌套 Logit 模型：2008—2009 年样本 | (4) 嵌套 Logit 模型：2010—2012 年样本 | (5) 嵌套 Logit 模型：特定 COO 时间趋势 | (6) 嵌套 Logit 模型：以车型作为替代嵌套 | (7) 嵌套 Logit 模型：以汽车范围围作为替代嵌套 |
|---|---|---|---|---|---|---|---|
| 是否为进口 | 3.764 8*** (0.089 1) | 2.678 7*** (0.655 8) | 3.732 8*** (0.832 8) | 3.222 2*** (0.482 1) | 2.957 3*** (0.759 0) | 1.086 9*** (0.175 5) | 1.569 5*** (0.102 3) |
| 常数项 | −8.520 4*** (0.267 8) | −12.857 6*** (0.321 1) | −12.647 0*** (0.510 9) | −12.274 5*** (0.295 8) | −11.533 0*** (0.548 9) | −11.832 5*** (0.106 5) | −11.771 7*** (0.067 1) |
| 品牌固定效应 | 控制 | 控制 | 控制 | 控制 | 控制 | 控制 | 控制 |
| 车型固定效应 | 控制 | 控制 | 控制 | 控制 | 控制 | 控制 | 控制 |
| 时间固定效应（年-月） | 控制 | 控制 | 控制 | 控制 | 控制 | 控制 | 控制 |
| 第一阶段 F 检验：语音名 | 649.53 | 485.56 | 1 211.95 | 652.51 | 531.22 | 537.94 | 629.46 |
| 第一阶段 F 检验：混意名 | 261.54 | 192.22 | 506.60 | 126.74 | 266.65 | 237.61 | 301.58 |
| 第一阶段 F 检验：语意名 | 2 172.71 | 1 620.14 | 2 136.93 | 3 540.91 | 1 395.21 | 1 947.51 | 2 461.90 |
| 过度识别检验 | 16.74 (p=0.16) | 14.62 (p=0.21) | 13.51 (p=0.26) | 15.42 (p=0.16) | 8.06 (p=0.24) | 13.54 (p=0.26) | 15.36 (p=0.17) |
| $R^2$ | 0.693 9 | 0.843 8 | 0.806 6 | 0.889 2 | 0.832 5 | 0.869 4 | 0.903 5 |
| 观测值 | 10 607 | 10 607 | 3 123 | 7 484 | 10 607 | 10 607 | 10 607 |

注：括号内是稳健标准误。*$p<0.10$，**$p<0.05$，***$p<0.01$。

较小,因为本研究关注的是车型层面的品牌名称,而苏里文关注了母品牌(如丰田)和车型(如卡罗拉)的品牌名称效应。

在表3-6的第(3)列和第(4)列中,样本观测值分别被分为2010年前和2010年后两组,并分别在模型中进行估计。如此,我们可以估计消费者对不同来源国产品偏好的变化,这种变化源于中国与日本之间的2010年钓鱼岛事件,这导致了中国消费者产生抵制日货的情绪。相比第(3)列,第(4)列中的混意型品牌名称对消费者需求的负向影响减弱。这种负面影响的减弱可能源于2010年钓鱼岛事件以后消费者上升的民族主义情绪,因为民族主义情绪可能会促使消费者更青睐于具有本土元素(较少外国元素)的产品,例如那些混意名产品(相对于字母数字名和语音名产品)。此外,相比于第(3)列,第(4)列中的价格弹性在绝对值上较小。正如前文讨论的,中国消费者在2010年减税政策结束前急于购车,这样的购买行为可能会引起样本在2010年至2012年间价格弹性的估计值偏低。

表3-6的第(5)列加入了产品来源国的特定时间趋势,允许消费者对不同产品来源国的车型的偏好随时间推移而变化。因此,模型变得更加灵活,可以用于解释来自日本以及其他国家对消费者车型偏好的市场冲击。为确保实证结果的稳健性,表3-6的第(6)列和第(7)列使用了替代性的嵌套方法。第(6)列以车型(轿车、SUV、商务车)作为分组依据。第(7)列根据价格取值四等分(25%、50%、75%、100%),将数据集中的车型分为四组。表3-6中的第(3)列至第(7)列在数值上与第(2)列相同,即中国消费者最偏好语意名品牌,而最不偏好混意名品牌。最后,在关于工具变量的检验中,第一阶段的F统计值表明品牌名称类型的工具变量不是弱工具变量($p < 0.01$),并且没有出现工具变量过度识别的问题。因此,从实证角度来看,工具变量是有效的。

正如前文所言,对于消费者来说,语意名是最有意义且最容易识别和记忆的(Keller et al.,1998),而带有外国元素的语音名则得益于外来效应,所以它们提供了现代感和身份地位象征感(Leclerc et al.,1994)。字母数字名往往简明了,通常奢侈品牌汽车会使用该类型名称,消费者可能会以此彰显声誉形象。然而,相较于语意名,消费者需要具备更强的外语能力来处理语音名和字母数字名信息。因此,消费者的外语水平(在本研究中指英语)可能决定了各种品牌名称类型对消费者需求的影响。外语水平较低的消费者可能更偏好语意名品牌,而外语水平高的消费者可能更偏好非语意型品牌名称(Kum et al.,2011)。平均而言,中国消费者的英语水平较低,因此直观来说,相较于其他品牌名称类型[①],他们更偏好于语意名,这种偏好会进一步转化为销量。

最后,与其他品牌名称类型相比,中国消费者可能不太偏好混意型品牌名称。虽然能驾驭中英文的双语者可能会更偏好混意名,因为他们可以从语音和语意两个角度处理名称信息(Kum et al.,2011;Zhang and Schmitt,2004),但是相对于双语加工,消费者直接从语意名和字母数字名中感受到的外来效应可能更强。这一推断说明需求效应可能会随着消费者对品牌名称类型的偏好而变化。

## 二、品牌名称类型效应的多样性

### (一) 外国品牌与本土品牌

表 3-7 对比了外国品牌与本土品牌的不同名称类型效应。研究结果表明,当品牌来源国效应起作用时,品牌名称类型对销量的影响会随之变化。对于本土品牌,消费者最偏好语意名车型,而对其他三种品牌名称类型则不感兴趣。对于外国品牌,中国消费者最偏好字母数字名($p < 0.05$),其次是语音名和混意名,最不偏好语意名车型($p < 0.05$)。

表 3-7　　　　　　　　　不同品牌名称类型对汽车需求的影响

| 国内车型与国外车型 | | 低端车型与高端车型 | |
| --- | --- | --- | --- |
| 语音名×国内车型 | 0.596 8 (0.612 4) | 语音名×低端车型 | −0.390 4 *** (0.143 3) |
| 混意名×国内车型 | 0.193 6 (0.285 5) | 混意名×低端车型 | −0.042 612 12 |
| 语意名×国内车型 | 1.452 7 *** (0.356 3) | 语意名×低端车型 | 0.240 1 ** (0.117 5) |
| 字母数字名×国外车型 | 2.720 6 *** (0.561 4) | 字母数字名×高端车型 | −0.613 6 (0.588 3) |
| 语音名×国外车型 | 2.427 5 *** (0.492 6) | 语音名×高端车型 | −0.348 8 (0.524 0) |
| 混意名×国外车型 | 2.436 7 *** (0.567 1) | 混意名×高端车型 | −1.791 0 ** (0.609 6) |
| 语意名×国外车型 | 1.914 3 *** (0.556 4) | 语意名×高端车型 | −1.497 2 *** (0.470 0) |

---

① 在英语熟练程度指数(全球英语语言能力)的排名中,中国在 44 个非英语母语国家中排名第三十六位,在亚洲排名倒数第二(Yue,2012)。

| | 国内车型与国外车型 | | 低端车型与高端车型 |
|---|---|---|---|
| 母公司品牌固定效应 | 控制 | | 控制 |
| 车型固定效应 | 控制 | | 控制 |
| 是否为进口车 | 控制 | | 控制 |
| 时间固定效应 | 控制 | | 控制 |
| $R^2$ | 0.865 | | 0.840 8 |

注：观测值总数为 10 607。低端车型是指发动机气缸为 4 个或 4 个以下的汽车,而高端车型是指发动机气缸为 6 个或 6 个以上的汽车。除表中的解释变量,该模型还加入了车型价格的自然对数,车型市场份额的自然对数,车型油耗、尺寸、动力、重量以及常数项。表中结果是处理车型价格、市场份额以及品牌名称内生性,并采取"两阶段最小二乘法"得到的估值。括号中的数字表示稳健标准误差。$*p<0.10$, $**p<0.05$, $***p<0.01$。

这些研究发现存在一个潜在解释(Zhang and Schmitt,2004),即中国市场中的本土车型通常比外国车型的价格和质量更低(Deng and Ma,2010),而购买本土车型的消费者可能收入、教育水平和英语水平较低,因此更多依赖于语意信息来处理品牌名称。因此,这些消费者更偏好语意名车型。相对而言,购买外国车型的消费者可能具有更高的英语水平,更倾向于通过语音处理品牌名称。因此,这些消费者通常更偏好非语意型品牌名称,而对语意型品牌名称偏好程度最低。

本研究结论强调品牌名称外来效应的重要性(Maheswaran et al.,2013)。消费者喜欢外国制造的产品可能是因为购买外国品牌的产品可以提升自身的价值,实现了某种自我提升(Chen et al.,1998)。因此,外来效应会提升消费者购买外国品牌的意愿和对非语意型品牌名称的偏好。

本研究与以往文献在研究发现上有相似之处:当跨国公司使用本土化品牌名称(如语意名)或者本土公司使用外文发音的品牌名称(如字母数字名、语音名,或者混意名)时,消费者会感到惊讶,因为这可能与他们根据产品来源国而推测的品牌名称不符(Krishna and Ahluwalia,2008)。意料之外的品牌命名策略可能会引发消费者的怀疑,并对他们的品牌感知产生负向影响。品牌名称所暗示的产品来源国与实际来源国之间的不一致会降低消费者的购买可能性(Melnyk et al.,2012)。本章研究结果与此观点达成一致,并进一步证明了对消费者品牌感知的负面效应会进一步降低品牌销量。

## （二）入门级品牌与高端品牌

如表3-7所示，对于入门级车型来说，消费者更偏好语意名车型（$p < 0.05$），而非语意名或混意名车型（$p < 0.05$）。对于高端车型，消费者最不偏好语意名或混意名车型（$p < 0.05$），最偏好字母数字名或语音名车型（$p < 0.05$）。

这些实证结果与前文讨论一致。购买入门级车型的消费者可能受教育程度和英语水平较低，而购买高端车型的消费者可能受教育水平和英语水平较高。因此，消费者偏好语意名的入门级车型和字母数字名或者语音名的高端车型。

随着汽车市场竞争程度增加，跨国企业和本土企业更倾向于使用本土语言命名品牌（Krishna and Ahluwalia，2008）。本研究实证结果支持了该观点，在竞争更加激烈的入门级车型市场，消费者更偏好语意名车型。这种对语意名品牌的偏好促使国内外企业在中国入门级车型市场更多地采用语意名品牌名称。

## 第五节 研究结论

由于表意语言在读音和含义上的联系较弱，因此用表意语言为品牌命名颇具挑战性。为解决这一问题，本研究首先基于读音和含义这两个维度，提出了在表意语言环境中品牌名称类型的四种分类法（见表3-1）：字母数字名、语音名、混意名、语意名。该分类法有助于跨国企业决定品牌命名时标准化与本土化的程度，其中字母数字名最为标准化，而语意名最为本土化。

本研究以中国这个表意语言环境为研究背景，使用中国市场销售数据，量化品牌名称类型对新车型需求的影响。研究了在国内外以及不同细分市场环境下品牌名称类型效应的异质性。研究结果表明：在其他条件不变的情况下，消费者更偏好使用语意名的汽车品牌，语意名汽车比字母数字名汽车的销量高7.64%；相对应的，消费者却不偏好混意名的汽车车型，混意名汽车比字母数字名汽车的销量低4.92%。然而品牌名称对车型销量的影响是多样化的，当聚焦于细分市场时，国产品牌和入门级品牌更加受益于具有中文含义的品牌名称（混意名和语意名），而外国品牌和高端产品更加受益于具有外语元素的品牌名称（字母数字名和语音名）。

## 一、理论意义

在以往实验室研究与测量品牌名称对消费者感知、态度的研究的基础上,本研究使用真实的二手数据量化了品牌名称类型对消费者需求的影响。相对而言,本研究提供的品牌名称效应估计值更具普遍意义。这是因为实验室研究中的效应估计值可能会偏大,因为测量的是消费者的态度与意向,而非实际的行为(Chandon et al.,2005)。Gunasti and Ross(2010)发现,随着字母数字名中的数字增加,比如从 Canon-DC700MX 变为 Canon DC-800MX,消费者选择的比例会增加 30%。语音名品牌对消费者态度的影响值为 28.6%~52.9%(Leclerc et al.,1994)。Zhang and Schmitt(2001,2004)发现,中国消费者对语意名、语音名、混意名的品牌名称类型的态度变化范围是 20%~40%。① 所有这些效应值都远大于本研究做出的 4%~7% 的预估值。虽然这些效应值的内部效度较高,但是必须承认实验室研究高估了效应值。

本研究对品牌名称的四分类法符合以往关于品牌名称研究的理论框架。因此,本研究支持在高低端细分市场、国内外市场环境之中对比品牌名称效应。语意名更适用于入门级细分市场,而字母数字名和语音名更适用于高端细分市场。语意名的国内品牌更受欢迎,而字母数字名的国外品牌则更受欢迎。这些实证结果表明,消费者异质性会引起不同的品牌偏好,比如受教育水平,受教育水平越高的消费者可能收入越高,越偏好高端市场的国外品牌。

最后,本研究提供了一些概括性研究发现。例如,无论是在中国还是在西方的语言环境中,有意义且具有暗示性的品牌名称,普遍而言更容易激发消费者的好感(Lee and Ang,2003)。字母数字名更适用于高端产品(Ang,1997)。正如在其他亚洲国家一样,国内外品牌名称的语言选择有所不同(Krishna and Ahluwalia,2008)。

## 二、管理启发

本研究的实证结果为企业在中国进行品牌命名提供了一些管理启示。品牌

---

① 在测量消费者态度和意向时,可能使用标准化系数(如 Cohen's d、odds 比率)更加合适,但是鲜有实验室研究会报告标准化系数或者提供详细的系数计算信息。因此,本章使用组间均值的差异,粗略测量了系数值。Gunasti and Ross(2010)将消费者的产品选择作为因变量,因此其效应值大约比本章的效应值高出 30%。

名称不但会影响消费者对产品的感知和态度,而且会显著地影响产品销量。这一发现意味着,无论是国内企业还是国外企业,都需谨慎选择合适的品牌名称类型。当企业的目标市场群体是中国的普通消费者时,使用语意名可以提升产品销量,但使用语音名需要谨慎。

虽然本章数据源于 2008 年至 2012 年的中国市场,并没有获取最新的市场趋势,但是研究结果仍然对企业的品牌命名策略以及推动新研究具有指导意义。例如,中国汽车市场在经历了多年的两位数增长以后,出现了两个明显的趋势:(1) 竞争动态不断变化;(2) 消费者对购车的行为和态度不断变化。尽管国内汽车制造商在入门级市场占据主导地位,但外国汽车制造商也在不断尝试进入该市场(Jullens,2014)。2015 年的一项调查显示,中国汽车购买者越来越实用主义,愈发不看重身份象征(Gao et al.,2016)。正如本研究结果所示,中国入门级汽车市场的消费者更偏好语意名品牌,外来效应在这些功能导向型的消费者身上影响较小。因此,本书建议以中国入门级市场为目标市场的外国汽车品牌,可以更多地采用语意型品牌名称。

高端市场的消费者偏好外文读音的品牌名称,因此对于超豪华汽车品牌(如法拉利、保时捷和宾利等),字母数字名和语音名会更加合适。该结果与实际观察结果一致,许多超豪华汽车市场中的经典品牌在中国使用字母数字名或者语音名,比如法拉利 488、保时捷卡宴等。相比之下,宾利亦凭借语意名蓬勃发展。例如,宾利将旗下的“Bentayga”命名为“添越”,在中文中的意思是“超越卓越”。超豪华汽车品牌名称的不同影响可能源于母品牌的丰富传统和历史,这削弱了产品来源国和品牌名称类型(法拉利 488、宾利添越)的影响。

消费者在选择汽车品牌时,会很清晰地识别出产品来源国,所以品牌名称的类型取决于品牌的来源国,比如具有外文发音的国外品牌和具有语意名的国内品牌。然而,在电子产品、服装或者家具市场,来源国效应可能没那么明显,因此企业可能会战略性地使用品牌名称来掩饰产品真正的来源国,影响消费者的感知(Zhang,2015)。在可以掩饰来源国的市场,尤其是在消费者容易受到外来效应影响的发展中国家,采用外文发音的品牌名称可能会更加流行。

### 三、未来研究方向

本研究有助于企业和研究者进一步理解品牌名称效应。未来研究可以在以下几个方面进行突破:首先,未来研究可以探索高科技(如电子产品)、时尚(如化妆品、奢侈品)行业中的品牌名称效应,相对于生活必需品行业,这些行业中的外国品牌更能凸显产品质量和消费者的社会地位。文化是品牌名称效应中的重要调节变量,因此未来研究可以探索在不同国家中品牌名称对产品需求的影响。其次,未来研究可以更多地探索品牌名称效应背后的影响机制。语言学家提出了设立品牌名称的其他法则,比如头韵和谐音等发音法则、缩写或首字母缩略等拼写法则、词缀和组词等词形法则、比喻等语意法则(Nilsen,1979;Van den Bergh,Adler and Oliver,1987),这些法则可以作为品牌名称分类的替代性方法(Chan and Huang,1997)。最后,在控制母品牌(如丰田)的品牌资产和品牌名称效应后,本章研究了具体产品层面(如凯美瑞)的品牌名称类型。未来研究可以采用合适的识别策略,研究母品牌层面的品牌名称效应。

# 第四章
# 产品售后策略与消费者需求

数字化时代促进了传统商业模式的变革,商家与消费者的关系由产品主导逻辑向服务主导逻辑和顾客主导逻辑逐渐转变。企业间的竞争进入"产品＋服务"的时代。由此产品的售后服务逐渐受到政策制定者、厂商和消费者的广泛关注,并逐渐成为企业重要的营销战略之一以吸引更多的消费者(王先甲 等,2018),其旨在不断提高消费者满意度与忠诚度,并获取额外利润,保持产品的竞争优势(王玉燕,2015)。

耐用消费品在销售时通常会提供保修服务(质保),而政府部门对产品保修做出规定的做法也很普遍,原因在于政府部门和消费者保护机构都希望能通过这些规定来保护消费者免受产品故障带来的损失(Brickey,1978)。例如,美国加利福尼亚州的法律(《美国加利福尼亚州民法典》第900条)就要求承包商为他们新建和改建的房屋工程提供至少一年的保修。类似的,中国对大部分消费类产品做出了维修、更换和退货的强制性规定("三包"政策)。虽然产品保修方面的规定已非常普遍,但鲜少有相关实证研究探讨保修规定对消费需求的影响。

政府做出的保修规定通常会扩大产品的保修范围(延长保修期限),因此直观而言,保修规定会提升消费者对产品的需求。已有研究发现,保修条款是影响消费者对产品质量的判断的重要因素(U.S. Department of Commerce,1992),会在一定程度上正向地影响产品的市场需求(Shimp and Bearden,1982)。然而,实际的市场证据却表明更优厚的保修条款并不是总能在政府或企业所期望的程度上影响消费者的购买决策。例如,2015年3月,通用汽车公司(General Motors,GM)将雪佛兰和吉姆西车型在北美市场的引擎保修时长/里程从5年/10万英里降低到了5年/6万英里。通用汽车北美区副总裁史蒂夫·希尔(Steve Hill)对这一变动背后的主要原因进行了解释,指出"对于非豪华品牌汽车而言,保修期限并不是影响消费者们是否购买的决定性因素"①。

与此同时,保修规定对消费者需求也可能存在异质性的影响。首先,这种影响可能因产品而异,这是因为现有的市场证据表明消费者对不同品牌产品的保修期限可能会有着不同的预期和重视程度。例如,Guajardo et al.(2016)运用了市场研究公司 CNW Marketing Research 在 2006 年对潜在汽车购买者进行的一项调研发现,54.5%的现代品牌汽车潜在购买者认为保修期限"极其或非常重要",而只有 28.4%的丰田品牌汽车潜在购买者对保修期限持有相同的看法。其次,保修规定对产品需求的影响可能因消费者而异,这是因为不同的消费者可能有着不同的风险态度,所以,产品保修对不同消费者的感知价值可能也有所不同(Kubo,1986;Matthews and Moore,1987;Padmanabhan and Rao,1993)。例如,研究表明收入更高的消费者所购买产品的保修期会更短,这是因为他们对风险的厌恶程度较低(Chu and Chintagunta,2011)。

受上述研究的启发,本章旨在通过实证研究了解政府部门的保修政策对产品的市场需求所产生的影响。具体而言,我们探究了以下三个问题:第一,延长保修期限的相关规定是否会提升消费者对相应产品的需求;第二,就保修规定对产品市场需求的影响而言,不同质量水平的产品之间是否存在异质性;第三,同样就保修规定对产品市场需求的影响而言,豪华汽车(如宝马和雷克萨斯等品牌)和非豪华汽车(如丰田和福特等品牌)之间是否存在异质性。②

本章探究了中国汽车市场情境下,保修政策对消费者需求的影响。利用中国市场在 2013 年 10 月 1 日开始实施的汽车保修新规定(针对所有新的乘用车)所产生的实际效果开展了一项自然实验。该规定要求 2013 年 10 月 1 日及之后在中国市场销售的新的乘用车都必须提供基本的保修服务,最低保修期为 3 年/6 万公里。这一新的保修规定为我们的研究提供了一个独特的机会,因为

---

① 请参见发表在《今日美国》上的一篇题为"通用汽车削减对雪佛兰和吉姆西汽车的保修和免费服务(GM slices warranties, free service on Chevy, GMC)"的新闻报道。http://www.usatoday.com/story/money/cars/2015/03/12/gm-chevrolet-gmc-warranty-service-cut-reduced/70210660/。

② 我们考察了数据集中的高质量汽车[例如,汽车出厂质量研究报告(Initial Quality Survey, IQS)中分数较低的汽车]是否具有更高的售价。为了回答这一问题,我们开展了如下回归分析:$\ln(p_{jt}) = \omega + \sigma IQS_{jt} + \varphi x_{jt} + \mu_{jt}$,其中,$p_{jt}$ 代表生产企业在时间 $t$ 制定的汽车 $j$ 的厂家建议零售价(MSRP);$\omega$ 代表常数;$IQS_{jt}$ 代表汽车 $j$ 的出厂质量得分(IQS),我们使用该变量来代表汽车 $j$ 的质量水平;$x_{jt}$ 这一矢量则包含了车型 $j$ 的其他可观测的特征变量(如表 4-1 所列)。$\mu_{jt}$ 代表误差项,包含可能影响汽车价格的不可观测的因素。回归结果显示参数 $\sigma$ 的估计值为 0.012,标准误差为 0.694,这表明不同质量水平的汽车在售价方面并不存在系统性的差异。换言之,我们分析保修政策对豪华车和非豪华车的不同影响不会受保修政策对不同质量水平汽车的不同影响的影响,两者不会混淆。

这使得部分汽车产品(而不是全部)的保修期限发生了外生性的改变,从而让我们得以明确保修规定与产品需求之间的因果关系。

因此,本章使用 2012 年 1 月至 2014 年 9 月期间中国的新车销售数据以及同代车型(例如,2011 年丰田凯美瑞)的特征数据。基于数据的面板性特征,我们采用了双重差分(difference-in-differences,DD)的分析方法,探究这一保修规定对消费者需求的影响。

我们的研究结果为以下三点:第一,汽车保修规定提升了消费者对受影响的(例如,保修期低于 3 年/6 万公里)车型的需求。从量化的角度而言,对需求的影响幅度在 5%～6%。这一结论与现有研究发现保修政策让消费者更安心的结论保持一致(Heal,1977),因为保修升级给消费者提供了针对产品质量的进一步保险,所以增加了消费者需求。第二,随着汽车质量的提高,主效应的正向影响也会减弱。也就是说,就汽车的豪华属性而言(代表消费者的收入高低)[①],该政策对低质量汽车的需求提升效应更强,对高质量汽车的需求提升效应相对较弱。这一发现进一步表明保修规定对汽车需求的影响是通过使消费者感觉安心而实现的,这是因为强制性的保修要求让购买较低质量汽车的消费者们得到了更多的保障,进而也就在经济上获得更高的价值。第三,这一保修规定对非豪华汽车的需求提升效果较强,而对豪华汽车的需求提升效果较弱。这种内在的可能解释机制是,豪华车购买者的收入通常更高,因而对风险的厌恶程度也可能会更低。因此,他们会较为不在意这一规则带来的保修升级。

本章的理论贡献在于:第一,在现有研究基础上首次通过实证研究验证了保修规定与消费需求之间的因果关系。第二,本研究还探究了保修策略对不同质量水平的汽车以及不同细分市场的汽车(豪华车与非豪华车)所造成的不同影响。此外,我们采用的实证分析方法是以一项自然实验为基础的,相较于只考察不同保修期限的产品之间的销售情况差异,该方法的优势在于能够较好地厘清产品保修与需求提升之间的因果关系,排除产品的保修期限也可能与不可观测的产品异质性存在相关性。尽管引入产品固定效应亦可在一定程度上解决上述问题,但这可能很少会导致产品保修条款的变化(一定程度上甚至完全不会导致变化),因为产品的保修政策通常是较为固定的。

---

① 由于汽车产品的豪华属性并不会随着时间的推移而改变,因此在我们的回归控制中,汽车产品的豪华属性对消费者需求的影响是固定的。

本章其余部分的大纲如下：第一节对相关文献进行了综述。第二节对行业背景和数据进行了说明。第三节对我们使用的实证分析方法进行了介绍。第四节得出了实证研究结果。第五节阐述了结论。

## 第一节  产品售后的文献述评

本章涉及两个领域的相关文献。第一个涉及产品保修相关的实证分析（Lazar，2014）。具体而言，Menezes and Currim（1992）运用销售响应模型探讨了不同产品属性参数对保修期限长短的具体影响。Chu and Chintagunta（2009）量化了保修策略对美国计算机服务器市场的经济价值，发现产品保修策略会使制造厂家、渠道中介商和消费者受益。Choi and Ishii（2010）研究了保修政策对消费者选择决策的影响程度，发现更长的保修期并不总是消费者们所看重的。Guajardo et al.（2012）以美国汽车市场为例，探究了服务业属性是如何影响消费者需求的，发现售后服务的质量也会影响消费者对产品保修的评估程度。

相较上述文献，本书的贡献在于：首先，较为开创性地探究了政府部门的强制性保修规定对消费者需求的影响。其次，研究了保修政策对需求提升的影响在不同质量水平和不同产品细分类别的汽车（豪华车和非豪华车）之间的异质性特征，而现有文献鲜少从该角度切入。最后，针对本书的研究背景（政府部门的强制性保修规定）使部分汽车产品（而不是全部）的保修期限发生了外生性的改变，从而较为干净地解决了保修期限可能存在的内生性问题。

此外，产品保修带来的经济效益相关文献亦与本章紧密相连（Emons，1989）。尽管保修政策带来的经济效益的相关理论研究较为丰富，但与产品保修相关的实证研究还很少。其中，与本研究最为相关的是 Chu and Chintagunta（2011），其实证探究了保修制度在美国汽车市场和计算机服务器市场中的不同经济作用。

受启发于现有文献，本书研究了产品保修的保障功能是否以及如何影响消费者需求的提升效应，进而丰富了现有理论。保修政策的保障理论指出：保修制度通过在未来产品出现故障时为消费者提供保障，进而承担了消费者和制造厂商之间的风险分担机制（Heal，1977）。因此，我们聚焦于保修保障理论提出相应的理论推导，并对这一理论和假设进行了检验。首先，随着汽车质量的提升，消费者对保修政策的重视程度以及保修对汽车需求的提升作用应当会降低，这是因为质量较高的产品发生故障的概率会降低。其次，随着产品豪华属性的提升，产品保修对需求的提升效应会有所降低，这是因为豪华品牌（非豪华品牌）产品的消费者们往往有着较高（较低）的收入，所以对风险的厌恶程度也较低（较高）。基于上述理论推导，我们研究了保修政策对需求的提升效应在不同质量的汽车之间以及豪华汽车和非豪华汽车品牌之间的异质性特征。

## 第二节 行业背景及数据说明

### 一、行业背景

在中国，关于消费产品的保修规定大多是由国家质量监督检验检疫总局（General Administration of Quality Supervision, Inspection and Quarantine, AQSIQ）（以下简称"国家质检总局"）负责发布和实施的。例如，国家质检总局要求消费电子产品生产厂商提供至少 2 年的基本保修，以及家用电器厂商对整机提供至少 1 年的保修并对主要零部件提供 3 年的保修。

尽管自 2008 年以来中国就一直是世界上最大的汽车生产和销售市场，在中国汽车市场中竞争的厂商已超过 50 家，但令人惊讶的是，中国的汽车售后服务市场直到近期才被保修政策所覆盖（Li et al., 2015）。针对汽车行业缺乏强制性保修规定的情况，国家质检总局于 2013 年 10 月 1 日起实施了一项汽车保修新规定：2013 年 10 月 1 日及之后在中国销售的新车都必须提供最低 3 年/6 万公里的基本保修；此外，基本保修未达标（保修期限在 3 年以下或 6 万公里以下）的车型至少应将其保修政策升级到最低标准。该规定吸引了媒体的广泛关注[1]并对大量汽车制造厂商产生了影响。数据显示，在这一规定发布后，14 家制造厂商必须相应地升级其汽车产品的基本保修；而在该法规实施后的一年时间内（2013 年 10 月至 2014 年 9 月），它们共销售了 624 万辆汽车。相比之下，同期的汽车总销量为 1 696 万辆。因此，大约 37％的汽车销售量受到这一规定的影响。

最后，该规定得到了严格的落实执行。数据显示，2014 年国家质检总局对汽车经销商开展的一项全国性调查表明，80％以上的汽车经销商明确向客户告知了新的保修规定，90％以上的经销商按照新规的要求提供了售后服务。[2]

---

① 例如，中国的所有主要门户网站（如 sina.com.cn、sohu.com）都建立了专门的汽车专栏。

② 详情见中国国家质检总局网站的文章：http://zlgls.aqsiq.gov.cn/cpzl/201412/t20141231_429384.htm。

## 二、数据描述

本章数据来自 R. L. Polk & Company 公司(一家全球领先的汽车市场研究公司)的新车销售量、汽车零售价格[①]以及汽车车型的特征数据。我们的数据集包含了从 2012 年 1 月至 2014 年 9 月在中国销售的所有车型(如 2012 款丰田凯美瑞)的月度销售量数据和车型特征数据,共 69 464 个观测值以及 2 185 种不同的车型款式。[②]

对于车型的产品质量的衡量是基于 J. D. Power 公司的汽车出厂质量研究报告中的评分:具体为每 100 辆新车在被购入后的 90 天内由车主发现的质量问题的数量。质量问题的定义是"会导致完全损坏或故障的问题,或者是造成对功能的控制可能符合设计要求但难以使用或理解的问题"。我们获得了在中国销售的每种车型的 2012 年、2013 年和 2014 年汽车出厂质量分值。例如,2012 年时,中国 SUV 细分市场中质量最好的车型是丰田 RAV4(荣放),每100 辆车只出现了 59 次质量问题;在 2014 年时,质量最好的 SUV 车型则是斯巴鲁森林人,每 100 辆车只出现了 56 次质量问题。我们取汽车出厂质量分值的负值,并将其除以 100 作为车辆质量水平的度量,这样得到的数值就严格对应于每辆车的质量问题数量。对于质量度量值而言,数值越高代表车型的质量越好。

通过来自新浪汽车的数据集,获取了本研究中全部车型的年度基本保修信息(年份数和里程数)。[③] 例如,我们获得了 2012 款丰田凯美瑞在 2012 年、2013 年和 2014 年的保修信息。然后,我们将以这一保修规定实施之前(2013 年10 月之前)提供的基础保修少于 3 年/6 万公里的车型作为实验组,将在这一保修规定实施之前提供的基础保修已经满足该规定要求的车型归入对照组。表 4－1 列出了两组车型在销售量和规格指标方面各自的汇总数据。

---

① 厂家建议零售价是由生产企业设定的,在某一特定的款式年度内通常是恒定不变且各地区相同的。在中国,汽车的厂家建议零售价中包含了两种税:消费税(从小排量汽车的 1% 到大排量汽车的 40% 不等)以及 17% 的增值税。

② 实际上,对于每一款车型(例如 2011 款宝马 5 系轿车),我们的数据集都能提供精确到车辆配置(trim)层级(例如 2011 款宝马 528Li 与 2011 款宝马 535Li 轿车的对比)的销售和规格指标数据。因此,在具体的分析工作中,我们实际使用的是更为详细的车款配置级数据。然而,为了遵循行业惯例,我们仍会将所使用的数据描述为精确到车款层级的。

③ 详见:http://auto.sina.com.cn。

表4-1

**按组别汇总的统计数据**

| 变量 | 实验组 | | | | 对照组 | | | |
|---|---|---|---|---|---|---|---|---|
| | 均值 | 标准差 | 最低值 | 最高值 | 均值 | 标准差 | 最低值 | 最高值 |
| 保修时长(年) | 2.76 | 0.34 | 2 | 4 | 3.89 | 0.61 | 3 | 7 |
| 保修里程(万公里) | 6.62 | 1.82 | 3 | 10 | 8.22 | 1.79 | 6 | 10 |
| 月度销量 | 577.76 | 1 786.94 | 1 | 11 890 | 615.76 | 2 057.65 | 1 | 70 593 |
| 车辆质量(−1×每辆车的质量问题数量) | −1.69 | 0.44 | −2.77 | −0.04 | −1.74 | 0.58 | −2.93 | −0.05 |
| 燃油成本(元人民币/公里,2008年价格水平) | 0.59 | 0.12 | 0.35 | 1.4 | 0.64 | 0.17 | 0.31 | 1.55 |
| 车辆的厂商建议零售价(万元人民币) | 17.79 | 31.32 | 2.79 | 530 | 23.65 | 39.44 | 3.2 | 388 |
| 车重(千克) | 1 574.46 | 673.25 | 1 096 | 2 950 | 1 497.58 | 880.35 | 1 178 | 3 450 |
| 车长(毫米) | 4 446.4 | 469.44 | 3 173 | 5 256 | 4 530.38 | 454.38 | 3 278 | 6 934 |
| 车高(毫米) | 1 566.84 | 174.136 3 | 1 407 | 1 980 | 1 535.27 | 146.54 | 1 309 | 1 945 |
| 车宽(毫米) | 1 749.51 | 204.86 | 1 534 | 2 149 | 1 750.5 | 277.47 | 1 599 | 2 216 |
| 轴距(毫米) | 2 649.58 | 204.83 | 1 790 | 3 430 | 2 688.2 | 207.86 | 1 867 | 3 900 |
| 马力(千瓦) | 140.11 | 61.48 | 58 | 659 | 175.01 | 91.66 | 48 | 700 |

注:实验组中的数据为31 392条,对照组为38 072条。实验组中有943款车型,对照组中有1 242款车型。将汽车出厂质量分值的负值除以100后得到汽车质量数值,其相当于每辆汽车的质量问题数的负数。车辆的厂家建议零售价是由生产企业设定的车辆价格,其在某一车型集合中是不变的。

对两组车型的统计数据进行对比后可发现,平均而言,实验组和对照组中的车型在大部分规格指标方面是相似的,除了实验组中的车型具有较低的零售价和发动机动力。

## 第三节 实 证 方 法

实证分析旨在评估车辆保修规定对受影响汽车产品(实验组中的车型)销售情况的平均影响。为了明确受影响程度的高低,关键是要获得未受该规定影响的车型的销售情况。如果政府对保修规定约束的车型是随机选择的,那么只需要对比受该规定影响的车型与不受该规定影响的车型的销售情况,就可以明确该政策所产生的效果。在该规定所覆盖车型不是随机选择的情况下,本研究则是基于数据的面板属性而采用了双重差分的分析方法,即以未受该保修规定影响的车型为对照组,以受该保修规定影响的车型为实验组,然后比较实验组中的车型和对照组中的车型在该规定实施前后的销售量差异。双重差分法的关注点是变化度而不是绝对值,因此实现了对车辆规格指标(其与时间有关)的控制(制造厂商提供的保修条件可能与某款车型的规格指标有关,进而会影响该款车型的销售情况)。通过比较两组中不同款车型的销售情况差异,本研究还对汽车销量的时间趋势进行控制。

表4-2为保修规定对月度新车销售情况影响的描述性分析。具体而言,表4-2的第一行是实验组和对照组中的车型在该保修规定实施之前(2012年1月至2013年9月)的月均销售量的对数值。第二行为实验组和对照组中的车型在该保修规定实施之后(2013年10月至2014年9月)的月均销售量的对数值。表4-2的第三行列出的是实验组和对照组中的车型在该保修规定实施之前和实施之后的组内销售量差异情况。表4-2的最后一行则列出了组内差异的双重差分分析结果。由于我们比较的是汽车销售量的对数,因此差异结果表明该保修规定的实施使车辆销量增加了大约4.8%,标准偏差则为2.5%。

表4-2中的数据表明,本研究所涉及的保修规定对实验组中车型的销售量产生了正向的影响。然而,潜在的其他因素也可能会影响汽车的销售量。因此,我们在随后的分析中对其他的潜在因素进行了实证分析,以便能准确地量化保修规定对消费需求的提升作用。

表 4 - 2                       规定实施后车型销量的变化

| 组　　别 | 被划入不同组别的车型 | |
| --- | --- | --- |
| | 实　验　组 | 对　照　组 |
| 保修规定实施前的月销量 | 3.701<br>(0.021) | 3.588<br>(0.017) |
| 保修规定实施后的月销量 | 3.793<br>(0.017) | 3.633<br>(0.014) |
| 月均销售量对数的变化值 | 0.092<br>(0.023) | 0.044<br>(0.021) |
| 双重差分 | 0.048<br>(0.025) | |

注：保修规定实施前的时间范围是 2012 年 1 月至 2013 年 9 月，实施后的时间范围是 2013 年 10 月至 2014 年 9 月。括号中为标准误差。

在实证研究中，我们通过固定效应线性回归模型确定了实证模型：

$$\ln(q_{jt}) = c + \alpha\, d_{jt} + \beta X_{jt} + \delta_j + \eta_t + \varepsilon_{jt} \tag{13}$$

其中：$j$ 代表某款车型；$t$ 代表时间；$q_{jt}$ 是车型 $j$ 在 $t$ 时的销售量；$d_{jt}$ 为虚拟变量，若在时间 $t$ 时车型 $j$ 受到了该保修规定的影响，则令值为 1，否则为 0；$X_{jt}$ 是车型特征变量；$\delta_j$ 是年度款车型层面的固定效应，控制了车型不随时间变化的因素；$\eta_t$ 是时间的固定效应，控制不同时期的需求变化；$c$ 是常数项；$\varepsilon_{jt}$ 是误差项。

一个行业惯例是，汽车生产厂商通常会在两个连续年份的车型款式之间保持可观测的规格指标（例如车辆的动力装置和尺寸）和不可观测的规格指标（例如车辆的安全设备）不变（Klier and Linn，2010）。例如，2006 款丰田凯美瑞的车辆特征规格指标一直保持到 2012 款的新款凯美瑞上市。[①] 因此，本研究所用实证模型中的年度款车型固定效应项 $\delta_j$ 已经包含了大部分可观测汽车的特征变量指标（例如发动机功率、车长、车宽、车高和车重等）和不可观测汽车的特征变量指标（例如安全设备和操控性能等）。

与本研究的价格变量相关的问题是，本研究的数据仅包括了车辆的厂家建

① 尽管如此，生产厂家还是可以在某年度款车型的集合中引入某些升级，例如动力总成升级或外饰的"改款"；如果发生此类升级，那么我们的数据集会将升级后的车型视为新的年度款。

议零售价,而没有汽车经销商和客户之间协商达成的实际交易价格。汽车产品的厂家建议零售价是由生产厂家设定的,并且对某一年度款车型而言是不随时间改变的。因此,在我们的实证模型中,汽车产品的厂家建议零售价对消费者需求的影响已被控制到了年度款车型固定效应项 $\delta_j$ 中。事实上,受该保修规定影响而需要升级保修条件的汽车产品的实际交易价格是可能上涨的;这是因为在面对保修升级带来的成本增加或产生的额外经济价值时,汽车生产厂商为了实现利润的最大化。此时,使用厂商的建议零售价代替实际交易价格的做法将低估保修规定对销售情况的实际影响(因为实际交易价格的上升会使销量降低)。因此,本研究就该保修规定对销售情况的影响所得到的估算结果其实是实际影响的下限。

此外,在数据样本中,对于车型而言,其保修期限值是固定的,样本中几乎所有的保修期限更改都归因于新保修政策的引入。[①] 因此,车型固定效应项 $\delta_j$ 是可以涵盖保修条件(保修所涵盖的年份数和公里数)对消费者需求的影响的,同时实验组的虚拟变量 $d_{jt}$ 用于刻画保修规定对汽车销量的影响。最后,年度款车型中与时间相关的车辆特征指标向量 $X_{jt}$ 已经包括了该车型的每公里燃油成本和质量得分(因为前者每月都会随着汽油价格的波动而变化,后者每年都会随着该车型新的年度款的推出而改变)。

在实证研究中,普通最小二乘法的估算值 $\hat{\alpha}$ 可被用于评估实验组车辆受到的平均影响。然而,$\hat{\alpha}$ 的无偏性和一致性仍然依赖于两项额外的假设:

汽车销量的时间趋势 $\eta_t$ 在实验组和对照组中应是相同的。但鉴于实验组和对照组中的车型在部分特征(例如汽车产品的厂家建议零售价和发动机功率等)上表现出了一定的差异,为验证该假设是否成立,本章首先检验了两组车型在该保修规定实施之前随时间的变化趋势是否相同(Ashenfelter,1978;Heckman and Hotz,1989;Meyer,1995)。如果存在相同的趋势,那么可以假设在该保修规定实施后两组汽车随时间的变化趋势将保持不变。现有大量研究都已经在对照组和实验组之间使用时间平行趋势检验策略(Eissa and Liebman,1996;Galiani et al.,2005)。在实证模型中针对模型(13),增加了使用该保修规定实施前的数据交互效应(在时间趋势和实验组指标之间)。模型的结果表明,

---

① 在我们的数据中,2 185 种年度款车型集合中只有 47 种在该保修规定未要求的情况下更改了它们的保修期限。

两组中的车型在该保修规定实施之前具有相同的时间趋势。

为进一步控制不同车型销售情况的不同时间趋势,本研究还运用一个随机趋势模型为替代性的识别进行了估算:

$$\ln(q_{jt}) = c + \alpha\, d_{jt} + \beta X_{jt} + \delta_j + \eta_t + \mu_{jt} + \varepsilon_{jt} \tag{14}$$

其中,不同车型 $j$ 的时间系数 $\mu_{jt}$ 也有所不同。随机趋势模型可以适应汽车销售中更为灵活的时间趋势模式,因为它可以控制各种车型之间随时间趋势变化的差异。为对模型(14)进行估算,通过取第一个差值并获得以下变换方程:

$$\Delta\ln(q_{jt}) = \alpha \Delta\, d_{jt} + \beta \Delta X_{jt} + \Delta\eta_t + \mu_j + \varepsilon_{jt} \tag{15}$$

其中,模型(14)中车型固定效应项 $\delta_j$ 已被减去。鉴于第一次差分在模型(15)中得到了一组新的车型固定效应项 $\mu_j$,我们采用了一种固定效应的估算方法。

用于双重差分模型一致识别的第二项假设是,该保修规定的引入是独立于模型(13)中误差项 $\varepsilon_{jt}$ 的均值。如果该保修规定是针对实验组的车辆而引入的,那么这一假设就不会成立。然而,由于该保修规定针对的是中国的整个汽车市场(而不仅仅是实验组中的车型),因此假设亦得以满足。

基于上述假设,本章运用普通最小二乘法对实证模型进行估算。然而,Bertrand et al.(2004)发现,如果误差项 $\varepsilon_{jt}$ 表现出时序或空间上的相关性,那么双重差分估算中的最小二乘法标准差就可能使我们得到有偏的标准误差(可能严重低估该保修规定影响效果的标准误差)。为了解决这一问题,本章参考了Bertrand et al.(2004)的做法,使用面板单位根检验(block bootstrap)方法构建出标准误差。具体而言,我们记录了来自同一品牌(例如丰田和福特)下的所有车型(年度款车型的集合)在整个时间序列上的数据。该方法考虑到了同一品牌下不同车型在时序和空间上的相关性。

## ﹋ 第四节 实 证 结 果

在本节中,我们将首先介绍在该保修规定实施之前实验组和对照组之间的平行趋势的检验结果。接下来,我们将先后得出对基准识别[如模型(13)]和替代性识别[如模型(14)和模型(15)]的计算结果,并针对基础模型进行了相应的稳健性检验。最后,我们的结果阐明了该保修规定对不同质量水平的汽车产品以及豪华品牌汽车和非豪华品牌汽车之间异质性的影响效果。

## 一、对该保修规定实施之前的平行趋势进行的检验

图4-1显示去除季节性因素33个月期间的月均汽车销售量的对数值。图中的实线(虚线)对应于对照(实验)组中车型的月均销售量,垂直线则表示这一保修规定开始实施的月份(2013年10月)。由图4-1可见,随着时间的推移,两组数据的趋势是稳定的;此外,自该保修规定实施以来,实验组的平均销售量略高于对照组。

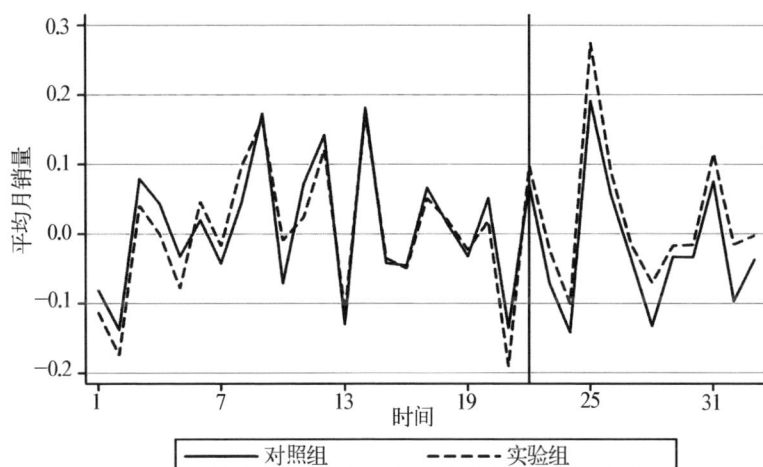

注:该图描述的是对照组和实验组车型的新车月度平均销售量的变化情况(已去除了季节性因素的影响)。

**图4-1 2012年1月至2014年9月期间的月均新车销售量(已去除季节性因素的影响)**

为检验该保修规定实施之前的平行趋势,我们比较了两组中的车型在2012年1月至2013年9月期间(在该保修规定实施之前)的销量变化情况,其中一组车型在该保修规定实施后受到了影响($d_j = 1$),另一组车型则未受该保修规定的影响($d_j = 0$)。通过对比可以揭示出在该保修规定实施之前两组车型之间是否存在销售变化趋势方面的系统性差异。具体而言,我们对该保修规定实施之前的模型进行了估算:

$$\ln(q_{jt}) = c + \boldsymbol{\delta}_j + \boldsymbol{\emptyset}(t \cdot d_j) + \boldsymbol{\beta} X_{jt} + \boldsymbol{\eta}_t + \boldsymbol{\varepsilon}_{jt} \tag{16}$$

在模型(16)中,车型固定效应项 $\delta_j$ 控制的是不同车型在影响销售量方面的系统性差异。[①] Ø 控制了两组车型在销售量变化趋势之间的系统性差异。若 Ø 的估算系数显著,则表明两组车型之间的销售量趋势存在系统性的差异,进而会影响本章所用的双重差分方法的有效性。

模型(16)的估算结果如表 4-3 所示。各种情形下的趋势差异项 Ø 的系数估算值都接近于零,并且都不具有统计意义上的显著性,即两组车型在该保修规定实施之前表现出了相同的销售量变化趋势。因此,本研究认为,如果该保修规定未实施,那么两者的变化趋势在原定的实施日期之后亦是相同的。

表 4-3　　　　　　　　　　　　　　平行趋势检验

| 变　　量 | 因变量: 汽车销售量的对数 | |
|---|---|---|
| | (1) | (2) |
| 趋势差异(Ø) | 0.011<br>(0.084) | −0.004<br>(0.162) |
| 车型质量得分 | — | 0.384**<br>(0.173) |
| 燃油成本(元人民币/公里) | — | −3.271***<br>(0.293) |
| 常数项 | 5.843***<br>(0.022) | 5.843***<br>(0.022) |
| 车型固定效应 | 控制 | 控制 |
| 时间固定效应 | 控制 | 控制 |
| $R^2$ | 0.937 | 0.942 |
| 观测值 | 47 552 | 47 552 |

注:本表为模型(16)得出的估算结果。数据时段为 2012 年 1 月至 2013 年 9 月。括号内为标准误差。***、** 和 * 分别代表 1%、5% 和 10% 水平的统计显著性。

## 二、双重差分分析的结果

表 4-4 为双重差分分析中几种不同识别下的估算结果。如前所述,车型固

---

[①]　由于我们仅使用了该保修规定实施之前的销售数据,同时在该保修规定实施之后并无车型发生组别(实验组或对照组)上的变更,因此年度款车型固定效应项 $\delta_j$ 就包含了该保修规定所造成的影响。

定效应已经较好地控制了样本中的大部分汽车特征变量(如车型零售价、发动机功率、车长、车高、车宽和轴距等),这些特征变量对车型而言是固定不变的。因此,与车型相关的随时间变动的特征变量 $X_{jt}$ 中,剩下的变量为该车型的每公里燃油成本和车型质量得分。

表 4-4　　　　　　　　　　　　双重差分结果

| 模型<br>变量 | 因变量:车型销量 | | |
| --- | --- | --- | --- |
| | (1) DID | (2) 随机趋势 | (3) PSM |
| 实验组 | 0.060***<br>(0.015) | 0.058***<br>(0.014) | 0.050***<br>(0.019) |
| 车型质量得分 | 0.358***<br>(0.142) | 0.294***<br>(0.116) | 0.339**<br>(0.150) |
| 燃油成本(元/公里) | −3.822***<br>(0.913) | −4.055***<br>(0.927) | −3.945***<br>(0.881) |
| 常量 | 3.947***<br>(0.542) | 4.527***<br>(0.607) | 4.296***<br>(0.599) |
| 车型固定效应 | 控制 | 控制 | 控制 |
| 时间固定效应 | 控制 | 控制 | 控制 |
| $R^2$ | 0.956 | 0.961 | 0.963 |
| 观测值 | 69 464 | 69 464 | 69 464 |

注:括号内为标准误。第(1)列为模型(13)估计的基础结果;第(2)列为模型(14)和模型(15)所示的随机趋势得到的估算结果;第(3)列为在双重差分和倾向性匹配得分的组合下得到的估算结果。***、** 和 * 分别表示在 1%、5% 和 10% 水平上显著。

表 4-4 第(1)列为基础模型(13)的估计结果。系数 $\alpha$ 的估计值为 0.060,标准误为 0.015,在 1% 水平上显著。由于估算的需求函数为半对数形式,且关注的解释变量 $d_{jt}$ 为虚拟变量,因此参考 Kennedy(1981),通过 $\exp[\hat{\alpha} - \hat{var}(\hat{\alpha})] - 1$ 可以无偏且一致地估算出保修政策实施对销量变化的影响。结果显示,该保修政策使受政策影响车型的销售量增长了 6.2%。

表 4-4 第(2)列为模型(14)所示的一个随机趋势模型得到的估算结果,在模型中控制了车型固定效应时间趋势,随后使用模型(15)所示的一阶差分对该模型进行估算。估算的结果与第(1)列中的结果一致:系数 $\alpha$ 的估计值为 0.058,

标准误为 0.014,在 1% 水平上显著。结果显示,受保修规定影响的车型的销量在该保修规定实施后增长了约 5.9%。

在表 4 - 4 第(3)列中,本章将双重差分分析与倾向评分匹配进行了结合。该识别方式通过对对照组的观测值进行加权,实现了对照组的可观测车型特征变量与实验组相匹配。具体而言,首先对 Logit 模型进行了估算,其中因变量是上文所述的实验组虚拟变量,自变量是汽车特征变量。[①] 随后,使用 Logit 模型的估算结果对任何给定车型被归入实验组的概率($\hat{p}$)进行了估算,得到了对照组中车辆观测值的权重 $\hat{p}/(1-\hat{p})$。通过获得的这些权重值,对模型(13)应用了加权回归,得到的估算结果与表 4 - 4 第(1)列和第(2)列中模型得到的结果一致:$d_j$ 项系数 $\alpha$ 的估计值为 0.050,标准误差为 0.019,在 1% 的水平上显著。因此,估算结果显示,保修规定的实施使消费者对受影响车型的需求上升了约 5.1%。

在上述三种模型识别中,其他解释变量的系数估算值都统计显著,且与实际保持一致。例如,车辆的油耗成本对销售量具有负向影响,而车辆的质量得分则对销量有正面影响。

### 三、稳健性检验

本节进行了一系列稳健性检验,旨在确保主要结论在替代性的检验下是仍然有效的。[②] 例如一个潜在可能的问题是,公众可能在该保修规定 2013 年 10 月生效之前就已经对该保修规定有所了解了。由此,一些消费者可能会选择推迟购买汽车,以期能等到保修期限的升级。对此,我们开展了两项稳健性检查,检验推迟购买的行为是否会影响基础模型结果。

首先,本研究删除了 2013 年 9 月、10 月和 11 月的数据(该保修规定实施日期前后的时间窗口),以消除推迟购买的行为在该保修规定开始实施前后所造成的影响。在不纳入 3 个月数据的情况下对基础双重差分模型进行了估算,得到的结果如表 4 - 5 第(1)列所示,$d_j$ 系数 $\alpha$ 的估计值为 0.052,标准误为 0.020,并在 5% 的水平上显著。由上述结果可知,在剔除 3 个月窗口期数据的情况下,保修规定的实施让消费者对受影响车型的需求增加了约 5.3%。结果表明,消费者在保修规定实施前后做出的推迟购买的行为不会影响表 4 - 4 中基础模型的研究结果。

---

① 用于该对数回归的解释变量是汽车产品的厂家建议零售价、车重、车长、车宽、车高、轴距、每公里燃油成本、质量评分、发动机马力以及它们的二次项。该对数概率回归的 $R^2$ 为 0.359。
② 我们感谢一位匿名审稿人提出的在本节中开展稳健性检查的提议。

表 4-5　　　　　　　　　稳 健 性 检 验

| 变量＼模型 | 因变量：汽车销量 | | | |
|---|---|---|---|---|
| | (1) 剔除 2013 年 9 月、10 月和 11 月的数据 | (2) 使用该保修规定实际实施前的数据 | (3) 加入额外的解释变量 | (4) 加入品牌-时间固定效应 |
| 实验组车型 | 0.052 *** (0.020) | 0.012 (0.149) | 0.046 ** (0.023) | 0.041 ** (0.019) |
| 汽车质量得分 | 0.324 ** (0.145) | 0.389 ** (0.168) | 0.297 * (0.161) | 0.315 * (0.174) |
| 油耗 (元人民币/公里) | −3.791 *** (0.826) | −4.188 *** (0.915) | −3.506 *** (0.791) | −3.922 *** (0.871) |
| 年度广告支出 | — | — | 0.342 ** (0.169) | — |
| 经销商门店数量 | — | — | 1.628 * (0.959) | — |
| 常数项 | 4.050 *** (0.637) | 4.335 *** (0.703) | 3.671 *** (0.524) | 4.276 *** (0.803) |
| 车型固定效应 | 是 | 是 | 是 | 是 |
| 时间固定效应 | 是 | 是 | 是 | 否 |
| 品牌固定效应和时间固定效应 | 否 | 否 | 否 | 是 |
| $R^2$ | 0.945 | 0.968 | 0.970 | 0.973 |
| 观测值 | 62 051 | 47 552 | 60 273 | 69 464 |

注：第(1)列为不使用 2013 年 9 月、10 月和 11 月的数据而得到的估计结果；第(2)列是只使用该保修规定实际实施前的数据，并假设该保修规定已于 2013 年 1 月实施情况下得到的估算结果；第(3)列为增加了额外的控制变量(品牌层级的年度广告支出，以及品牌经销商的门店数)后得到的估算结果；第(4)列为考虑了品牌固定效应和时间固定效应后得出的估算结果。*** 、** 和 * 分别表示在 1%、5% 和 10% 的水平上显著。

　　再者，我们使用该保修规定实施之前的数据对推迟购买行为的影响进行了检验。同样如模型(13)所示的双重差分分析，运用该保修规定实际实施之前的数据，并假定该保修规定已于 2013 年 1 月实施(保修规定的草案首次公之于众的时间)。结果如表 4-5 第(2)列所示，受该保修规定影响项的系数接近 0(为 0.012)，且统计上不显著。由此可见，该保修规定在实际实施之前已被公布，并未促使消费者做出推迟购买的决策。

另外一个可能存在的潜在问题为,在双重差分识别中,尽管已对车型固定效应项 $\delta_j$、时间固定效应项 $\eta_t$ 以及一系列随时间和车型变动的特征变量 $X_{jt}$ 进行了控制。但仍可能存在潜在随时间变动的影响汽车销量的因素。例如,按照该保修规定的要求延长保修期限的汽车品牌可能通过广告等方式来提升公众对此类升级的知晓度。同时,汽车经销商的门店数量也可能会影响该保修规定对需求的提升效应,这是因为消费者通常会选择在经销商的门店享受保修范围内的维修服务。因此,对于任何品牌的汽车产品而言,保修相关服务的质量以及由此导致的消费者对车辆保修服务的评估程度,很可能与经销商门店的数量是正相关的。

针对上述问题,本章从全球新兴市场商业资讯数据库(Emerging Markets Information Service,EMIS)中获取了中国市场同期排名前二十的汽车品牌(如福特和丰田)的年度广告费用支出(按 2012 年同比价格计算)以及经销商的年度门店数量数据。在本研究的样本内,这二十大品牌占据了超过 85% 的市场份额。本研究在基础模型上控制了这两个额外的控制变量,得到的估算结果如表 4-5 第(3)列所示。与预期一致结果表明,某一品牌汽车生产商的年度广告支出以及该汽车品牌经销商的门店数量都与该品牌的销量呈正相关。进一步的,结果显示,在控制了广告支出和经销商门店数量等因素的影响后,该保修规定对需求的影响是正向的(0.046),并且在 5% 的水平上显著。

最后,由于二手数据的缺失,一些随时间变化相关的不可观测的异质性特征难以直接被控制。例如,由于很大一部分消费者是通过贷款购买汽车的,因此汽车品牌提供的汽车贷款利率也会影响消费者对汽车的需求。然而,由于本研究并未获取所有汽车品牌的贷款利率数据,为了控制类似的随时间变化、与品牌相关的不可观测异质性特征变量,本研究在双重差分模型中加入品牌-时间固定效应。结果如表 4-5 第(4)列所示,在控制了品牌固定效应和时间固定效应后,本章所研究的保修规定仍使消费者对受影响车型的需求增长了约 4.1%。

## 四、异质性检验

上述结果表明,保修规定的实施确实会影响汽车销量。进一步的,如前文理论推导,质量水平不同的汽车产品受该保修规定影响的程度也应有所不同(因为保修的主要功能之一是为产品减少故障提供保障)。因此,本节验证了保修规定实施是否会对不同质量水平的汽车产生异质性的影响。

为此,我们设计了一种双重差分的识别,即引入了实验组虚拟变量和汽车车型质量得分之间的交互项。我们以2012年的汽车质量得分为交互项中的质量的衡量方式[①],估算结果如表4-6所示。交互项的系数为负(三种情形下分别为-0.032、-0.048和-0.036),并在5%的水平上显著,因此该结果表明保修政策对汽车需求的提升效应会随着车型质量的提高而降低。

表4-6 异质性检验(1)

| 变 量 | 因变量: 汽车销量 | | |
|---|---|---|---|
| | (1) DID | (2) 随机趋势 | (3) PSM |
| 实验组车型 | 0.068**<br>(0.033) | 0.072***<br>(0.029) | 0.061***<br>(0.025) |
| 实验组车型×汽车质量评分 | -0.032**<br>(0.015) | -0.048**<br>(0.022) | -0.036**<br>(0.017) |
| 汽车质量评分 | 0.235**<br>(0.107) | 0.276**<br>(0.130) | 0.305**<br>(0.145) |
| 若处于该保修规定<br>实施后×车辆质量评分 | 0.074<br>(0.532) | 0.015<br>(0.924) | 0.104<br>(0.572) |
| 若属于实验组×车辆质量评分 | 0.132<br>(1.428) | 0.089<br>(0.756) | 0.104<br>(1.024) |
| 燃油成本(元人民币/公里) | -3.962***<br>(1.213) | -4.496***<br>(1.352) | -4.287***<br>(1.564) |
| 常 量 | 4.930***<br>(0.619) | 4.561***<br>(0.724) | 4.793***<br>(0.715) |
| 年度款车型固定效应 | 是 | 是 | 是 |
| 时间固定效应 | 是 | 是 | 是 |
| $R^2$ | 0.980 | 0.985 | 0.986 |
| 观测值 | 69 464 | 69 464 | 69 464 |

注: 第(1)列为双重差分的基础结果;第(2)列为随机趋势结果;第(3)列为结合双重差分以及倾向性匹配得分的结果。***、**和*分别表示在1%、5%和10%的水平上显著。

———————————

① 我们还以2013年或2014年的车辆质量得分为交互项中的质量水平度量,进行估算后得到了相似的结果。

另一方面,该保修规定对不同的消费者会产生不同的影响。这是因为不同的消费者对风险的厌恶程度也会有所不同[①]。具体而言,消费者的收入水平是决定其风险厌恶水平的重要因素:收入较高(较低)的消费者更有(没有)能力承担风险,因此他们对是否拥有更长的保修期限并不那么看重(更为看重)。对此,本章研究了该保修政策对豪华品牌汽车(如宝马和雷克萨斯)和非豪华品牌汽车(如大众和丰田)造成的影响有何异质性。直觉而言,购买豪华(非豪华)品牌汽车的消费者们往往有较高(较低)的收入和较低(较高)的风险厌恶水平,因此对相关规定要求的保修升级较为不看重(看重)。

为了检验这种异质效应,本节设计了一种双重差分识别,在实验组虚拟变量和豪华车的指标之间添加了一个交互项。表4-7中的估算结果表明,保修政策对豪华汽车品牌的需求提升作用较弱,较相应情形下对非豪华车的需求提升作用降低了3.5%~4.8%,并在5%的统计水平上显著。因此,表4-7的结果表明,与上述的风险厌恶情形一致,保修政策对消费需求的提升作用在非豪华车中较强,在豪华车中较弱。

表4-7　　　　　　　　　　　　异质性检验(2)

| 变　量 | 因变量:汽车销量 | | |
|---|---|---|---|
| | (1) DID | (2) 随机趋势 | (3) PSM |
| 实验组车型 | 0.079** (0.040) | 0.068*** (0.021) | 0.063** (0.030) |
| 实验组车型×汽车属性 | −0.047** (0.023) | −0.040** (0.018) | −0.034** (0.016) |
| 汽车质量得分 | 0.265** (0.124) | 0.294** (0.150) | 0.315** (0.161) |
| 是否在保修规定实施之前×汽车属性 | −0.032 (0.034) | −0.016 (0.054) | 0.024 (0.069) |
| 油耗(元人民币/公里) | −4.075*** (1.367) | −4.611*** (1.730) | −4.287*** (1.564) |
| 常数项 | 5.372*** (0.799) | 4.861*** (0.824) | 5.041*** (0.920) |

| 变　　量 | 因变量：汽车销量 | | |
|---|---|---|---|
| | (1) DID | (2) 随机趋势 | (3) PSM |
| 车型固定效应 | 是 | 是 | 是 |
| 时间固定效应 | 是 | 是 | 是 |
| $R^2$ | 0.973 | 0.978 | 0.981 |
| 观测值 | 69 464 | 69 464 | 69 464 |

注：上述为利用双重差分分析得到的估算结果，括号内为标准误差。第(1)列为如模型(13)所示的基本双重差分估算结果；第(2)列为如模型(14)和(15)所示的随机趋势得到的估算结果；第(3)列为在双重差分和倾向性评分匹配识别下得到的估算结果。*** 、** 和 * 分别表示在1％、5％和10％的水平上显著。

## 第五节　研究结论

许多国家的政府部门会针对不同产品制定保修相关规定，旨在当产品出现故障时为消费者提供保障。此类规定通常会为消费者延长保修期限或扩大保修范围。本书利用中国政府在汽车市场实施的一项强制性保修政策为自然实验，探究其对消费者需求带来的影响。

实证研究发现：第一，汽车保修规定提升了消费者对受影响的车型的需求。从量化的角度而言，对需求的影响幅度在5％～6％，这是因为保修升级给消费者提供了针对产品质量的进一步保险，进而增加了消费者需求。第二，随着汽车质量的提高，主效应的正向影响会减弱，即就汽车的豪华属性而言，该政策对低质量汽车的需求提升效应更强，对高质量汽车的需求提升效应相对较弱。第三，保修政策对非豪华汽车的需求提升效果较强，而对豪华汽车的需求提升效果较弱。这种内在的可能解释机制是，豪华车购买者的收入通常更高，因而对风险的厌恶程度可能会更低。因此，他们会较为不在意这一政策带来的影响。同时，本研究的研究结论也从理论层面验证了产品保修政策的保障作用。

当然，本研究亦可引申出后续的研究方向。例如，现有研究表明来自不同国家或具有不同社会与文化背景的个人对风险的偏好是不同的。如 Douglas and Wildavsky(1982)指出，在个人主义占主导地位的社会(如美国)中，个人会倾向于成为较低的风险厌恶者;相反,来自等级森严或集体主义泛滥的国家的个人则更可能成为风险厌恶者。此外,中国和部分西方国家的民众在风险厌恶程度方面的差异在汽车市场的保修方面可能尤为突出,这是因为中国的汽车拥有率相对较低。鉴于此,本研究获得的结论具有中国市场的独特性特征,后续研究亦可以基于其他国家或文化环境中的类似问题展开。

# 第五章
# 研究结论与政策启示

## 第一节　主要研究结论

近年来,数字化时代电子信息技术的发展和居民消费行为异质性的显著提升促使了产品线设计的不断延伸与更新。例如,福特2020年7月宣布,将引进Mobileye为福特Bronco、全电动Mustang Mach-E跨界车和F-150提供无人驾驶功能,以实现车系产品线的升级。据统计,产品线设计的领域涵盖了汽车、电影、游戏等多个领域。尽管现有产品线的设计在不断更新与发展,但学术界的产品线特征相关研究仍存在一些研究空白。因此,本书以可获得性-诊断性理论、错配效应理论、信息效应-劝说效应理论、解释水平理论和前景理论等作为理论基础,以企业产品线设计机制、品牌命名策略和售后政策分析为核心,以数字化时代为背景,分别从消费者行为层面、营销组合层面和企业决策层面三个角度探究不同营销策略的最优化设计及其对企业的影响。本书较为开拓地以汽车市场为研究对象,引入了产品线种类延伸和产品线复杂度,提供了不同的产品线特征设计与消费者行为和营销组合工具相关关系的新视角。本书第二章探究了不同产品线特征设计对消费者行为、营销组合工具层面和企业销量层面的互动和更广泛的影响。第二章第四节着眼于消费者在线评论,探究了产品线延伸策略与消费者在线评论的关系及广告投放的边界条件,这对产品线特征设计与消费者行为相关理论文献进行了延伸,从而得以更全面地认识产品线的影响作用。在第五节中,运用信息效应和劝说效应模型,探究不同的营销组合工具(广告和在线评论)的有效性,以及产品线延伸策略对两种营销工具有效性的内在影响机制的异同,旨在为企业平衡和优化不同营销工具间的投入提供一定的理论支持。

在第六节引入产品线复杂度,数字化情境下多元化的产品线组合策略影响着企业绩效层面的诸多因素,如销量、生产成本,包括企业失败的概率等(Dowell,2006)。因此,该部分试图针对不同的产品线特征,探究其对企业绩效层面因素的影响。本书第三章探究了品牌名称类型对消费者需求的影响。具体而言,将品牌命名类型划分为四种,研究在不同产品来源国(国外与国内)以及细分市场(高端与入门级)下,量化分析品牌名称类型对消费者需求的影响。此外,为进一步理解品牌名称效应背后的影响机制,本章还探讨了产品来源国与细分市场对品牌名称效应的调节作用。本书第四章分析了中国市场在 2013 年 10 月 1 日开始实施的汽车保修新规定(2013 年 10 月 1 日及之后在中国市场销售的新的乘用车都必须提供基本的保修服务,最低保修期为 3 年/6 万公里),旨在通过实证研究了解政府部门的保修政策对产品的市场需求所产生的影响。量化分析了延长保修期限的相关规定是否会提升消费者对相应产品的需求,以及不同质量水平、不同类别(豪华和非豪华)的车型产品之间是否存在异质性。

基于此,本章将在已有文献梳理、理论推导和实证检验结果的基础上,将散见于各章的结论和政策启示进行归纳总结,试图为企业量化营销策略提供一般规律性特征,旨在为我国企业在数字化情境下,如何设计合理的产品线特征、管理营销组合工具、设计有效的品牌命名策略以及优化售后服务政策提出设想和建议。

## 一、关于产品线延伸策略的主要研究结论

本书分别关注产品线延伸策略对消费者行为层面、营销组合工具层面以及企业绩效层面的影响。稳健的研究结果表明:

第一,产品线种类的增加会显著地负向影响在线评论的效价,正向影响在线评论的差异。企业的广告投入强度对上述主效应均有一定的调节作用,具体而言,企业广告投入强度越大,产品线种类对于评论效价的负向影响(的绝对值)越小,对在线评论差异的正向影响也会减小。因此,企业产品线种类设计与广告投入强度之间也存在一定的制衡作用。

第二,在控制其他变量不变的情况下,广告投入、在线评论效价对销量均有正向的影响,这首先验证了营销工具的有效性,也和前人的研究结论保持一致。此外,本章研究发现,产品线种类延伸对广告投入、在线评论效价有调节效应。具体而言,产品线种类负向地调节(抑制)了广告的投入与销量间的主效应,即产品线种类越丰富,广告的有效性越低;相反,产品线种类正向地调节(加强)了广

告的投入与销量间的主效应,即产品线种类越丰富,在线评论的有效性会越强。本书认为产生此结果的内在机制:广告与在线评论带给消费者不同特性的满足,广告满足了消费者的信息需求,但更多呈现选择性的特征,通常情况只会针对产品线内的高端产品和属性进行广告投放和展示,具有较强的选择性特征,更容易导致厂商供给与消费者需求之间产生错配。而在线评论满足了对消费者的劝说需求,可以实现消费者对产品线内不同类型产品评价的需要,进而减少潜在消费者与产品间的不对称性;同时,在线评论的信息更丰富,既包含积极的评价、态度,也包含消极的评价。在数字化背景下,用户生成内容的在线评论获取成本较低,且更容易被消费者观测并更新其现有的认知(因为在线评论的发送者与接收者来源具有相似性,一定程度增加了消费者的信任程度与参与意愿)。因此,产品线延伸反而会增大在线评论的有效性。

第三,产品线种类延伸会显著地正向影响企业销量,但对在线评论效价有显著的负向影响,这也再次验证了现有文献的研究结论。更进一步的,通过引入产品线复杂度,并基于汽车产业的不同属性,根据解释水平理论框架以及预问卷调查,将不同的属性差异化区分为内核属性(也称为首要属性)和外延属性(也称为第二属性)两种不同形式,并结合汽车产业的二手数据验证了两种不同的延伸策略对企业和消费者层面的不同影响。具体而言是对市场销量、生产成本以及在线评论的不同影响。本部分得出的较为有趣的结论:从企业层面出发,通过延伸内核属性方式扩张产品线种类会削弱产品线种类对销量的积极影响,换言之,扩张复杂度内核属性的延伸方式带给销量的积极影响是边际递减的,且边际递减较快。该结论内在的解释机制:随着内核属性功能的延伸与不断更新,在一定程度上可以逐渐满足大多数消费者,一味地进行无限制持续延伸对绝大多数消费者而言可能会产生不合理选择效应,因此消费者对复杂度内核属性的需求是边际递减的;相反,通过延伸外延属性方式扩张产品线种类会强化产品线种类对销量的积极影响,换言之,扩张复杂度外延属性的延伸方式对提升企业销量有促进作用。这是因为,扩张外延属性更多时候能够提供给消费者平行或差异化较小的选择,更有助于满足消费者异质性,吸引更多消费者并拓宽市场。此外,对于消费者而言,外延属性更多时候有个性化的明确偏好,并不会花费过多的认知资源和成本进行购买决策,大多数时候是明确且轻松的,从而有利于促进消费者的购买行为。类似的,从企业层面出发,通过延伸内核属性方式扩张产品线种类,会加强产品线种类对生产成本的影响,换言之,延伸内核属性扩张产品线会加大产品线种类带来的生产成本,这是由于内核属性的延伸大多需要核心技术、研发人员等,需要大量的投资才能得以实现,这也与实践中的经验证据一致;相反,通过延伸外延属性方式扩张产品线种类会减缓产品线种类对生产成本带来的影响,这是因为,外延属性更多是为消费者提供一种平行化选择或选择间差异较小,更新或延伸不需要付出太多的生产成本。而当产品线从单一化生产延伸到两种以上生产时,会产生范围经济和规模效应,其平均生产成本会下降。从消费者层面出发,通过延伸内核属性方式扩张产品线种类会强化产品线种类对在线评论的消极影响,换言之,扩张复杂度内核属性的延伸方式会导致在线评论效价加速降低。该结论内在的解释机制:内核属性所需专业领域知识较强,当其过度延伸时,会导致消费者由于接收现有信息过载而使信息变得复杂模糊,对记忆中已有知识信息迅速提取的容易程度降低,信息可获得性降低,继而易使消费者陷入焦虑与迷茫的情绪,甚至更容易因为自己的选择而感到后悔,最终降低对购物过程的整体评价。如前证明,由于消费者需要付出较高的成本来获取内核属性延伸带来的效用,并承担可能"过度消费"而带来的高风险,因此消费者对内核属性的延伸敏感性更强,对价格变动、承担风险与容忍偏误的范围则较小;此外,包含可能面临的供需双方之间产品线错配问题,最终都会导致消费者对整体评价有更大的降低可能性。相反,通过延伸外延属性方式扩张产品线种类会缓和产品线种类对在线评论的消极影响,这是因为外延属性的产品线扩张,能够覆盖更多的消费者,消费者异质性得以更大范围地满足,促进供需双方偏好能够更好地实现匹配;消费者针对外延属性对自身偏好较为确定,延迟决策概率降低,从而实现更为流畅的购物体验;此外,外延属性延伸成本相对较低,厂商与消费者双方不需要付出高额的金钱与时间成本,进而可以有效地实现高效用。

## 二、关于品牌命名策略的主要研究结论

由于表意语言在读音和含义上的联系较弱,因此用表意语言为品牌命名颇具挑战性。为解决这一问题,本书提出了在表意语言环境中品牌名称类型的四分类法:包含字母数字名、语音名、混意名、语意名。该分类法有助于跨国企业决定品牌命名时标准化与本土化的程度,其中字母数字名最为标准化,而语意名最为本土化。

本书以中国这个表意语言环境为研究背景,使用中国市场销售数据,量化品牌名称类型对新车型需求的影响,具体研究了在国内外以及不同细分市场环境

下品牌名称类型效应的异质性。研究结果表明：在其他条件不变的情况下，消费者更偏好使用语意名的汽车品牌，语意名汽车比字母数字名汽车的销量高 7.64%；相对应的，消费者不太偏好使用混意名的汽车品牌，混意名的汽车品牌比字母数字名的汽车品牌的销量低 4.92%。然而品牌名称对车型销量的影响是多样化的：对于本土与入门级车型，消费者更偏好语意名品牌；而对于国外与高端车型，消费者更偏好带有外文发音的字母数字名或语音名品牌。总体而言，本章聚焦于品牌命名策略，有助于跨国企业和中国本土企业更好地理解和利用品牌名称类型与消费者需求之间的关系。

### 三、关于产品售后策略的主要研究结论

许多国家的政府部门会针对不同产品制定保修相关规定，旨在当产品出现故障时为消费者提供保障。此类规定通常会为消费者延长保修期限或扩大保修范围。本书利用中国政府在汽车市场实施的一项强制性保修政策为自然实验，探究该政策对消费者需求的影响。主要发现：第一，汽车保修规定提升了消费者对受影响的（例如，保修期低于 3 年/6 万公里）车型的需求。从量化的角度而言，对需求的影响幅度在 5%～6%。这一结论与现有研究发现保修政策让消费者更安心的结论是一致的（Heal，1977），因为保修升级给消费者提供了针对产品质量的进一步保险，进而增加了消费者需求。第二，随着汽车质量的提高，主效应的正向影响会减弱，即就汽车的豪华属性而言（代表消费者的收入高低），该政策对低质量汽车的需求提升效应更强，对高质量汽车的需求提升效应相对较弱。这一发现进一步表明保修规定对汽车需求的影响是通过使消费者感觉安心而实现的，这是因为强制性的保修要求让购买较低质量汽车的消费者得到了更多的保障，进而也就在经济上获得更高的价值。第三，这一保修规定对非豪华汽车的需求提升效果较强，而对豪华汽车的需求提升效果较弱。这种内在的可能解释机制是，豪华车购买者的收入通常更高，因而对风险的厌恶程度可能更低。因此，他们会较为不在意这一政策带来的保修升级的正向影响。

## 第二节 相关政策启示

在互联网技术的加持下，随着消费者生成评论和广告多样性的不断涌现，本

研究旨在助力企业决策者、设计者和消费者更全面地认识营销策略,量化不同营销策略的有效性,并最终根据自身情境进行最优化决策。

第二章第一节提到了产品线过分延伸可能产生的负面影响,该结论最主要的意义是为企业管理者提供一种管理和维护在线评论的新思路,即不要过度延伸产品线。这是因为在该节中研究结论发现,相对较丰富的产品线,专一化的产品线策略更有利于企业形成并维护积极的口碑形象。在当前环境下,随着移动互联网与平台经济的深度发展,传统广告的比重与有效性逐渐降低(Sethuraman et al.,2011),而在线评论的重要性日益凸显。在实践中,企业决策者也逐渐认同并开始重视在线评论的重要作用,采取相关措施努力促进和维护更加丰富的在线评论(Liu et al.,2018)。而随着平台经济与网络技术的发展,一些公司甚至开展了在线评论的营销活动,即依靠消费者之间的互动产生更有利和更具有影响力的口碑(Liu et al.,2018)。本章的研究结果从另一个角度为企业提供经验证据表明,除了这些营销手段之外,也可以通过关注如产品线种类这样的传统决策因素实现一个良好的口碑。因为这些也是影响在线评论的重要因素,此外还可以为企业节约开支、提高效率,从而为企业的可持续发展和竞争优势提供更有力的支持。进一步而言,当产品线种类过于丰富时,企业可以通过投放广告,减缓消费者信息不对称性,帮助消费者更清晰地进行决策,以此减轻带给在线评论效价和差异可能的负面效应。

第二章第二节发现,在产品线与营销组合工具的交互效应中,对于越丰富的产品线,其广告的有效性会越低;相反,对于越丰富的产品线,在线评论的有效性越强。由此,对于企业决策者而言,根据产品线特征合理地投放广告或是投资管理在线评论就显得意义重大。另一方面,对于已有的丰富产品线,企业可以考虑积极促进在线评论的同时,制作更具有普适性和代表性的广告,以增加广告可适用群体的数量,减少供需双方的不确定性。

第三节的发现,有助于企业正确了解并较为全面地认识不同的产品线组合延伸策略,制定合理的产品线组合,选择合适的营销战略,并做出最优化决策。首先,企业决策者应该认可产品线延伸策略的积极影响。而对于产品线复杂度不同属性的延伸方式则需要具体情况具体分析。不可否认,对企业而言,研发内核属性并进行延伸当然具有重要的意义,但当内核属性扩张到一定程度时,通过丰富外延属性进行产品线延伸,降低消费者选择难度的同时更有利于满足更多消费者的异质性,从而更高效地实现促进销量。因此,同时考虑内核属性延伸与外延属性延伸也有利于降低生产成本,乃至推动对在线评论有利的决策。本章的研究为企业管理者提供了较为全面的视角,既考虑了各类绩效指标,也考虑了产品线延伸的组合策略。本章的研究中提出的产品线延伸策略为,促进产品线种类延伸,当产品线复杂度内核属性延伸到一定程度趋于饱和时,拓宽产品线复杂度外延属性,以吸引更多消费者,满足更多消费者的异质性,不失为一种较为优化的策略。

第三章实证结果为企业在中国进行品牌命名提供了一些管理启示。品牌名称不但会影响消费者对产品的感知和态度,而且会显著地影响产品销量。这一发现意味着,无论是国内企业还是国外企业,都需谨慎选择合适的品牌名称类型。当企业的目标市场群体是中国的普通消费者时,使用语意名可以提升产品销量,但使用语音名需要谨慎。虽然本章数据源于 2008 年至 2012 年的中国市场,并没有获取最新的市场趋势,但是研究结果仍然对企业的品牌命名策略以及推动新研究具有指导意义。例如,中国汽车市场在经历了多年的两位数增长以后,出现了两个明显的趋势:(1)竞争动态不断变化;(2)消费者对汽车的行为和态度不断变化。尽管国内汽车制造商在入门级市场占据主导地位,但外国汽车制造商也在不断尝试进入该市场(Jullens,2014)。2015 年的一项调查显示,中国汽车购买者越来越实用主义,愈发不看重身份象征(Gao et al.,2016)。正如本研究结果所示,中国入门级汽车市场的消费者更偏好语意名品牌,外来效应在这些功能导向型的消费者身上影响较小。因此,本章建议以中国入门级市场为目标市场的外国汽车品牌,可以更多地采用语意型品牌名称。高端市场的消费者偏好外文读音的品牌名称,因此对于超豪华汽车品牌(如法拉利、保时捷和宾利等),字母数字名和语音名会更加合适。该结果与实际观察一致,许多超豪华汽车市场中的经典品牌在中国使用字母数字名或者语音名,比如法拉利 488、保时捷卡宴。相比之下,宾利却凭借语意名蓬勃发展。例如,宾利将旗下的"Bentayga"命名为"添越",中文意思是"超越卓越"。超豪华汽车品牌名称的不同影响可能源于母品牌的丰富传统和历史,这削弱了产品来源国和品牌名称类型(法拉利 488 和宾利添越)的影响。消费者在选择汽车品牌时,会很清晰地识别出产品来源国,所以品牌名称的类型取决于品牌的来源国,比如具有外文发音的国外品牌和具有语意名的国内品牌。然而,在电子产品、服装或者家具市场,来源国效应可能没那么明显,因此企业可能会战略性地使用品牌名称来掩饰产品真正的来源国,影响消费者的感知(Zhang,2015)。在可以掩饰来源国的市场,尤其是在消费者容易受到外来效应影响的发展中国家,采用外文发音的品牌名称的趋势可能会更加流行。

第四章分析了产品保修政策对消费者需求的影响。在现实中,尽管政府部门对产品保修做出规定的做法是较为普遍的,但这些保修规定会如何影响消费者对产品的需求,关于这一问题的实证性研究工作还很少有过报道。我们采用自然实验的方法,考察了中国政府新出台的一项汽车保修规定对汽车的市场需求所产生的影响。该新规使汽车产品的保修范围(期限)发生了变化;我们以此为外生变量开展了双重差分分析,发现这一政策增加了所涵盖汽车产品的销售量。此外,我们还发现:(1)随着汽车产品质量的提高,该监管措施对市场需求的程度有所下降;(2)就该监管措施对汽车市场需求所产生的影响而言,豪华品牌汽车影响程度较低而非豪华品牌汽车影响程度较高。本章研究为汽车产业和政府相关部门设计和制定保修政策提供了相应的理论指导。

## 第三节 研究重点与难点

本书重点在于量化营销策略并进行实证检验,根据实证模型结果,挖掘每一个核心变量的经济含义和管理启示,识别并优化在数字化情境下企业的营销策略并量化政策的有效性。此外,从理论角度切入,分别探究了内在解释机制和边界条件。本书整合了包括 2008 年 1 月至 2021 年 6 月汽车市场车型款式月度销量、车型特征数据、车型对应的在线评论数据,以及广告投入数据等多个数据库。因此本书的研究难点包含:

第一,数据的可获得性。本书探究产品线特征(产品线种类和产品线复杂度)与消费者行为(在线评论的效价及在线评论差异)、营销组合工具(广告和在线评论)和企业绩效层面关系,如上所述,需要丰富且多类别的数据支撑,具体包含:车型产品线特征、车型各属性特征、广告投入数据以及在线评论数据(包含在线评论效价和在线评论差异)。由于在数据获取上有一定的难度,因此需要通过与相关平台企业合作,运用网络爬虫技术等,收集并整理大量的相关类别的数据。

第二,对重要研究变量(如产品线特征和品牌命名类型)的界定与衡量。现有产品线特征的相关实证研究对产品线特征的定义尚未统一,且与“产品多样性”以及“产品线扩张”(proliferation)等研究存在一定的关联性,本书试图进行整理并区分其异同。此外,作为本书的核心研究内容之一,产品线特征的实证研究在营销学仍然属于一个较新的领域,准确界定和衡量产品线种类与产品线复杂度亦是本章的研究重点和难点。因此,本研究将对相关或者相近领域的文献进行更深入详尽的整合,从而为企业进行产品线的设计与决策提供理论支持。此外,关于变量的界定与衡量,本研究也进行了一系列稳健性检验以验证结果。

第三,对本书涉及的两个重要变量——产品线属性延伸方式,以及品牌名称命名类别的构建与区分难度较大。尽管本书创新性地对产品线复杂度延伸方式和品牌命名进行了分类,但是相较而言由于已有文献资源仍较为匮乏,本书对此更多是从现象和跨学科理论出发。因此,厘清逻辑关系,找到合理的分类理由和验证方式,也是本研究的重点和难点。

第四,确保研究结果的稳健性和可靠性。在本研究的实证部分,产品线延伸与否、广告金额投入等可能与企业绩效存在反向因果关系,致使研究结果产生偏差。为确保结果的可靠性,我们需要处理内生性。根据本章研究情境,选择工具变量处理内生性是较为理想的方式,由此,寻找有效的工具变量也是本研究的重点和难点之一。

## 第四节 局 限 之 处

本书虽然取得了诸多突破和创新,但还存在一些不足之处和需要进一步深入研究的地方:

第一,本书主要使用二手数据进行研究,尽管具有较强的外部有效性,但未来还可以进一步运用实验室研究或田野实验,以此获得更好的内部一致性。此外,在本书第二章中对产品线复杂度的产品属性进行分类时,除了从消费者端进行分类,还可以从生产制造商方加以区分,例如对汽车企业进行走访和调研,从而检验供需双方的分类是否一致。此外,本书实证模型亦聚焦于产品和车型款式层面的营销策略,后续研究还可考虑采用更合适的识别策略,进一步研究品牌层面的效应,以进行更完整和全面的探索。

第二,本书专注于汽车市场的研究,主要运用汽车之家平台二手数据,未来研究可以考虑延伸至其他相关领域,例如电影市场、手机市场甚至餐饮市场,以探究结论是否具有普适性。特别的,对于本书品牌命名策略章节,未来研究可以探索高科技(如电子产品)、时尚(如化妆品、奢侈品)行业中的品牌名称效应,因为相对于生活必需品行业,这些行业中的外国品牌更能凸显产品质量和消费者的社会地位。此外,文化是品牌名称效应中的重要调节变量,因此未来研究可以探索在不同国家中品牌名称对产品需求的影响。

第三,未来研究可以更多地探索品牌名称效应背后的影响机制。语言学家提出了设立品牌名称的其他法则,比如头韵和谐音等发音法则,缩写或首字母缩略等拼写法则,词缀和组词等词形法则,比喻等语意法则(Nilsen,1979;Van den Bergh et al.,1987),这些法则可以作为品牌名称分类的替代性方法(Chan and Huang,1997)。

第四,现有研究表明,来自不同国家或具有不同社会与文化背景的个人对风险的偏好是不同的。如 Douglas and Wildavsky(1982)指出,在个人主义占主导地位的社会(如美国)中,个人有更低的可能成为风险厌恶者;而来自等级森严或集体主义泛滥的国家的个人则更可能成为风险厌恶者。此外,中国和部分西方国家的民众在风险厌恶程度方面的差异在汽车市场的保修方面可能尤为突出,这是因为中国的汽车拥有率相对较低。鉴于此,本书获得的结论具有中国市场的独特性特征,可能难以适用于其他所有国家。后续研究亦可以基于其他国家或文化环境中的类似问题展开。

# 参考文献

［1］白让让.中国轿车产业中的产品线扩展——模型分析与经验考察［J］.中国工业经济,2008(7)：57－67.

［2］白让让.轿车细分市场中产品线定位的影响因素分析［J］.管理科学,2010,23(1)：2－9.

［3］曹玉书,楼东玮.资源错配、结构变迁与中国经济转型［J］.中国工业经济,2012(10)：5－18.

［4］陈昆亭,周炎.有限需求、市场约束与经济增长［J］.管理世界,2020(4)：39－53.

［5］陈悦,陈超美,刘则渊,胡志刚,王贤文.CiteSpace知识图谱的方法论功能［J］.科学学研究,2015(2)：242－253.

［6］陈收,易敏芳,李博雅.产品扩散策略对企业绩效的影响［J］.管理学报,2015,12(6)：814.

［7］付东普,王刊良.评论回报对在线产品评论的影响研究——社会关系视角［J］.管理科学学报,2015,18(11)：1－12.

［8］何佳讯,胡颖琳.何为经典？ 品牌科学研究的核心领域与知识结构［J］.营销科学学报,2010,6(2)：111－136.

［9］黄敏学,高蕾,李婷.移动场景下的口碑评价：调节定向视角［J］.南开管理评论,2021(3)：50－61.

［10］黄敏学,王艺婷,廖俊云,刘茂红.评论不一致性对消费者的双面影响：产品属性与调节定向的调节［J］.心理学报,2017,49(3)：370.

［11］黄敏学,郑仕勇,王琦缘.网络关系与口碑"爆点"识别——基于社会影响理论的实证研究［J］.南开管理评论,2019(2)：45－60.

［12］季书涵,朱英明,张鑫.产业集聚对资源错配的改善效果研究［J］.中国工业经济,2016(6)：73－90.

［13］李静,楠玉,刘霞辉.中国经济稳增长难题：人力资本错配及其解决途径［J］.经济研究,2017(3)：18－31.

[14] 廖俊云,黄敏学.基于酒店销售的在线产品评论,品牌与产品销量实证研究 [J].管理学报,2016,13(01):122-130.

[15] 刘继明,孙成,袁野.中国区块链热点领域与前沿路径——基于 CiteSpace 计量 分析[J].重庆邮电大学学报(社会科学版),2020,32(6):121-129.

[16] 刘鑫,薛有志.CEO 接班人如何决定企业的 R&D 投入？——基于前景理论的 分析[J].财经研究,2014(10):108-118.

[17] 马向阳,徐富明,吴修良,潘靖,李甜.说服效应的理论模型、影响因素与应对策 略[J].心理科学进展,2012(5):735-744.

[18] 潘越,杜小敏.劳动力流动、工业化进程与区域经济增长——基于非参数可加模 型的实证研究[J].数量经济技术经济研究,2010(5):34-48.

[19] 王林辉,袁礼.资本错配会诱发全要素生产率损失吗？[J].统计研究,2014(8): 11-18.

[20] 王先甲,吕少杰,全吉.产品售后服务捆绑销售与营销策略演化[J].系统工程理 论与实践,2018(7):1740-1749.

[21] 王玉燕.延伸售后保证服务对电子产品供应链决策的影响分析[J].经济与管理 评论,2015(2):53-58.

[22] 肖利平,董瀛飞.扩张成本、产品线扩展与最优竞争策略——来自中国轿车产业 的模型分析与经验考察[J].软科学,2016,30(4):41-45.

[23] 谢光明.网络口碑离散对消费者购买意愿及购买行为的影响机理研究[D].博士 学位论文,成都:西南交通大学,2019.

[24] 谢光明,金大祥,胡培.基于产品销量的网络口碑离散对消费者购买行为的影响 分析[J].南开管理评论,2018,21(6):53.

[25] 姚战琪.生产率增长与要素再配置效应：中国的经验研究[J].经济研究,2009 (11):130-143.

[26] 袁志刚,解栋栋.中国劳动力错配对 TFP 的影响分析[J].经济研究,2011(7): 4-17.

[27] 臧旭恒,张欣.中国家庭资产配置与异质性消费者行为分析[J].经济研究,2018, 53(3):21-34.

[28] 曾伏娥,王克卫,虞晋钧.产品多样化与服务质量关系研究：范围经济视角 [J].管理评论,2017,29(10):157-167.

[29] 赵伟光,李凯.考虑消费者异质偏好的产品线定价策略识别及其效应分析 [J].管理学报,2019,16(12):1854.

[30] 张佩.中国工业部门的行业间资源错配研究[J].投资研究,2013(6):15-27.

[31] 周末,蒋露薇,臧子悦,张宇杰.水平差异、垂直差异、外部信息获取与消费者购

买行为［J/OL］.南开管理评论,2021(9)：1－23［2021－09－30］.http://kns.
cnki.net/kcms/detail/12.1288.F.20210506.1407.004.html.

[32] 朱华伟,苏羽,冯靖元.代言人类型和产品创新类型对创新产品购买意愿的交互
影响［J/OL］.南开管理评论,2021(5)：1－23［2021－09－20］.http://kns.
cnki.net/kcms/detail/12.1288.f.20210508.1610.005.html.

[33] 白让让,余璐玥.中国轿车制造企业产品线竞争的多重效应分析［J］.产业经济
评论,2015(3)：14－27.DOI：10.19313/j.cnki.cn10－1223/f.2015.03.002.

[34] 黄俊,李晔,张宏伟.解释水平理论的应用及发展［J］.心理科学进展,2015,23
(1)：110－119.

[35] 孙晓玲,张云,吴明证.解释水平理论的研究现状与展望［J］.应用心理学,
2007(2)：181－186.

[36] 龚诗阳,李倩,赵平,任紫微.数字化时代的营销沟通：网络广告、网络口碑与手
机游戏销量［J］.南开管理评论,2018,21(2)：28－42.

[37] Ahluwalia, R., Gürhan-Canli, Z. The effects of extensions on the family brand
name：An accessibility-diagnosticity perspective［J］. Journal of Consumer
Research, 2000, 27(3)：371－381.

[38] Alashban, A. A., Hayes, L. A., Zinkhan, G. M., Balazs, A. L. International
brand-name standardization/adaptation：Antecedents and consequences［J］.
Journal of International Marketing, 2002, 10(3)：22－48.

[39] Anderson, E. W. Customer satisfaction and word of mouth［J］. Journal of
Service Research, 1998, 1(1)：5－17.

[40] Anderson, S. P., Renault, R. Advertising content［J］. American Economic
Review, 2006, 96(1)：93－113.

[41] Ang, S. H. Chinese consumers' perception of alpha-numeric brand names
［J］. Journal of Consumer Marketing, 1997, 14 (3)：220－233.

[42] Aravindakshan, A., Naik, P. A. How does awareness evolve when advertising
stops? The role of memory［J］. Marketing Letters, 2011, 22(3)：315－326.

[43] Ashenfelter, O. Estimating the effect of training program on earning［J］.
Review of Economics and Statistics, 1978, 60：47－57.

[44] Baker, A. M., Donthu, N., Kumar, V. Investigating how word-of-mouth
conversations about brands influence purchase and retransmission intentions
［J］. Journal of Marketing Research, 2016, 53(2)：225－239.

[45] Babić Rosario, A., Sotgiu, F., De Valck, K., Bijmolt, T. H. The effect of
electronic word of mouth on sales：A meta-analytic review of platform,

product, and metric factors[J]. Journal of Marketing Research, 2016, 53(3): 297-318.

[46] Banerjee, A. V., Duflo, E. Growth theory through the lens of development economics[J]. Handbook of Economic Growth, 2005, 1: 473-552.

[47] Barroso, A., Giarratana, M. S. Product proliferation strategies and firm performance: The moderating role of product space complexity[J]. Strategic Management Journal, 2013, 34(12): 1435-1452.

[48] Bayus, B. L., Putsis Jr, W. P. Product proliferation: An empirical analysis of product line determinants and market outcomes[J]. Marketing Science, 1999, 18(2): 137-153.

[49] Berger, J., Draganska, M., Simonson, I. The influence of product variety on brand perception and choice[J]. Marketing Science, 2007, 26(4): 460-472.

[50] Berger, J., Schwartz, E. M. What drives immediate and ongoing word of mouth? [J]. Journal of Marketing Research, 2011, 48(5): 869-880.

[51] Berry, S. T. Estimating discrete-choice models of product differentiation [J]. The RAND Journal of Economics, 1994, 25(2): 242-262.

[52] Berry, S., James L, Ariel P. Automobile Prices in Market Equilibrium[J]. Econometrica, 1995, 63(4): 841-890.

[53] Bertrand, M., Duflo, E., Mullainanthan, S. How much should we trust difference-in-differences estimates? [J]. Quarterly Journal of Economics, 2004, 119: 249-275.

[54] Brickey, K. F. The Magnuson Moss Act: An analysis of the efficacy of federal warranty regulation as a consumer protection tool[J]. Santa Clara Law Review, 1978, 18: 73-118.

[55] Betts, S. C., Taran, Z. Brand as a reliability reference point: A test of prospect theory in the used car market[J]. Journal of the Academy of Business and Economics, 2005, 5: 34-38.

[56] Biederman, I., Tsao, Y. C. On processing Chinese ideographs and English words: Some implications from Stroop-test results[J]. Cognitive Psychology, 1979, 11(2): 125-132.

[57] Boulding W, Christen M. Pioneering plus a broad product line strategy: Higher profits or deeper losses [J]. Management Science, 2009, 55(6): 958-967.

[58] Bown, N. J., Read, D., Summers, B. The lure of choice[J]. Journal of Behavioral Decision Making, 2003, 16(4): 297-308.

[59] Boyd, C. W. Point of View: Alphanumeric Brand Names [J]. Journal of Advertising Research, 1985, 25(5): 48 – 52.

[60] Brown, J. J., Reingen, P. H. Social ties and word-of-mouth referral behavior [J]. Journal of Consumer Research, 1987, 14(3): 350 – 362.

[61] Cacioppo J T, Petty R E, Feng Kao C. The efficient assessment of need for cognition[J]. Journal of Personality Assessment, 1984, 48(3): 306 – 307.

[62] Cacioppo, J. T., Petty, R. E., Kao, C. F., Rodriguez, R. Central and peripheral routes to persuasion: An individual difference perspective[J]. Journal of Personality and Social Psychology, 1986, 51(5): 1032.

[63] Chan, A. K., Huang, Y. Y. Brand naming in China: a linguistic approach [J]. Marketing Intelligence & Planning, 1997, 15(5): 227 – 234.

[64] Chandon, P., Morwitz, V. G., Reinartz, W. J. Do intentions really predict behavior? Self-generated validity effects in survey research [J]. Journal of Marketing, 2005, 69(2): 1 – 14.

[65] Cheema, A., Kaikati, A. M. The effect of need for uniqueness on word of mouth[J]. Journal of Marketing Research, 2010, 47(3): 553 – 563.

[66] Chernev, A. Feature complementarity and assortment in choice[J]. Journal of Consumer Research, 2005, 31(4): 748 – 759.

[67] Chen, X., John, G., Narasimhan, O. Assessing the consequences of a channel switch[J]. Marketing Science, 2008, 27(3): 398 – 416.

[68] Chen, Y., Ghosh, M., Liu, Y., Zhao, L. Media coverage of climate change and sustainable product consumption: Evidence from the hybrid vehicle market [J]. Journal of Marketing Research, 2019, 56(6): 995 – 1011.

[69] Chen, Y., Wang, Q., Xie, J. Online social interactions: A natural experiment on word of mouth versus observational learning [J]. Journal of Marketing Research, 2011, 48(2): 238 – 254.

[70] Chen, Y., Xie, J. Online consumer review: Word-of-mouth as a new element of marketing communication mix [J]. Management Science, 2008, 54(3): 477 – 491.

[71] Chen, Y. R., Brockner, J., Katz, T. Toward an explanation of cultural differences in in-group favoritism: The role of individual versus collective primacy[J]. Journal of Personality and Social Psychology, 1998, 75(6): 1490.

[72] Chevalier, J. A., Mayzlin, D. The effect of word of mouth on sales: Online book reviews[J]. Journal of Marketing Research, 2006, 43(3): 345 – 354.

[73] Chintagunta, P., Petrin, A., Bronnenberg, B., Goettler, R., Seetharaman, P. B., Sudhir, K., Zhao, Y. Structural applications of the discrete choice model [J]. Marketing Letters, 2002, 13(3): 207 – 220.

[74] Chintagunta P K, Gopinath S, Venkataraman S. The effects of online user reviews on movie box office performance: Accounting for sequential rollout and aggregation across local markets [J]. Marketing Science, 2010, 29 (5): 944 – 957.

[75] Choi, B., Ishii, J. Consumer perception of warranty as signal of quality [R]. Working paper, POSCO Research Institute, 2010.

[76] Chu, J., Chintagunta, P. Quantifying the economic value of warranties in the U. S. computer server and automobile market[J]. Marketing Science, 2019, 28: 99 – 121.

[77] Chu, J., Chintagunta, P. An empirical test of warranty theories in the U. S. computer server and automobile markets[J]. Journal of Marketing, 2011, 75: 75 – 92.

[78] Collins, C. J., Stevens, C. K. The relationship between early recruitment-related activities and the application decisions of new labor-market entrants: a brand equity approach to recruitment[J]. Journal of Applied Psychology, 2002, 87(6): 1121.

[79] Cook, P. J., Clotfelter, C. T. The Peculiar Scale Economies of Lotto[J]. The American Economic Review, 1993, 83(3): 634 – 643.

[80] Coulter, K. S., Coulter, R. A. Small sounds, big deals: Phonetic symbolism effects in pricing[J]. Journal of Consumer Research, 2010, 37(2): 315 – 328.

[81] De Angelis, M., Bonezzi, A., Peluso, A. M., Rucker, D. D., Costabile, M. On braggarts and gossips: A self-enhancement account of word-of-mouth generation and transmission[J]. Journal of Marketing Research, 2012, 49(4): 551 – 563.

[82] Dellarocas, C. The digitization of word of mouth: Promise and challenges of online feedback mechanisms [J]. Management science, 2003, 49 (10): 1407 – 1424.

[83] Deng, H., Ma, A. C. Market structure and pricing strategy of China's automobile industry[J]. The Journal of Industrial Economics, 2010, 58(4): 818 – 845.

[84] Dichter, E. How word-of-mouth advertising works [J]. Harvard Business

Review, 1996, 44: 147 - 166.

[85] Doland, A. As Airbnb Just Learned, it's really Hard to Localize Your Brand Name for China. AdAge (March 23), 2017. https://davisnetworkadvertising. com/blog/as-airbnb-just-learned-it039s-really-hard-to-localize-your-brand-name-for-china-1121/.

[86] Douglas, M., Wildavsky, A. Risk and culture: An essay on the selection of technical and environmental dangers[M]. Faculty Scholarship Series. New Haven, CT: Yale Law School, 1982.

[87] Dowell, G. Product line strategies of new entrants in an established industry: Evidence from the US bicycle industry[J]. Strategic Management Journal, 2006, 27(10): 959 - 979.

[88] Draganska, M., Jain, D. C. Product-line length as a competitive tool[J]. Journal of Economics & Management Strategy, 2005, 14(1): 1 - 28.

[89] Eggers, J. P. All experience is not created equal: Learning, adapting, and focusing in product portfolio management[J]. Strategic Management Journal, 2012, 33(3): 315 - 335.

[90] Eissa, N., Liebman, J. Labor supply response to the earned income tax credit [J]. Quarterly Journal of Economics, 1996, 111: 605 - 637.

[91] Emons, W. The theory of warranty contracts[J]. Journal of Economic Surveys, 1989, 3: 43 - 57.

[92] Evans, D. S. The economics of the online advertising industry[J]. Review of Network Economics, 2008, 7(3): 359 - 391.

[93] Feldman, J. M., Lynch, J. G. Self-generated validity and other effects of measurement on belief, attitude, intention, and behavior[J]. Journal of Applied Psychology, 1988, 73(3): 421 - 435.

[94] Feng, J., Papatla, P. Advertising: stimulant or suppressant of online word of mouth? [J]. Journal of Interactive Marketing, 2011, 25(2): 75 - 84.

[95] Fetscherin, M., Alon, I., Littrell, R., Chan, K. K. A. In China? Pick your brand name carefully[J]. Harvard Business Review, 2012(11): 706.

[96] Filieri, R. What makes online reviews helpful? A diagnosticity-adoption framework to explain informational and normative influences in e-WOM [J]. Journal of Business Research, 2015, 68(6): 1261 - 1270.

[97] Fisher, M. L. What is the right supply chain for your product? [J]. Harvard Business Review, 1997, 75: 105 - 117.

[98] Fisher, M. L., Hammond, J. H., Obermeyer, W. R., Raman, A. Making supply meet demand in an uncertain world[J]. Harvard Business Review, 1994, 72: 83 - 93.

[99] Fluet, C., Garella, P. G. Advertising and prices as signals of quality in a regime of price rivalry[J]. International Journal of Industrial Organization, 2002, 20(7): 907 - 930.

[100] Francis, J. N., Lam, J. P., Walls, J. Executive insights: The impact of linguistic differences on international brand name standardization: A comparison of English and Chinese brand names of fortune-500 companies [J]. Journal of International Marketing, 2002, 10(1): 98 - 116.

[101] French, P. L. Toward an explanation of phonetic symbolism[J]. Word, 1977, 28(3): 305 - 322.

[102] Galiani, S., Gertler, P., Schargrodsky, E. Water for life: The impact of the privatization of water services on child mortality[J]. Journal of Political Economy, 2005, 113: 83 - 119.

[103] Gao, P., Sha, S., Zipser, D., Baan, W. Finding the fast lane: emerging trends in China's auto market. McKinsey and Company, 2016. https:// www. mckinsey. com/industries/automotive-and-assembly/our-insights/finding-the-fast-lane-emerging- trends-in-chinas-auto-market.

[104] Giachetti C, Dagnino G B. Detecting the relationship between competitive intensity and firm product line length: Evidence from the worldwide mobile phone industry[J]. Strategic Management Journal, 2014, 35(9): 1398 - 1409.

[105] Godes, D., Mayzlin, D. Using online conversations to study word-of-mouth communication[J]. Marketing Science, 2004, 23(4): 545 - 560.

[106] Goh, K. Y., Heng, C. S., Lin, Z. Social media brand community and consumer behavior: Quantifying the relative impact of user-and marketer-generated content[J]. Information Systems Research, 2013, 24(1): 88 - 107.

[107] Goh K Y, Hui K L, Png I P L. Newspaper reports and consumer choice: Evidence from the do not call registry[J]. Management Science, 2011, 57(9): 1640 - 1654.

[108] Goldfarb, A., Lu, Q., Moorthy, S. Measuring brand value in an equilibrium framework[J]. Marketing Science, 2009, 28(1): 69 - 86.

[109] Grant, R. M., Jammine, A. P., Thomas, H. Diversity, diversification, and

profitability among British manufacturing companies, 1972—1984 [J]. Academy of Management Journal, 1988, 31(4): 771 - 801.

[110] Greene, W. H. Econometric analysis[M]. Pearson Education India, 2008.

[111] Guajardo, J. A., Cohen, M. A., Netessine, S. Service competition and product quality in the US automobile industry[J]. Management Science, 2016, 62(7): 1860 - 1877.

[112] Gunasti, K., Devezer, B. How competitor brand names affect within-brand choices[J]. Marketing Letters, 2016, 27(4): 715 - 727.

[113] Gunasti, K., Ozcan, T. Consumer reactions to round numbers in brand names [J]. Marketing Letters, 2016, 27(2): 309 - 322.

[114] Gunasti, K., Ross Jr, W. T. How and when alphanumeric brand names affect consumer preferences[J]. Journal of Marketing Research, 2010, 47(6): 1177 - 1192.

[115] Hamilton, R., Chernev, A. The Impact of Product Line Extensions and Consumer Goalson the Formation of Price Image[J]. Journal of Marketing Research, 2010, 47(1): 51 - 62.

[116] Hanson, G., Xiang, C. Trade Barriers and Trade Flows with Product Heterogeneity: An Application to US Motion Picture Exports[J]. Journal of International Economics, 2011, 83 (1): 14 - 26.

[117] Hauser, J. R., Wernerfelt, B. An evaluation cost model of consideration sets [J]. Journal of Consumer Research, 1990, 16(4): 393 - 408.

[118] Heal, G. Guarantees and risk-sharing[J]. Review of Economic Studies, 1977, 44: 549 - 560.

[119] Heckman, J., Hotz, V. J. Choosing among alternative nonexperimental methods for estimating the impact of social programs: the case of manpower training[J]. Journal of the American Statistical Association, 1989, 84: 862 - 880.

[120] Helsley, R. W., Strange, W. C. Agglomeration, opportunism, and the organization of production[J]. Journal of Urban Economics, 2007, 62(1): 55 - 75.

[121] Herz, M. F., Diamantopoulos, A. Country-specific associations made by consumers: A dual-coding theory perspective [J]. Journal of International Marketing, 2013, 21(3): 95 - 121.

[122] Herr, P. M., Kardes, F. R., Kim, J. Effects of word-of-mouth and product-

attribute information on persuasion: An accessibility-diagnosticity perspective [J]. Journal of Consumer Research, 1991, 17(4): 454 - 462.

[123] Hess, Y. D., Carnevale, J. J., Rosario, M. A construal level approach to understanding interpersonal processes[J]. Social and Personality Psychology Compass, 2018, 12(8): e12409.

[124] Hoch, S. J., Deighton, J. Managing what consumers learn from experience [J]. Journal of Marketing, 1989, 53(2): 1 - 20.

[125] Hollenbeck, B., Moorthy, S., Proserpio, D. Advertising strategy in the presence of reviews: An empirical analysis[J]. Marketing Science, 2019, 38(5): 793 - 811.

[126] Horstmann, I., MacDonald, G. Is advertising a signal of product quality? Evidence from the compact disc player market, 1983 - 1992[J]. International Journal of Industrial Organization, 2003, 21(3): 317 - 345.

[127] Huffman, C., Kahn, B. E. Variety for sale: mass customization or mass confusion[J]. Journal of Retailing, 1998, 74(4): 491 - 513.

[128] Huntsinger, J. R., Clore, G. L., Bar-Anan, Y. Mood and global-local focus: Priming a local focus reverses the link between mood and global-local processing[J]. Emotion, 2010, 10(5): 722.

[129] Iyengar, S. S., Lepper, M. R. When choice is demotivating: Can one desire too much of a good thing? [J]. Journal of Personality and Social Psychology, 2000, 79(6): 995.

[130] Johnson, J., Tellis, G. J. Drivers of success for market entry into China and India[J]. Journal of Marketing, 2008, 72(3): 1 - 13.

[131] Johnson, J. S., Sohi, R. S. The curvilinear and conditional effects of product line breadth on salesperson performance, role stress, and job satisfaction [J]. Journal of the Academy of Marketing Science, 2014, 42(1): 71 - 89.

[132] Jullins, J. It's a Race to the Bottom in China's Auto Market. Strategy + Business[EB/OL]. (2014 - 11 - 11)[2022 - 01 - 01]., https://www.strategy-business.com/blog/Its-a-Race-to-the-Bottom-in-Chinas-Auto-Market?gko=2b27c.

[133] Kahn, B. E., Lehmann, D. R. Modeling choice among assortments [J]. Journal of Retailing, 1991, 67(3): 274 - 299.

[134] KAI-INEMAN, D. A. N. I. E. L., Tversky, A. Prospect theory: An analysis of decision under risk[J]. Econometrica, 1979, 47(2): 363 - 391.

[135] Kekre, S., Srinivasan, K. Broader product line: a necessity to achieve

success? [J]. Management Science, 1990, 36(10): 1216 – 1232.

[136] Keller, K. L. Conceptualizing, measuring, and managing customer-based brand equity[J]. Journal of Marketing, 1993, 57(1): 1 – 22.

[137] Keller, K. L., Heckler, S. E., Houston, M. J. The effects of brand name suggestiveness on advertising recall[J]. Journal of Marketing, 1998, 62(1): 48 – 57.

[138] Keller, K. L., Lehmann, D. R. Brands and branding: Research findings and future priorities[J]. Marketing Science, 2006, 25(6): 740 – 759.

[139] Kennedy, P. Estimation with correctly interpreted dummy variable in semilogarithmic equations[J]. American Economic Review, 1981, 71: 801.

[140] Kihlstrom, R. E., Riordan, M. H. Advertising as a Signal[J]. Journal of Political Economy, 1984, 92(3): 427 – 450.

[141] Kirca, A. H., Randhawa, P., Talay, M. B., Akdeniz, M. B. The interactive effects of product and brand portfolio strategies on brand performance: Longitudinal evidence from the US automotive industry [J]. International Journal of Research in Marketing, 2020, 37(2): 421 – 439.

[142] Kim, H., Hanssens, D. M. Advertising and word-of-mouth effects on pre-launch consumer interest and initial sales of experience products[J]. Journal of Interactive Marketing, 2017, 37: 57 – 74.

[143] Kim, K., Chhajed, D. Product design with multiple quality-type attributes [J]. Management Science, 2002, 48(11): 1502 – 1511.

[144] Kivetz, R., Simonson, I. The effects of incomplete information on consumer choice[J]. Journal of Marketing Research, 2000, 37(4): 427 – 448.

[145] Klier, T., Linn, J. The price of gasoline and new vehicle fuel economy: Evidence from monthly sales data[J]. American Economics Journal: Economic Policy, 2010, 2: 134 – 153.

[146] Klier, T., Linn, J. New-vehicle characteristics and the cost of the Corporate Average Fuel Economy standard[J]. The RAND Journal of Economics, 2012, 43(1): 186 – 213.

[147] Kohli, C., LaBahn, D. W. Creating Effective Brand Names: A Study of the Naming Process[J]. Journal of Advertising Research, 1997, 37(1): 67 – 75.

[148] Krishna, A., Ahluwalia, R. Language choice in advertising to bilinguals: Asymmetric effects for multinationals versus local firms [J]. Journal of Consumer Research, 2008, 35(4): 692 – 705.

[149] Kubo, Y. Quality uncertainty and guarantee: A case of strategic market segmentation by a monopolist[J]. European Economic Review, 1986, 30: 1063 - 1079.

[150] Kum, D., Lee, Y. H., Qiu, C. Testing to prevent bad translation: Brand name conversions in Chinese-English contexts [J]. Journal of Business Research, 2011, 64(6): 594 - 600.

[151] Lancaster, K. The Economics of Product Variety: A Survey[J]. Marketing Science, 1990, 9 (3): 189 - 206.

[152] Lazar, E. Quantifying the economic value of warranties: A survey[J]. Acta Universitatis Sapientiae, Economics and Business, 2014, 2, 75 - 94.

[153] Leclerc, F., Schmitt, B. H., Dubé, L. Foreign branding and its effects on product perceptions and attitudes[J]. Journal of Marketing Research, 1994, 31(2): 263 - 270.

[154] Lee, D., Hosanagar, K., Nair, H. S. Advertising content and consumer engagement on social media: Evidence from Facebook [J]. Management Science, 2018, 64(11): 5105 - 5131.

[155] Lee, Y. H., Ang, K. S. Brand name suggestiveness: A Chinese language perspective[J]. International Journal of Research in Marketing, 2003, 20(4): 323 - 335.

[156] Lee, Y. H., Ang, S. H. Interference of picture and brand name in a multiple linkage ad context[J]. Marketing Letters, 2003, 14(4): 273 - 288.

[157] Lei, Y. Local Restaurants' Advertising Response to Better Online Ratings, 2017. Available at SSRN 3059763.

[158] Lei Y, Sridhar M. Advertising Strategy in the Presence of Reviews: A Theoretical Analysis[R]. Working Paper, 2017.

[159] Lenk, P. J., DeSarbo, W. S., Green, P. E., Young, M. R. Hierarchical Bayes conjoint analysis: recovery of partworth heterogeneity from reduced experimental designs[J]. Marketing Science, 1996, 15(2): 173 - 191.

[160] Li, S., Xiao, J., Liu, Y. The price evolution in China's automobile market [J]. Journal of Economics & Management Strategy, 2015, 24(4): 786 - 810.

[161] Liu, A. X., Steenkamp, J. B. E., Zhang, J. Agglomeration as a Driver of the Volume of Electronic Word of Mouth in the Restaurant Industry[J]. Journal of Marketing Research, 2018, 55(4): 507 - 523.

[162] Liu, Y. Word of mouth for movies: Its dynamics and impact on box office

revenue[J]. Journal of Marketing, 2006, 70(3): 74 – 89.

[163] Lowrey, T. M., Shrum, L. J. Phonetic symbolism and brand name preference [J]. Journal of Consumer Research, 2007, 34(3): 406 – 414.

[164] Lynch Jr, J. G., Marmorstein, H., Weigold, M. F. Choices from sets including remembered brands: Use of recalled attributes and prior overall evaluations[J]. Journal of Consumer Research, 1988, 15(2): 169 – 184.

[165] Maglio, S. J., Trope, Y. Scale and construal: How larger measurement units shrink length estimates and expand mental horizons [J]. Psychonomic Bulletin & Review, 2011, 18(1): 165 – 170.

[166] Maheswaran, D., Chen, C. Y., He, J. Nation equity: Integrating the multiple dimensions of country of origin effects[J]. Review of Marketing Research, 2013, Vol. 10, Naresh K. Malhotra, ed. Bingley, UK: Emerald Group Publishing: 153 – 189.

[167] Massa, M., Simonov, A. Behavioral biases and investment[J]. Review of Finance, 2005, 9(4): 483 – 507.

[168] Matthews, S., Moore, J. Monopoly provision of quality and warranties: An exploration in the theory of multidimensional screening[J]. Econometrica, 1987, 55: 441 – 467.

[169] Mccracken, J. C., Macklin, M. C. The role of brand names and visual cues in enhancing memory for consumer packaged goods[J]. Marketing Letters, 1998, 9(2): 209 – 226.

[170] Melnyk, V., Klein, K., Völckner, F. The double-edged sword of foreign brand names for companies from emerging countries[J]. Journal of Marketing, 2012, 76(6): 21 – 37.

[171] Menezes, M. A. J., Currim, I. S. An approach for determination of warranty length[J]. International Journal of Research in Marketing, 1992, 9: 177 – 195.

[172] Meyer, B. Natural and quasi-experiments in economics[J]. Journal of Business and Economic Statistics, 1995, 13: 151 – 161.

[173] Meyers-Levy, J. The influence of a brand name's association set size and word frequency on brand memory[J]. Journal of Consumer Research, 1989, 16(2): 197 – 207.

[174] Miller, E. G., Kahn, B. E. Shades of meaning: the effect of color and flavor names on consumer choice[J]. Journal of Consumer Research, 2005, 32(1): 86 – 92.

[175] Mittal, V., Michael, T. Does Country of Origin Transfer Between Brands. in Advances in Consumer Research, 1995, Vol. 22, Frank, R. K., Mita S., eds. Provo, UT: Association for Consumer Research: 292 – 296.

[176] Moreno, A., Terwiesch, C. Pricing and production flexibility: An empirical analysis of the US automotive industry [J]. Manufacturing & Service Operations Management, 2015, 17(4): 428 – 444.

[177] Moreno, A., Terwiesch, C. The effects of product line breadth: Evidence from the automotive industry [J]. Marketing Science, 2017, 36 (2): 254 – 271.

[178] Morrin, M., Broniarczyk, S., Inman, J. J., Broussard, J. Saving for retirement: The effects of fund assortment size and investor knowledge on asset allocation strategies[J]. Journal of Consumer Affairs, 2008, 42(2): 206 – 222.

[179] Miniard, P. W., Bhatla, S., Rose, R. L. On the formation and relationship of ad and brand attitudes: An experimental and causal analysis[J]. Journal of Marketing Research, 1990, 27(3): 290 – 303.

[180] Moe, W. W., Schweidel, D. A. Online product opinions: Incidence, evaluation, and evolution[J]. Marketing Science, 2012, 31(3): 372 – 386.

[181] Mogilner, C., Rudnick, T., Iyengar, S. S. The mere categorization effect: How the presence of categories increases choosers' perceptions of assortment variety and outcome satisfaction[J]. Journal of Consumer Research, 2008, 35(2): 202 – 215.

[182] Nelson, P. J. Advertising as Information[J]. Journal of Political Economy, 1974, 82(4): 729 – 754.

[183] Nilsen, D. L. Language play in advertising: Linguistic invention in product naming[J]. in Language in Public Life, James A., Richard T., eds. Washington, DC: Georgetown University Press, 1979.

[184] Odean, T. Are investors reluctant to realize their losses? [J]. The Journal of Finance, 1998, 53(5): 1775 – 1798.

[185] Orvell, A., Ayduk, Ö., Moser, J. S., Gelman, S. A., Kross, E. Linguistic shifts: A relatively effortless route to emotion regulation? [J]. Current Directions in Psychological Science, 2019, 28(6): 567 – 573.

[186] Padmanabhan, V., Rao, R. C. Warranty policy and extended service contracts: Theory and an application to automobiles[J]. Marketing Science,

1993, 12: 230 – 247.

[187] Pan, Y., Schmitt, B. Language and brand attitudes: Impact of script and sound matching in Chinese and English[J]. Journal of Consumer Psychology, 1996, 5(3): 263 – 277.

[188] Park, C. W., Mothersbaugh, D. L., Feick, L. Consumer knowledge assessment[J]. Journal of Consumer Research, 1994, 21(1): 71 – 82.

[189] Pavia, T. M., Costa, J. A. The winning number: Consumer perceptions of alpha-numeric brand names[J]. Journal of Marketing, 1993, 57(3): 85 – 98.

[190] Payne, J. W., Payne, J. W., Bettman, J. R., Johnson, E. J. The adaptive decision maker[M]. Cambridge University Press, 1993.

[191] Peltoniemi, M. Cultural Industries: Product-Market Characteristics, Management Challenges and Industry Dynamics[J]. International Journal of Management Reviews, 2015, 17 (1): 41 – 68.

[192] Peterson, R. A., Ivan, R. How to Name New Brands [J]. Journal of Advertising Research, 1972, 12(6): 29 – 34.

[193] Piazzai, M., Wijnberg, N. M. Product proliferation, complexity, and deterrence to imitation in differentiated-product oligopolies [J]. Strategic Management Journal, 2019, 40(6): 945 – 958.

[194] Quelch, J. A., Kenny, D. The Logic of Product-line Extensions: When does Variety Become Redundancy? [J]. Harvard Business Review, 1994, 72(6): 53 – 59.

[195] Ramsey, S. R. The Language of China [M]. Princeton, NJ: Princeton University Press, 1987.

[196] Reutskaja, E., Hogarth, R. M. Satisfaction in choice as a function of the number of alternatives: When "goods satiate"[J]. Psychology & Marketing, 2009, 26(3): 197 – 203.

[197] Robertson, K. R. Recall and recognition effects of brand name imagery [J]. Psychology & Marketing, 1987, 4(1): 3 – 15.

[198] Samu, S., Shanker Krishnan, H. Brand related information as context: the impact of brand name characteristics on memory and choice[J]. Journal of the Academy of Marketing Science, 2010, 38(4): 456 – 470.

[199] Sandler, D. M., Shani, D. Brand globally but advertise locally: An empirical investigation[J]. International Marketing Review, 1992, 9(4): 18 – 31.

[200] Schmitt, B. H., Pan, Y., Tavassoli, N. T. Language and consumer memory:

The impact of linguistic differences between Chinese and English[J]. Journal of Consumer Research, 1994, 21(3): 419 – 431.

[201] Scholz, M., Dorner, V., Schryen, G., Benlian, A. A configuration-based recommender system for supporting e-commerce decisions [J]. European Journal of Operational Research, 2017, 259(1): 205 – 215.

[202] Sela, A., Berger, J., Liu, W. Variety, vice, and virtue: How assortment size influences option choice[J]. Journal of Consumer Research, 2009, 35(6): 941 – 951.

[203] Sen, S. The effects of brand name suggestiveness and decision goal on the development of brand knowledge[J]. Journal of Consumer Psychology, 1999, 8(4): 431 – 455.

[204] Sethuraman, R., Tellis, G. J., Briesch, R. A. How well does advertising work? Generalizations from meta-analysis of brand advertising elasticities [J]. Journal of Marketing Research, 2011, 48(3): 457 – 471.

[205] Shimp, T., Bearden, W. Warranty and other extrinsic cure effects on consumer risk perceptions[J]. Journal of Consumer Research, 1982, 9: 38 – 46.

[206] Stiff, J. B., Mongeau, P. A. Persuasive communication [M]. Guilford Publications, 2016.

[207] Sudhir, K. Competitive pricing behavior in the auto market: A structural analysis[J]. Marketing Science, 2001, 20(1): 42 – 60.

[208] Sullivan, M. W. How brand names affect the demand for twin automobiles [J]. Journal of Marketing Research, 1998, 35(2): 154 – 165.

[209] Sun, M. How does the variance of product ratings matter? [J]. Management Science, 2012, 58(4): 696 – 707.

[210] Sun, Q., Wu, F., Li, S., Grewal, R. Consumer boycotts, country of origin, and product competition: Evidence from China's automobile market [J]. Management Science, 2021, 67(9): 5857 – 5877.

[211] Tan, T. F., Netessine, S., Hitt, L. Is Tom Cruise threatened? An empirical study of the impact of product variety on demand concentration [J]. Information Systems Research, 2017, 28(3): 643 – 660.

[212] Tirole J. The theory of industrial organization[M]. Cambridge, MA: MIT Press, 1988.

[213] Trope, Y., Liberman, N. Temporal construal [J]. Psychological Review, 2003, 110(3): 403.

[214] Trope, Y., Liberman, N., Wakslak, C. Construal levels and psychological distance: Effects on representation, prediction, evaluation, and behavior [J]. Journal of Consumer Psychology, 2007, 17(2): 83 – 95.

[215] Trope, Y., Liberman, N. Construal-level theory of psychological distance [J]. Psychological Review, 2010, 117(2): 440.

[216] Trusov, M., Bucklin, R. E., Pauwels, K. Effects of word-of-mouth versus traditional marketing: findings from an internet social networking site [J]. Journal of Marketing, 2009, 73(5): 90 – 102.

[217] Tversky, A., Kahneman, D. The framing of decisions and the psychology of choice [J]. In Behavioral Decision Making (pp. 25 – 41). Springer, Boston, MA, 1985.

[218] U. S. Department of Commerce. Product warranties and servicing: Responsive business approach to consumer needs. Washington, DC: U. S. Department of Commerce, 1992.

[219] Van Den Bergh, B., Adler, K., Oliver, L. Linguistic distinction among top brand names [J]. Journal of Advertising Research, 1987, 27(4): 39 – 44.

[220] Vipin, B., Amit, R. K. Describing decision bias in the newsvendor problem: A prospect theory model [J]. Omega, 2019, 82: 132 – 141.

[221] Wan, X., Evers, P. T., Dresner, M. E. Too much of a good thing: The impact of product variety on operations and sales performance [J]. Journal of Operations Management, 2012, 30(4): 316 – 324.

[222] Wang, L., Wang, Y. M., Martínez, L. A group decision method based on prospect theory for emergency situations [J]. Information Sciences, 2017, 418: 119 – 135.

[223] Wathen, C. N., Burkell, J. Believe it or not: Factors influencing credibility on the Web [J]. Journal of the American Society for Information Science and Technology, 2002, 53(2): 134 – 144.

[224] Witte, C. L., Grünhagen, M., Gentry, J. W. An empirical investigation of framing effects in negotiations: A study of single-family home sales [J]. Psychology & Marketing, 2008, 25(5): 465 – 484.

[225] Wu, F., Sun, Q., Grewal, R., Li, S. Brand name types and consumer demand: Evidence from China's automobile market [J]. Journal of Marketing Research, 2019, 56(1): 158 – 175.

[226] Xiao, J., Ju, H. Market equilibrium and the environmental effects of tax

adjustments in China's automobile industry[J]. Review of Economics and Statistics, 2014, 96(2): 306 – 317.

[227] Yan, D., Sengupta, J., Hong, J. Why does psychological distance influence construal level? The role of processing mode[J]. Journal of Consumer Research, 2016, 43(4): 598 – 613.

[228] Yan, D., Duclos, R. Making sense of numbers: Effects of alphanumeric brands on consumer inference[J]. International Journal of Research in Marketing, 2013, 30(2): 179 – 184.

[229] Yan X, Yang J, Sohn K, et al. Attribute2image: Conditional image generation from visual attributes[C]//European conference on computer vision. Springer, Cham, 2016: 776 – 791.

[230] Yorkston, E., Menon, G. A sound idea: Phonetic effects of brand names on consumer judgments[J]. Journal of Consumer Research, 2004, 31(1): 43 – 51.

[231] Zeithaml, V. A. Consumer perceptions of price, quality, and value: a means-end model and synthesis of evidence[J]. Journal of Marketing, 1988, 52(3): 2 – 22.

[232] Zhang, K. Breaking free of a stereotype: Should a domestic brand pretend to be a foreign one? [J]. Marketing Science, 2015, 34(4): 539 – 554.

[233] Zhang, S., Schmitt, B. H. Creating local brands in multilingual international markets[J]. Journal of Marketing Research, 2001, 38(3): 313 – 325.

[234] Zhang, S., Schmitt, B. H. Activating sound and meaning: The role of language proficiency in bilingual consumer environments[J]. Journal of Consumer Research, 2004, 31(1): 220 – 228.

[235] Zhang, Y. China's English ability lagging behind[N]. China Daily, 2012 – 11 – 03.

[236] Zhao, Y., Zhang, Y., Wang, J., Schrock, W. A., Calantone, R. J. Brand relevance and the effects of product proliferation across product categories [J]. Journal of the Academy of Marketing Science, 2020, 48: 1192 – 1210.

[237] Zhou, Y. M., Wan, X. Product variety, sourcing complexity, and the bottleneck of coordination[J]. Strategic Management Journal, 2017, 38(8): 1569 – 1587.

[238] Zhu, F., Zhang, X. Impact of online consumer reviews on sales: The moderating role of product and consumer characteristics[J]. Journal of marketing, 2010, 74(2): 133 – 148.